岡澤 憲一郎

新版
ゲオルク・ジンメルの思索

―社会学と哲学―

文化書房博文社

序

社会学は、一九世紀末から二〇世紀へのいわゆる「世紀の転回期」のころに、社会科学の一つの専門分野となった。いまから、ほぼ一〇〇年まえにあたる。ちょうどそのころに、社会学を確立させるのに貢献したのが、ドイツではゲオルク・ジンメル（一八五八－一九一八）とマックス・ウェーバー（一八六四－一九二〇）であり、フランスではエミール・デュルケム（一八五八－一九一七）である。かれらは、それぞれに独自な立場から、社会学に固有な研究対象と方法を明らかにし、現在の社会学の礎を築いた。だからかれらは、社会学の巨匠とよばれている。そもそも当時のドイツには、社会学という言葉自体がなかった。フランス語の sociologie という外来語がそのまま使われていた。それがドイツ語の Soziologie として定着したのも、この時期であった。

ジンメルは、そうした状況のなかで、だれよりも早く社会学の可能性を洞察し、それを独立の専門科学に仕立てあげようと努力した。かれには、晩年にまでおよぶ二つの大きな課題があった。その一つが、社会学の理論的な基礎づけとその実質的な展開とによって、社会学を名実ともに確立させることであった。もう一つの課題は、自己の生の哲学の完成をおいてほかにない。かれは社会学者であると同時に、生の哲学者でもあった。いやむしろ、生の哲学者として、社会学者でもあったといったほうが正しいかもしれない。

わたしは本書のなかで、ジンメルの社会学的思考と哲学的思考に焦点をあてることによって、かれの社会学と生の哲学の核心を究明し、それら二つの現代的な意義と可能性をさぐってみようと試みた。本書の表題を『ゲオルク・ジンメルの思索』としたのも、そうした意図からである。

「初出一覧」に示したように、この新版には、一九七九年以降いろいろな機会に発表した六論文と付論をあわせて、七論文が収録されている。論文によっては、重複する個所がみられるものの、初出のさいの原型と論文としての首尾一貫性を尊重しながら、その後の研究の推移を考慮して、補筆ないし修正したところが少なからずある。それでも、本質的な主張点は堅持されている。

第一章「社会科学としての社会学」は、ジンメルの初期、中期、後期の社会学上の代表作に依拠しながら、かれがどのような発想から、社会学を社会科学の一部門として独立させようとしたのかをくわしく検証している。ジンメルは機能的社会観の立場に立って、「個人間の心的相互作用」というわば動きのなかに社会を発見し、社会学の対象としての社会を明確にした。しかしかれは、社会の概念から出発しつつも、社会は「内容」と「形式」からなるとみて、後者を「科学的抽象」によって分離し、「相互作用ないし社会化の諸形式」を統一的な科学的視座のもとで分析するときに、社会学は「一つの特殊科学」として、社会科学のなかに自己の地所を占有できると説いた。この章では、社会学を確立させるのに努力したジンメルの社会学的思考の特徴が鮮明にされていよう。

ジンメルは晩年になると、芸術や文化の哲学、生の哲学などに関心を強めていく。そうしたなかで、自己の社会学の体系化を企図したのが、一九一七年の珠玉の作品『社会学の根本問題』である。第二章「ジンメルの社会学体系」では、一般社会学、純粋社会学あるいは形式社会学、哲学的社会学の三部門からなるかれの社会学体系の内実が明らかにされている。この著作の副題、つまり「個人と社会」を考慮し、わたしはここで、個人と社会の問題が三部門の例のなかで、どのようにとらえられているのかをさぐるとともに、三部門の社会学の意義と可能性について言及した。ジンメルの純粋社会学あるいは形式社会学を発展させようとすると、きわめてむずかしい課題に直面せざるをえない。その課題を克服する方策として、三つの可能性が指摘されている。その一つが、社会化の諸形式にかんする種々の概念を理念型化してみる作業である。もちろん、ジンメルの類型概念とウェーバーの理念型概念はまったく異なっているけれども、そうした作業の延長線上に、形式社会学の一つの可能性が開かれてくるにちがいない。ジンメルの社会学理論の解読にとどまっているとすれば、かれの理論的遺産は豊かな発展の芽をつまれてしまう。

その点、アメリカの社会学者と社会心理学者たちは、ジンメルの社会学理論を柔軟に吸収し、発展させてきた。ジャーン・ワトソンもその一人であり、彼女は、ジンメルの社交性理論を継承しながら、社交的相互作用を含めた「相互作用の三つの様式」を理念型として再構成した。第三章「社交的相互作用と歓談」は、彼女のそうした成果をふまえて、ジンメルの社交性理論のうちにみられる歓談を中心として、コミュニケーションの三つの理念型を構成しようとした試みである。そこでは、アメリカと日本における歓談の相違が、歓談のさまざまな規準と比較して明らかにされている。

第一章から第三章までがジンメルの社会学理論と関連しているのにたいし、第四章以降は、かれの哲学的な著作を対象としている。ジンメルの原文に接している人であればわかるように、「世界」

とは「一つの形式」であるといったような、きわめて抽象的な書き出しからはじまるのが、かれに特有な文体である。かれの真意が理解されにくいのも、そのせいによるのだろう。社会学的な著作ならまだしも、哲学的な著作となると、そうした書き出しに翻弄され、論旨がつかめなくなるばあいさえあるといってよい。

第四章「貨幣の経済社会学」では、一九〇〇年の『貨幣の哲学』のうちにみられる哲学的思考よりも、むしろ経済社会学的な分析に重点がおかれている。哲学的思考をとらえるのがむずかしいからではない。経済社会学の先駆者としてのジンメル像を浮き彫りにしたかったからである。まず、距離と交換を重視するジンメルの価値論からはじまって、貨幣の哲学的意義と社会学的性格が究明されている。ついで、ジンメルによるマルクスの労働価値説批判がとり上げられたあと、貨幣の積極的な意義について、詳細な検討がおこなわれている。とくにジンメルは、貨幣の積極的な意義を「集団の拡大と個性の発達」とのかかわりで論じ、生活にたいする貨幣の意義を距離、リズム、速度との「類推」で分析した。加えてかれは、さまざまな角度から貨幣を「象徴」としてとらえていた。この章では、これらの点を鮮明にし、かれを経済社会学の先駆者として位置づけた。それを論証するねらいもあったので、第四章は、本書のなかでもっともながい論文となっている。

これまであまり注目されなかったジンメルの『宗教』（初版一九〇六年、第二版一九一二年）を扱ったのが、第五章「ジンメルの宗教観――二一世紀における魂の救済――」である。そこでは、ジンメルの生の哲学者としての宗教へのまなざしと、社会学者としての宗教のとらえ方が示されている。二一世紀における魂の救済のあり方に迫るとともに、ジンメルが宗教社会学の創始者であるだけでなく、現象学的社会学の先駆者でもあることを強調した。わたしはこの論文で、「宗教上の愚行が多発すれば、二一世紀は宗教戦争の世紀へとおもむく」と書いた。アメリカで同時多発テロがおこったのは、それから三カ月後であった。

第六章「ジンメルの生の哲学――その生成と現代的な可能性――」は、ジンメルにとって生とは何であったのかを基軸にして、かれが自己の生の哲学を完成させるまでの道程を追跡し、かれの生の哲学とその現代的な可能性に照明をあてている。なぜジンメルは、生の哲学者であり、社会学者でもありえたのか。二刀流の思想家ジンメルは、生の哲学と社会学の共通項を「過程」に見出していた。これがこの章でたどりついた結論である。「生過程」と「社会化過程」を重視する思想家としてのジンメル像が析出されている。

付論「ウェーバーの宗教観――『近代の経済エートス』の形成――」は、本書に新たに収録された論考である。注のつけ方が本論とは異なっている。この付論では、ウェーバーの論文「プロテスタンティズムの倫理と資本主義の『精神』」ができるだけわかりやすく、しかもできるかぎり正確に概観されている。それをふまえて、わたしはまず、晩年のウェーバーが「近代の経済エートス」の生成過程という視座から旧論文をエートス論として補整し、再構築したことを明らかにした。ついで、理解社会学の立場からすれば、ウェーバーは現世内的禁欲のパラドックスを強調するあまり、社会的行為の視点から旧論文を補整するのにやや片手落ちになってしまったと指摘した。ジンメルがウェーバーにあたえた影響の一端にもふれた。ジンメルの宗教観を考察した第五章と比較してもらえるなら、この付論は、両者の宗教のとらえ方の相違を知るのに役立つのではないだろうか。

わたしは、法律学を学んでいるときにウェーバーと出会い、かれの宗教社会学にかんする研究へと進んだ。だからジンメルの社会学と哲学については、もともと門外漢にすぎない。本書がいささかなりともジンメル研究の発展に寄与できるのであれば、わたしにとって望外の喜びである。

終わりに、わたしがこの新版を上梓できたのも、多くの先生方からご教示と励ましをうけることができたからである。いまは亡き阿閉吉男先生に厚く感謝申し上げたい。大学院の講義ではウェーバーの社会学を、路地裏の居酒屋ではジンメルの社会学と哲学を教えていただいた。大学院のときからわたしの研究を温かく見守って下さった故佐藤智雄先生にも厚くお礼申し上げたい。さらに、ジンメルの貨幣論執筆中に貴重な示唆をいただいた名古屋学院大学の山﨑譽雄名誉教授、小嶋博名誉教授、岡田千尋教授、およびドイツ語の難解な個所について教えていただいた山本淑雄准教授に心から感謝申し上げる。本書の刊行にあたって種々配慮して下さった文化書房博文社の鈴木康一氏、天野義夫氏に感謝の意を表したい。

二〇一四年晩秋

岡澤　憲一郎

目次

第一章　社会科学としての社会学

一　ジンメル復興とジンメルの課題

ドイツの哲学者・社会学者ゲオルク・ジンメルへの関心は、もちろん以前からみられたけれども、一九八〇年代に入ってにわかに高まり、現在にいたっても衰えるきざしがない。この傾向は、ドイツはもとより、フランス、イギリス、アメリカ、日本に共通しており、ジンメル・ルネサンスとよんでよい状況である。

とくに一九八〇年代と一九九〇年代の前半は、ジンメル・ルネサンスが世界的に活況を呈した時期であった。

ちなみにドイツでは、一九八一年にハインツ－ユルゲン・ダーメが『厳密な科学としての社会学』（H.-J. Dahme, *Soziologie als exakte Wissenschaft*, 1981）を公刊し、ジンメルの形式社会学を「厳密な科学」ととらえて、その意義を明らかにした。一九八三年には、ダーメとオットハイン・ラムシュテット編によるゲオルク・ジンメル『社会学論集』（Georg Simmel, *Schriften zur Soziologie*, hg. und eingeleitet von H.-J. Dahme und O. Rammstedt, 1983）が出版された。二年後の一九八五年には、ダーメとクラウス・Ch・ケーンケによって、ゲオルク・ジンメル『哲学および両性の社会学論集』（Georg Simmel, *Schriften zur Philosophie und Soziologie der Geschlechter*, hg. und eingeleitet von H.-J. Dahme und K. Ch. Köhnke, 1985）が編集された。この二つの論集はいずれも、入手しがたかったジンメルの論文を収めたものである。それでも、一九八四年には、ジンメルの著作の編集に功績を残した哲学者ミヒャエル・ラントマンの死をおしみ、ダーメとラムシュテットが『ゲオルク・ジンメルと現代』（*Georg Simmel und die Moderne*, hg. von H.-J. Dahme und O. Rammstedt, 1984）と題して、ジンメルの理論の新たな解釈に展望を開いている。さらに、一九八八年になると、ラムシュテット編による『ジンメルと初期の社会学者たち』（*Simmel und die frühen Soziologen*, hg. von O. Rammstedt, 1988）が公刊され、エミール・デュルケム、フェルディナント・テンニエス、マックス・ウェーバーとの比較が試みられた。両書とも執筆者は国際性豊かであり、いわば国際的なレヴェルでのジンメル研究の成果が示されている。

フランスでは、一九八〇年代にジンメルの著作が多く翻訳されるとともに、一九八六年には、パトリック・ヴァティエ監修の『ゲオルク・ジンメル、社会学と現代世界の経験』（*Georg Simmel, la sociologie et l'expérience du monde moderne*, sous la direction de P. Watier, 1986）が出た。一九八九年には、フランソワ・レジェの大著『ゲオルク・ジンメルの思想』（F. Léger, *La pensée de Georg Simmel*, 1989）が出ている。一九九〇年代に入ってからは、一九九二年にラムシュテットとヴァティエ監修の『G・ジンメルと人文諸科学』（*G. Simmel et les sciences humaines*, sous la direction de O. Rammstedt et P. Watier, 1992）が公刊されている。ドイツ人とフランス人の監修だけに、執筆陣はやはり国際性に富んでおり、研究水準も高い。

他方、イギリスでは、一九八一年にスコットランドの社会学者デイヴィド・P・フリスビーが

『社会学的印象主義』（D. P. Frisby, *Sociological Impressionism*, 1981）を公にし、ジンメルの社会学理論の再評価を試みた。アメリカでは、以前からもジンメル研究が活発であったけれども、一九九〇年には、マイケル・カーン、バーナード・S・フィリップス、ロバート・S・コーエン共編の大作『ゲオルク・ジンメルと現代社会学』（*Georg Simmel and Contemporary Sociology*, edited by M. Kaern, B. S. Phillips and R. S. Cohen, 1990）が刊行された。つづいて一九九一年には、ラリー・レイ編の『形式社会学』（*Formal Sociology*, edited by L. Ray, 1991）が、「社会学における思想の諸学派」というシリーズの一つとして出版されている。さらに一九九四年には、フリスビー編による三巻本の『ゲオルク・ジンメル：批判的諸評価』（*Georg Simmel: Critical Assessments*, 3 vols., edited by David Frisby, 1994）が刊行された。

日本に目を移せば、阿閉吉男が一九八四年に英文で『世紀の転回期のころの社会学』（Y. Atoji, *Sociology at the Turn of the Century*, 1984）を公刊している。二年後の一九八六年には、『ゲオルク・ジンメルの社会学的視圏』（Y. Atoji, *Georg Simmel's Sociological Horizons*, 1986）を公にした。一九八一年にダーメとフリスビーの著作が出ているものの、阿閉の前著は、テンニエス、ウェーバー、デュルケムとの比較でジンメルを論じた点では、さきの一九八八年のドイツの文献に先立っており、ジンメル・ルネサンスのさきがけとして寄与したといえる。かれの見解は、この一九八八年のドイツの文献をはじめとして、すでに示した一九八六年と一九九二年のフランスの文献、一九九〇年と一九九一年のアメリカの文献にも引用されており、国際的な承認と評価をえた[1]。

一九八九年からドイツで『ゲオルク・ジンメル全集』全二四巻（*Georg Simmel-Gesamtausgabe*, hg. von Otthein Rammstedt, 24 Bde.）が出版されはじめ、一九九一年からは『ジンメル・ニューズレター』（*Simmel Newsletter*）も刊行されはじめた。ジンメル・ルネサンスを象徴するものといえる。こうしたなかで、ジンメルが社会学を厳密な科学として確立させるためにいかに努力し、どのような発想から社会学を社会科学の一部門として樹立させようとしたのかを明らかにすることによって、改めてかれの社会学の意義をさぐってみるのもむだではないだろう。

ジンメルにとって、初期から晩年までをつらぬく最重要な課題は何だったのだろうか。(2) 哲学者としてのかれからすれば、それは生の哲学（Lebensphilosophie）の完成であったろう。社会学者としてのかれからすると、それは形式社会学（formale Soziologie）ないし純粋社会学（reine Soziologie）の完成をおいてほかになかった。かれはすでに初期の段階で、社会学を「ようやく勃興しつつある科学」、「新しい科学」と認識していた。それだけに、社会学を社会科学の一部門として確立させることは、かれの晩年にいたるまでの課題とならざるをえなかった。それというのも、ジンメルが生まれたころ、社会学はまだその名づけ親であるオーギュスト・コント（一七九八－一八五七）によってうぶ声をあげたばかりで、その学問的性格自体が疑問視されていたからである。また、コントよりややおくれて、イギリスでは、ハーバート・スペンサー（一八二〇－一九〇三）が社会学を展開していたものの、それとても多くの問題をはらんでいた。

コントは、フランス革命後の混乱した社会に「秩序と進歩」をあたえようとする社会再組織の実践的意図から社会学を誕生させた。かれの社会学は、秩序の理論としての社会静学と、進歩の理論としての社会動学から成り立つ。共存の法則を扱う社会静学では、社会有機体の単位として家族がとり上げられ、それが社会に秩序をもたらす基礎だとされる。一方、社会動学は継続の法則を扱うもので、その法則は、かれの『実証精神論』（A. Comte, *Discours sur l'esprit positif*, 1844）で明らかにされている。すなわち、人間精神が神学的、形而上学的、実証的な状態へと進化してきたのに対応して、社会も軍事的、法律的、産業的な時期へと進歩するという「三状態の法則」（loi des trois états）がそれである。かれの主著は全六巻からなる『実証哲学講義』（A. Comte, *Cours de philosophie positive*, 6 vol., 1830–1842）である。そこでは、社会学は数学、天文学、物理学、化学、生物学を前提とする最後の実証科学であり、帝王科学であるかのように位置づけられている。スペンサーのばあいも、社会学は社会静学と社会動学によって構成される。かれの『社会静学』（H. Spencer, *Social Statics*, 1850）では、超有機体としての社会の単位が個人に求められ、諸個人の社会的機能がたがいに均衡した状態が「完全社会」とみなされて、平等な自由にもとづいて個人の幸福が実現される社会が理想とされている。社会動学では、かれは、一八五九年に公刊されたダーウィンの『種の起源』（Ch. R. Darwin, *On the Origin of Species by Means of Natural Selection*, 1859）から強い確信をえ、社会進化論の立場に立って、軍事型社会から産業型社会への発展法則を強調した。

少なくとも、コントとスペンサーには二つの共通した考えがみられる。一つは、すべての対象を社会学のなかにとり入れようとする百科全書的総合社会学の構想である。もう一つは、社会の発展法則を信じる素朴な発展史観、ジンメルの言葉を使うならば、「発展史的世界観」（entwicklungs-geschichtliche Weltanschauung）である。ジンメルはこれらの二つの点を鋭く批判したし、とりわけ前者については、初期から晩年までの社会学上の著作でたえずくり返し批判しつづけたといってよい。

（1）阿閉以後の日本のジンメル研究についてふれておけば、一九九〇年代の後半からすぐれた成果がみられるようになり、廳茂の『ジンメルにおける人間の科学』（木鐸社、一九九五）、北川東子の『ジンメル　生の形式』（講談社、一九九七）、居安正の『ジンメルの社会学』（いなほ書房、二〇〇〇）などがあいついで公刊された。二〇〇三年には、菅野仁の『ジンメル・つながりの哲学』（NHKブックス）や早川洋行の『ジンメルの社会学理論』（世界思想社）など若手研究者による成果が同時に出た。そうしたなかで、居安正・副田義也・岩崎信彦編による二冊の姉妹編『ゲオルク・ジンメルと社会学』、『21世紀への橋と扉――展開するジンメル社会学――』（いずれも世界思想社、二〇〇一）は、日本のジンメル研究の高い水準を示すものとして評価されてよい。

（2）ジンメルの学問的時期は初期（一八八一－一九〇〇）、中期（一九〇四－一九一〇）、後期・晩年（一九一一－一九一八）に分けられる。このうち、中期にはカント主義の立場が強くあらわれ、後期にはかれ自身の生の哲学の立場が濃厚になった。この点については、阿閉吉男『ジンメル社会学の方法』御茶の水書房、一九七九、二一ページ、二六ページ、および阿閉吉男『ジンメルとウェーバー』御茶の水書房、一九八一、一一ページ、六六―六七ページなどを参照。

二　百科全書的総合社会学への批判

百科全書的総合社会学にたいする批判は、すでにジンメルの初期の処女作＝デビュー作『社会的分化論』（G. Simmel, *Über sociale Differenzierung*, 1890）のなかに見出される。その第一章「序論。社会科学の認識論のために」をみると、社会学は、ほかの諸科学の所産がその素材をなすかぎり、「一つの折衷的科学」であるとされている。それは、ほかの諸科学が加工する素材に直接向かわず、「いわば二乗の科学」として、ほかの諸科学にとってはすでに総合であるものから新しい総合をつくり出そうとする。この点は、コントが社会秩序の基礎とみなした家族が法律学、とりわけ民法の素材となっているのを想起すれば、十分納得がいく。だからジンメルは、社会学はその現在の状態においては、周知の諸事実を考察するために、「一つの新しい立場」をあたえるにすぎないとみる。しかしかれは、それにもかかわらず、「社会学にとっては、この立場を確定することがとりわけ必要である」[1]という。なぜなら、社会学はそれに特有の性格をこの「一つの新しい立場」からのみえるのであって、事実上すでに周知のその素材からえるのではないからである。ジンメルからすれば、コントとスペンサーの百科全書的総合社会学には、この立場が欠けていた。すなわち、「一般的視点、究極的目的の統一、研究の仕方」が意識されていなかった。「新しい科学」が成立するためには、これらが事実上、存在しなければならない。

ただ、ジンメルからみると、社会科学、つまり社会学においては、「結合の要素」(kombinatorisches Element)がほかの諸科学に比べて量的に優越しているにすぎない。したがって社会学においては、それをもとにしてその結合が生じる、そうした「視点」を理論的に意識することがとくに正しいようにおもわれる。こうしてかれは、人間の集合の諸形式を記述し、一つの集団の成員であるかぎりにおける個人と諸集団相互の関係とがしたがう諸規則を見出すのが「社会学の課題」であるとするなら、「この客体の複雑性(Kompliziertheit)」が認識論的な関係において、社会学を形而上学および心理学と同列におくという結果をもたらすので、「わたしは、その認識論的な関係について詳細な基礎づけを書かなくてはならない」[2]と述べた。ここには、すでに初期の段階でジンメルが背負わざるをえなかった課題が示されている。コントとスペンサーは、たしかに「客体の複雑性」についてあまりにも無頓着であった。だからジンメルは、「一つの新しい立場」を確定して、「視点」を理論的に意識化するには、社会学をその対象の次元から認識論的に基礎づける必要があると感じたわけである。

社会の発展法則を信じる発展史観についてはどうであろうか。この点についても、ジンメルは「客体の複雑性」を指摘する。そもそも、その複雑性が客体を単純な部分と根源的な諸力および関係へと分解するのにまったく抵抗するからである。「あらゆる社会的な経過や状態」は、いっそう深い根底をもった無限に多くの部分過程の現象ないし作用にほかならない。社会現象を実現させる根本的な部分と力は、測り知れないほど多様なので、おなじ現象が幾百となくおこり、それらはつぎの瞬間にはまったく異なった発展をつづける。また、複雑な体系のなかである方向へ決定的に作用するものが、ほかの方向へは決定的に反対の副次的作用をあたえるばあいもある。さらに、ある力の直接的な作用と全体の最後の全状況とのあいだには「時間的かつ事実的中間項」が挿入されているが、その中間項が見落とされてしまう。こうしてジンメルは、「社会的形態における経過の最終的な結果という点でのあいまいさ」と、「その複雑性によってあらゆる正確な予測に逆らう、社会的な素材の固有な性格」をあげ、つぎのように述べる。「それゆえわれわれは、社会的な発展の諸法則については語ることができない。」[3] この一文がコントとスペンサーの発展史観に向けられているのは明らかである。社会のすべての要素は疑いなく自然法則にしたがって運動する。しかし、「全体にたいしてはいかなる法則も存在しない」というのがジンメルの立場である。

発展史観について別の角度からみるなら、ダーメがいうように、「進歩は価値カテゴリーであり、科学は価値カテゴリーなしに作用しなければならないので、ジンメルにとっては、科学の対象としての進歩は存在しない」[4] ことになる。なるほど、ジンメルはスペンサーに触発されて分化（Differenzierung）を論じた。けれども分化は、特殊な力でもなければ、社会的形成の根本的な諸力の活動にかかわる法則でもなく、「現実の基本的諸力の作用から生じる現象の表現」にすぎない。そうだとすると、かれの『社会的分化論』そのものが、社会の発展法則を信じたコントとスペンサーの発展史観にたいする批判の意味をもっていたといえよう。

ジンメルは『社会的分化論』を公刊してから四年後に、わずか七ページの論文「社会学の問題」（G. Simmel, Das Problem der Sociologie, 1894）を発表した。そこでも百科全書的総合社会学を批判しているので、それをみておきたいとおもう。かれによると、各個の事象を歴史的状態、つまり総体の欲望と作業に還元する傾向は、たしかにあらゆる精神科学にたいする「一つの規制的原理」でありうる。しかしそれは、だからこそ、これらの精神諸科学のあいだに自己の地位をもつ「特別の独立科学」（besondere selbständige Wissenschaft）を設立できない。人びとが社会学に期待しているように、社会学が真に社会のなかの諸事象の総体と、個人的事象を社会的事象に還元することのすべてとを含むとすれば、それは、現代的にとり扱われる「精神諸科学の全体にたいする総称」にほかならない。その方向をめざして、社会学はもっとも関連のないものを概念的な、あるいはまったく外面的な統一のうちにおし込めながら、「科学的世界帝国」をつくりあげようとする。しかしそれは、おそらく、分裂するにちがいない。

ジンメルからみれば、あらゆる事象を社会的な諸勢力と諸形状によっておこなう説明という意味での社会学は、「帰納法」がそうでないのとおなじように、「一つの特殊科学」（eine besondere

Wissenschaft）ではない。要するに、コントとスペンサーのように、「たしかに社会のなかで、かつ社会の存在の制約下でのみおこるものがすべてただちに社会学に所属するという考えは、粗雑で混乱している」[5]。ジンメルは、そうした考えでは、社会学を社会科学の一部門として独立させるのはむずかしいとみて、この論文で「ほんらいの社会学」とはどうあるべきかを明らかにした。

ジンメルの中期の大著『社会学』（G. Simmel, *Soziologie*, 1908）の第一章「社会学の問題」をみると、そこでもやはり百科全書的総合社会学への批判が展開されている。それによれば、あらゆる人間の行為が社会の内部で経過し、どんな人間の行為も社会の影響をさけられないと意識されたので、外的自然にかんする科学でないものはすべて「社会にかんする科学」でなければならないと解釈された。この科学は、そのなかに論理学や文化史、国民経済学や宗教学、美学や人口学、政治学や民族学がいっしょに見出される全包括的な分野としてあらわれる。それというのも、「これらの科学の対象は社会の枠のなかで実現される」からである。つまり、人間にかんする科学は社会にかんする科学である。こうして、社会学が「一つの新しい科学」であることが、「あらゆる人間的なものにかんする科学としての社会学」という考えに一役買ってしまった。

しかしジンメルは、このようにこれまでのすべての「知識分野」をいっしょに投げ込んだところで、けっして新しい分野は生まれないとみて、つぎのように百科全書的総合社会学を痛烈に批判した。「それは、あらゆる歴史的・心理学的・規範的科学が一つの大きな壺（Topf）のなかに投げ込まれて、これに社会学というレッテルがはられることを意味するにすぎない。」[6]かれによれば、これによって、「一つの新しい名称」がえられるだけである。この点は、晩年の小著『社会学の根本問題』(G. Simmel, *Grundfragen der Soziologie*, 1917)でも、「諸科学の全体を一つの壺のなかに投げ入れて、これに社会学という新しいレッテルをはるだけでは何にもならない」[7]とくり返されている。ジンメルからみれば、コントやスペンサーが考えたように、人間の思考と行為が社会のなかでおこなわれ、かつ社会によって規定されているからといって、その事実はけっして社会学を人間の思考と行為にかんする全包括的な科学にするわけではない。

『社会学』には、もう一つ重要な批判がみられる。その批判は、ジンメル自身の基本的な立場とも関連してくるので、ここでとり上げておかなくてはならない。かれの目からすると、全体として社会学はもともと、つぎのような社会的現象に研究を限定してきた。すなわち、そこでは相互作用する諸力(wechselwirkende Kräfte)がすでにその直接の担い手から離れて、少なくとも理念的な諸統一体へと結晶しているような現象である。国家と労働組合、司祭と家族形式、経済制度と軍隊組織、ツンフトと共同体、階級構造と産業上の分業 —— これらと類似の大きな「諸機関および諸体系」(Organe und Systeme)が社会をなし、社会にかんする科学の範囲を満たすようにおもわれた。

ところが、ジンメルは、それらの現象のほかに、「個々のばあいにはほんのすこしだけあらわれる、無数のいっそう微細な人間間の関係形式と相互作用様式」が存在していると指摘する。そしてかれは、それらが「包括的な、いわゆる公的な社会形成体」のあいだにすべり込むならば、そこに、われわれの知っているような社会がはじめてもたらされると主張する。だから、対象を公的な社会形成体に限るのは、心臓、肝臓、肺、胃などの大きな器官に限定した、「人間の身体の内部にかんする初期の科学」にひとしい。このようにみるジンメルが、コントとスペンサーの百科全書的総合社会学を念頭においていることはいうまでもない。これとおなじ批判は、別の視点からではあるが、やはり晩年の『社会学の根本問題』にも見出される。[8] かれにとっては、「諸機関および諸体系」などの「公的な社会形成体」よりも、「無数のいっそう微細な人間間の関係形式と相互作用様式」が決定的に重要なのである。

ジンメルは『社会学』のなかで関係諸形式にふれたさい、「それらは、社会の科学のなかにこれまでまったくとり入れられなかったか、それらの原理的かつ重大な意義への洞察なしにとり入れられた」[9] と述べている。かれの立場からすれば、百科全書的総合社会学は大きな機関や体系に目を奪われて、「無数のいっそう微細な人間間の関係形式と相互作用様式」の重要性には気づいていなかった。このように、ジンメルは自己の形式社会学を提唱する過程において、初期から晩年にいたるまで、一貫してコントとスペンサーの百科全書的総合社会学を批判しつづけた。

(1) G. Simmel, *Über sociale Differenzierung*, 1890, in: Heinz-Jürgen Dahme (Hg.), Georg Simmel, *Aufsätze 1887 bis 1890. Über sociale Differenzierung. Die Probleme der Geschichtsphilosophie (1892)*; *Georg Simmel · Gesamtausgabe*, hg. von Otthein Rammstedt, Band 2,

1989, S. 116f.

（2）*Ibid.*, S. 118.

（3）*Ibid.*, S. 125.

（4）H.-J. Dahme, Der Verlust des Fortschrittsglaubens und die Verwissenschaftlichung der Soziologie, in: Otthein Rammstedt (Hg.), *Simmel und die frühen Soziologen*, 1988, S. 244.

（5）G. Simmel, Das Problem der Sociologie, in: *Jahrbuch für Gesetzgebung, Verwaltung und Volkswirtschaft im Deutschen Reich*, XVIII, 1894, S. 1302.

（6）G. Simmel, *Soziologie*, 1908, 3. Aufl., 1923, S. 2.

（7）G. Simmel, *Grundfragen der Soziologie*, 1917, 3. Aufl., 1970, S. 6.

（8）*Ibid.*, S. 12. 参照。

（9）Simmel, *Soziologie*, S. 14.

三　社会の概念

すでに明らかなように、百科全書的総合社会学はすべての対象を社会学のなかにとり込もうとする壮大な構想をもっていた。それは、「社会のなかで、かつ社会の存在の制約下でのみおこるもの」がすべて社会学の対象となりうると単純に考えてしまった。その原因としては、コントもスペンサーも、生物有機体との類推で、個人をこえたところに社会が実在するとみる社会有機体説の立場に立っていたことがあげられる。しかしジンメルからすれば、「社会とは何か」という重大な問題は、それで解決されたわけではない。むしろかれには、社会の概念そのものがあいまいだからこそ、社会学はその対象を明確にできないばかりか、社会科学のなかに「特殊科学」としての自己の地位を築けないようにおもわれた。

ジンメルのばあい、社会の概念をはっきりさせようとする試みは、早くも『社会的分化論』のなかでおこなわれている。かれにとって疑う余地のないのは、統一化に少なくとも相対的な客観性をあたえる一つの根拠は「諸部分の相互作用」（Wechselwirkung der Teile）をおいてほかにない。すべての対象は、その諸部分が相互の動的な関係にある程度に応じて統一的とよべる。生物が統一体の現象として認められるのは、そこにおいてすべての部分がほかのすべての部分ときわめて強く作用しているのが観察されるからである。個人の精神生活の内部をとってみても、きわめて遠い、はるかに過ぎ去ったすべての表象がほかのすべての表象にかなり強く作用するときがある。したがってかれは、「いっさいがいっさいと何らかの相互作用をいとなむ」ことを「規制的世界原理」（regulatives Weltprinzip）として認めなくてはならないという。

さらにかれは、われわれが社会と名づけるもののもとでも「諸部分の相互作用」がおこなわれているとみて、社会は、人間の個体がそうでないのと同様に、「自己内に完結した存在でも絶対的統一体でもない」と主張する。それというのも、「社会はその諸部分の実在的相互作用にたいしては、二次的であるにすぎず、結果であるにすぎない[1]」からである。すなわち、社会という統一体がまずあって、その統一的性格から諸部分の性質、関係、変化が生じてくるのではなく、諸要素の関係と活動があって、これらにもとづいてはじめて統一体がもたらされる。そのさい、それらの要素はそれ自体で現実的な統一体を形づくっているものではなく、ほかと比べて統一的に作用するので、いっそう高次の統合体にたいして統一体のように扱われるだけである。それゆえ、人間の人格だけが存在し、その相互作用が社会を構成するばかりでなく、集団全体も存在し、ほかの集団とともに新たに社会を生み出す。その意味で、「社会は諸統一体からなる一つの統一体」にほかならない。

ジンメルからするなら、社会は諸部分の相互作用の総和にたいする名称にすぎず、その名称は、これらの相互作用の確定の程度に応じて適用されるまでのことである。したがってかれは、『社会的分化論』のなかで、社会の概念について、つぎのように述べた。「社会は、統一的に固定している概念ではなく、あたえられた個々人のあいだに存立する相互作用の数と緊密の度とにしたがって、多くも少なくも適用される程度的概念（graduller Begriff）である。このようにして、社会の概念は、個人主義的実在論がそのなかにみようとする神秘的なものをまったく失うことになる。[2]」ここでいう「個人主義的実在論」とは、ルソーに代表されるように、社会は諸個人の契約にもとづくもので、実在するのは個人であるとする社会名目論を意味している。それはともかく、これを引用した阿閉吉男が洞察しているように、ここにはすでに、社会を「機能的かつ相対主義的にとらえようとするジンメルの態度」が鮮明に打ち出されている。(3)

論文「社会学の問題」では、ジンメルは社会について、つぎのように述べている。「最広義の社会は明らかに、若干の個人が相互作用をいとなむばあいに存在する。」(4) こうした考えは、この論文を発表してから二年後、つまり一八九六年に出された論文「社会科学の方法論のために」(G. Simmel, Zur Methodik der Socialwissenschaft, 1896) のなかで、さらに確認されている。ちなみに、この論文は、法哲学者ルードルフ・シュタムラーの著作『唯物史観による経済と法』(R. Stammler, *Wirtschaft und Recht nach der materialistischen Geschichtsauffassung*, 1896) にみられる方法論を批判するために書かれたもの。

ジンメルはその論文で、シュタムラーのように、社会の概念を規範のような「外的規制」から導き出そうとするのは、目的行為の概念を人間の手の概念に依存させようとするのとおなじだと酷評する。どのような目的行為も、われわれの手のメカニズムが可能にする運動形式においてのみなされうるが、だからといって、この技術的条件がけっして合目的的行為の本質をなすわけではないからである。かれがつぎのように断言するのも、こうした批判を前提としているからである。「わたしは、社会＝哲学的諸研究においては、若干の個人が相互作用をいとなむところに社会はいつも存在しているということよりも、いっそうたしかな社会の定義から出発できるとは信じない。なぜなら、社会が一つの独立科学の固有な客体であるべきだとすれば、それは、社会をつくる諸個人の総和から一つの新たな統一が生まれるということによってのみ可能だからである。」[5]社会の概念の本質を相互作用に求めるかれの基本的な立場が、ここから読みとれるはずである。

さらに論文「社会学の問題」では、「結合」(Associationen)と「和合」(Vereinigungen)だけでなく、「敵対」(Gegnerschaft)と「競争」(Konkurrenz)も相互作用に含められ、後二者のような「反発関係」(Repulsionsverhältnis)も研究の対象としてあげられていた。一八九六年の論文でもジンメルは、いま引用した文につづけて、若干の諸要素からなる統一体がそれらの要素の相互作用であって、「凝集力」(Kräfte der Kohäsion)、「牽引力」(Attraktion)、「ある種の反発力(Repulsion)」にほかならないと述べている。そうだとすると、ジンメルのばあい、相互作用としての社会は、力学的には凝集力と牽引力、および反発力に集約され、前二者の表現形態としての相互作用が結合となり、後者のそれが分離となって社会を構成するとみなされているわけである。

中期の『社会学』でも、社会の概念については、以上のような見解が踏襲され、「若干の個人が相互作用をいとなむばあいに、社会は実在する」[6]といわれる。ただ、そこでは社会の概念の二つの意味が区別されている。第一に、社会は「社会化した諸個人の複合体」、つまり「社会的に形成された人間素材」であり、これが「歴史的現実全体」をつくりあげている。第二に、社会はすでに明らかにしたような「例の関係諸形式の総和」でもあって、それらによって諸個人からまさに「第一の意味における社会」が生まれる。ジンメルによれば、既存の社会諸科学は第一の意味での社会を対象としており、それらの客体は「社会のなかで、かつ社会とともにおこるすべてのもの」である。

これにたいして、「第二の意味における社会科学」、つまりコントとスペンサーのような百科全書的総合社会学ではなく、「いっそう狭い意味の社会学」は、第二の意味における社会、すなわち「それによって人びとが社会化する諸力、諸関係および諸形式」を対象とするもので、「もっとも厳密な意味での『社会』」を扱う。論文「社会学の問題」でいわれているように、やや逆説的に縮約して表現すれば、「社会学は、社会において『社会』であるものを探究する」[7]。

ところが、すでに社会科学は個々の社会諸科学に分割されているから、社会学には「抽象された諸形式（Formen）の観察」だけが残されているにすぎない。そのさい、そうした「諸形式は社会化（Vergesellschaftung）を引き起こすというよりも、むしろ社会化なのである」と強調されている[8]。そこで、社会学が使用できる意味での「社会」とは、これらの諸形式にたいする「抽象的一般概念」、つまり諸形式を種（Arten）とする類（Gattung）であるか、それとも、「そのときどきに活動する、これらの諸形式の総和」であるとみなされる。社会科学の一つとしての社会学の対象は、このように二つの社会概念の違いから説明されている。

晩年の『社会学の根本問題』に目を転じれば、社会の概念については、「個人間の心的相互作用（seelische Wechselwirkung）」であると簡潔に定義されている[9]。二人の人間が出札口でおしあうだけでは、まだ社会化しているとはいえないものの、相互作用も表面的で一時的であるので、「一応また社会化について語れなくもない」。しかし、ジンメルによると、「社会化」という言葉を認めるためには、そのような相互作用が「いっそう反覆的」となり、「いっそう緊密」となり、類似したものと結びつく必要がある。だからといって、社会の名称を国家や家族などの「恒久的な相互関係」だけに限ろうとするなら、それは用語の表面だけにこだわるものである。こうした相互関係のほかに、すでに『社会学』でもいわれていたように、「無数のいっそう微細な人間間の関係形式と相互作用様式」が存在しているのを見落としてはならない。それらが公的な社会形成体のあいだに入り込むとき、そこに、われわれの知っているような社会が生み出される。だから、恒久的な相互関係だけを対象とすれば、「経験のなかにあらわれる社会の生活」は構成できない。つまり、無数の微細な総合のもたらす広範な影響がなければ、そうした社会の生活は、多数の非連続的な体系に分解されてしまう。それゆえジンメルは、人びとのあいだの社会化はたえずあらわれては消え、またふたたびあらわれるとしても、それは、ほんらいの組織とならないときでさえ、なお諸個人を結びあわせる「永遠の流動および脈搏」であるとみた。

　こうしてかれは、そうした社会化の例として、たがいにねたみあったり、たがいに手紙を出しあったりすることなどを多数あげた上で、つぎのように述べた。「たえず実現されつつある生活をいとなむ社会はつねに、個々人がたがいにあたえる影響と規定とによって結びつけられているということを意味する。だから社会は、ほんらい機能的なあるもの（etwas Funktionelles）、諸個人がたがいになし、かつうけるあるものであって、その基本的性格からいえば、人は社会について論じるべきではなく、社会化について論じるべきであろう。[(10)]」社会を「ほんらい機能的なあるもの」とみるジンメルの機能的社会観が、ここにはみごとに表明されている。『社会学』ではこれほどはっきりいわれていなかっただけに、かれの社会の概念は晩年になっていっそう洗練されたものになっているといえる。社会は実体でも具体的なものでもなく、「生起」（*Geschehen*）であり、ある人の運命と形成にかんして、ほかの人の側からおこなわれる「受動および能動の機能」である。『社会学』にみられる表現を用いていえば、社会の原子のあいだには、「心理学的顕微鏡だけにとらえられるようなもろもろの相互作用」がある。そうした相互作用が「受動および能動の機能」であるという点に、ジンメルの社会概念の核心がある。社会有機体説は相互作用をおこなう担い手たちの外側に社会の実在を認めた。逆に、社会名目論は相互作用をいとなむ担い手たち自身のうちに真の実在を求めた。それに反して、ジンメルは諸個人のあいだに展開される相互作用という、いわば動きのなかに社会を発見した。これによってかれは、旧来の社会観を克服し、社会学の対象としての社会を明確にさせることによって、社会学を「独立科学」に仕立てあげようと試みた。百科全書的総合社会学への批判と同様に、社会の概念にかんする言及も、すでに察知されるように、かれの初期から晩年までの社会学上の著作に見出される。この事実は、ジンメルにとって社会の概念がいかに重要であったかを示している。かれの相互作用の考えがマックス・ウェーバーに影響をあたえた点については、のちにふれようとおもう。

（1）Simmel, *Über sociale Differenzierung*, in: *Georg Simmel · Gesamtausgabe*, Band 2, S. 130.

(2) *Ibid.*, S. 131.
(3) 阿閉吉男『ジンメル社会学の方法』、一三—一四ページ参照。
(4) Simmel, Das Problem der Sociologie, S. 1303.
(5) G. Simmel, Zur Methodik der Socialwissenschaft, in: *Jahrbuch für Gesetzgebung, Verwaltung und Volkswirtschaft im Deutschen Reich*, XX, 1896, S. 580f.
(6) Simmel, *Soziologie*, S. 4.
(7) Simmel, Das Problem der Sociologie, S. 1305.
(8) Simmel, *Soziologie*, S. 9. 参照。
(9) Simmel, *Grundfragen der Soziologie*, S. 12. 参照。
(10) *Ibid.*, S. 13f.

四　社会学の対象

ジンメルはたしかに、二つの社会概念の相違から社会学の対象を説明した。しかしかれは、社会学の対象としての社会が明らかになったからといって、それでただちに社会学が社会科学の一部門として「独立科学」になりうると主張したわけではない。かれが「個別科学としての社会学」、あるいは「特殊科学としての社会学」（Sociologie als Specialwissenschaft）をはじめて積極的に提唱したのは、論文「社会学の問題」である。そこでまず、それをとり上げてみよう。

ジンメルはこの論文で、誤って社会学という科学として認められてしまった研究傾向から「いっそう狭い意味の社会学」を区別するために、その区別がどのような意味でおこなわれるべきかを心理学との比較で明らかにしている。かれによれば、これまで、あらゆる科学を心理学に解消しようとする試みがなされてきたにもかかわらず、心理学は、「心理そのものの諸機能にかんする科学」として、認識の表象作用の個々の対象や個々の内容を問題とする諸科学からは正当に区別されている。心理学においては、種々の機能、勢力、規範の「抽象」が問題である。換言するなら、法則や一般的なものが特殊なものにたいして示し、また形式がつくりあげられた内容にたいして示すのとおなじように、心のなかの具体的事象にたいして示すものが問題である。こうしてかれは、特殊＝心理的なものを客観的な質料（Materien）から区別することが科学としての心理学を生み出すのと同様に、「ほんらいの社会学というものは、特殊＝社会的なもの（das Specifisch = Gesellschaftliche）だけを、つまり社会化において、かつ社会化によって実現される個々の関心と内容から区別された、社会化そのものの形式および諸形式（Form und Formen der Vergesellschaftung als solcher）だけをとり扱うことができる」[1]と述べる。そのさいこれらの関心と内容は、特殊な——即物的ないし歴史的——諸科学の内容をなすものである。すなわち、社会学はいまこそ、これらの諸科学の圏をつらぬいて、ほんらいの社会的な諸勢力および諸要素そのもの、つまりもろもろの社会化形式をこれらの諸科学の圏において際立たせて包摂する、一つの新しい圏をつくる。

すでにふれたように、最広義の社会は、「若干の個人が相互作用をいとなむばあいに存在する」。ジンメルは、そこには、いっしょに散歩するためのほんの一時の結びつきから、家族や中世のギルドのような統一体にいたるまで、さまざまな程度と種類の「社会化」が確認されるという。そのばあい、特殊な諸原因と諸目的がなければ、もちろん社会化はけっして生まれてこないのだけれども、それらの原因と目的は、社会過程の体軀、つまり「素材」（Material）をなす。そして、これらの原因の結果やこれらの目的の達成からまさに、その担い手たちのあいだに「相互作用」、「社会化」が引き起こされるということ、それが、例の諸内容（Inhalte）がとる「形式」であって、「こうした形式が科学的抽象によって例の諸内容から区別されるということ」に、「一つの特殊社会科学」、つまり「人間相互の関係形式にかんする科学としての社会学」の全存在がもとづいている。

こうしてかれは、もっとも異なる社会集団のうちに、抽象化の権利がある領域、つまり「社会化そのものとその諸形式」（Vergesellschaftung als solche und ihre Formen）の領域を数多く例示する。たとえば、上位と下位（Über= und Unterordnung）、競争、模倣（Nachahmung）、反抗（Opposition）、分業（Arbeitsteilung）などがそれである。これらはいずれも、「人間相互の関係形式」に相当する。たしかに、個々の歴史的現象においては、内容と社会的形式とは事実上、溶けあっている。しかし、内容と形式との直接的合一は、両者の「学問上の区別」を防げるものではない。幾何学が諸物体の質料の研究をほかの科学にまかせて、それらのたんなる空間的形式を観察できるのも、このような区別にもとづいている。それはまた、文法が言語の純粋な諸形式を、この諸形式を生かしている諸内容から切り離すのとおなじでもある。(2) 以上のように、ジンメルは、社会学がその遠大な要求を捨て、「社会化とその無数の形式および展開との機能」を特殊分野としてうけもつのであれば、それによって、社会学は社会科学のなかに「境界のはっきり定められた地所」を専有できると説いた。その社会学が形式社会学とよばれ、晩年の『社会学の根本問題』では純粋社会学ともよばれているのは、周知のとおりである。

論文「社会学の問題」は、ジンメルの思考がかなり集約されて表現されているだけに、やや難解な点がないともいえない。そこで、かれがいわんとするところを、中期の『社会学』第一章「社会学の問題」を手掛りとして、改めて追跡してみよう。それによると、社会学を「新しい科学」として正当づけるには、これまで知られていなかったような対象の存在を発見しようと努力する必要はない。すべての科学は、それらがある種の事柄の全体をいずれか一つの側面、つまり「いずれか一つの概念の視点」から観察するかぎり、「抽象」にもとづいている。だから、一つの概念が発見され、事物の総体が個々の性質と機能に分解されることからすべての科学は発生する。かれにとって、そうした概念こそ、「社会そのものの概念」にほかならなかった。したがって、特殊科学としての社会学が存在すべきだとするなら、その概念が諸現象の外面的な総括をこえて、「社会的 - 歴史的な所与」を新たな抽象と集合的整序のもとにおかねばならない。こうしてかれは、すでに明らかにしたような社会の概念から特殊科学としての社会学の成立を説いた。しかし、そのさい肝要なのは、「社会の形式と内容（Form und Inhalt der Gesellschaft）との区別とよぶことができるような社会概念の分析」を媒介としてそれが説かれている点である。ただし、「社会の形式と内容」といっても、それは「一つの比喩」にすぎず、分けるべき諸要素の対比を近似的によぶためだと強調されている。

このような強調をふまえて、ジンメルは、すでに示したように、「若干の個人が相互作用をいとなむばあいに、社会は実在する」という最広義の社会の表象からはじめる。そのばあいかれは、そうした相互作用が特定の衝動から、あるいは特定の目的のために生じるとみる。具体的にいえば、色欲、宗教的ないし社交的な衝動、防衛や攻撃の目的、ゲームや営利の目的、救済や教化の目的、その他無数の目的にうながされて、人間は、ほかの人間と集合し、「互助行為」（Füreinander-Handeln）、「共存行為」（Miteinander-Handeln）、「対立行為」（Gegeneinander-Handeln）を、つまり、ほかの人間と相互関係をもつようになる。すなわち、ほかの人間に影響をあたえ、ほかの人間から影響をうけるようになる。「これらの相互作用は、例の誘発的な種々の衝動と目的をもつ個々の担い手たちから、一つの統一体、まさに『社会』というものが生まれることを意味する。」(3) このように述べて、ジンメルは、「諸個人のうちに、つまりあらゆる歴史的現実の直接具体的な場所のうちに、衝動、関心、目的、性向、心理的状態および感情として存在するすべてのもの」を、「社会化の内容、いわば質料」とよぶ。

しかし、ジンメルからみると、生を充実させ、動かすこれらの素材ないし動機づけは、それ自体ではまだ「社会的本質」であるとはいえない。すなわち、諸個人のなかにとどまっているかぎり、それらはすべてまだ社会化を意味してはいない。むしろそれらは、それらが孤立して並存している諸個人を、「相互作用という一般概念」に属する「共存」と「互助」の特定の形式に導いてはじめて、社会化を形成する。「したがって、社会化は無数の異なった仕方で実現される形式であり、その形式のなかで、諸個人は例の――感覚的ないし観念的、瞬間的ないし持続的、意識的ないし無意識的、因果的に動かしたり、目的論的に引きつける――諸関心にもとづいて一つの統一体をつくりあげ、こうした形式の内部でこれらの関心が実現される。」[4]この一文には、社会化を形式ととらえ、その形式のなかで諸個人の関心が実現されるとみるジンメルの基本的な考え方が示されている。一方には、社会化の内容、つまり衝動、目的、関心などがあり、他方には、社会的形式、つまり「個人間の相互作用（Wechselwirkung unter den Individuen）の形式ないし様式」がある。両者は現実には不可分の要素であるとしても、後者をとおして、あるいは後者の形態のなかで、前者は「社会的現実性」を獲得する。このさい、ラントマンの表現を用いてやや先取りしていえば、「ジンメルは、社会的諸形式を、それらを導き出す体験的なもろもろの衝動と動機から区別し、それによって衝動と動機をたんなる心理的な『社会化の素材』におし下げることによって、そもそもはじめて、社会的なものを一つの固有な領域としてとり出すことに成功する」[5]わけである。

ジンメルによれば、「社会」をまさに社会たらしめているものは、さまざまな種類の相互作用にほかならない。ある若干の人びとは、そのおのおのが生内容をもっているからといって、それによって社会を形成するわけではない。そうではなくて、これらの内容の活気が相互影響の形式を獲得し、一方から他方への作用が生じたときにはじめて、人びとのたんに空間的な並存や時間的な継起からもまた、一つの社会が生まれる。こうしてかれは、つぎのようにいう。「したがって、その対象が社会であって、ほかのものではない一つの科学が存在すべきだとするならば、それは、これらの相互作用（Wechselwirkungen）、これらの社会化の様式と形式（Arten und Formen der Vergesellschaftung）だけを研究しようとすることができる。[6]」なぜなら、それ以外になお「社会」の内部に見出され、社会によって、かつ社会の枠のなかで実現されるものはすべて、社会そのものではなく、内容にすぎないからである。

そうした内容はもちろん、形式といっしょになってはじめて、広義の、しかも普通の意味で社会とよばれているような真の形象をもたらす。「こうした二つの、実際には分離できない合一が、科学的抽象においては分離されるということ、相互作用ないし社会化の諸形式（die Formen der Wechselwirkung oder Vergesellschaftung）が、諸形式によってはじめて社会的となる諸内容から思考の上で分けられ、総括されて、しかも統一的な科学的視点のもとに方法的におかれるということ——このことが、わたしには社会そのものにかんする一つの特殊科学の唯一の、かつ完全な可能性を基礎づけるようにおもわれる。[7]」ややながい引用だけれども、ここからは、ジンメルが社会の概念から出発しつつも、社会は内容と形式からなるとみて、後者を「科学的抽象」によって分離し、「相互作用ないし社会化の諸形式」を統一的な科学的視点のもとで分析するときに、社会学は「一つの特殊科学」として社会科学のなかに自己の地位を確立しうるととらえているのがわかるにちがいない。その意味では、社会の概念は二次的な重要性をもっていたにすぎないともいえる。哲学的な色彩の濃い内容と形式という言葉の使用が誤解をよんだけれども、それは、すでに指摘したように、かれにとっては「一つの比喩」である。むしろそれらの用語をあえて使いながら、かれは、社会学を一つの「独立科学」にまで高めようとした。

「相互作用ないし社会化の諸形式」は、ジンメルの形式社会学あるいは純粋社会学の対象である。その具体的な事例はすでにふれたように、論文「社会学の問題」で提示されている。かれは『社会学』第一章「社会学の問題」でも、その目的とすべての意義からみて、極度に異なった社会集団のうちに、「個人相互のおなじ形式的な行動様式」を見出し、ほぼおなじような事例をくり返しあげている。それらは『社会学の根本問題』にもみられるけれども、つぎのとおりである。すなわち、上位と下位、競争、模倣、分業、党派形成（Parteibildung）、代表（Vertretung）、対内結合と対外閉鎖の同時性（Gleichzeitigkeit des Zusammenschlusses nach innen und des Abschlusses nach außen）などである。なるほどこれらは、国家社会や宗教教団にも、陰謀団や経済団体にも、芸術上の流派や家族にも存在している。かれは、多様な関心がおなじ形式のなかで実現され、逆に、おなじ関心が多様な社会化のなかにあらわれるとした上で、「社会学的問題」が「社会化の純粋な諸形式」を体系的に整備し、その「心理学的基礎づけ」と「歴史的展開」をおこなうところにあると述べた。この点は、阿閉吉男がすでにその『ジンメル社会学の方法』で明らかにしているとおりである。[8] 上位と下位、闘争などを論じたジンメルの大著『社会学』は、そうした「社会学的問題」を追究することによって、社会学を社会科学の一分野として樹立させるための偉大な作業にほかならなかった。

（1）Simmel, Das Problem der Sociologie, S. 1302.

（2）Simmel, *Grundfragen der Soziologie*, S. 27. 参照。

（3）Simmel, *Soziologie*, S. 4.

（4）*Ibid.*, S. 5.

（5）M. Landmann, Einleitung, in: Michael Landmann (Hg.), Georg Simmel, *Brücke und Tür*, 1957, S. XIII f.

（6）Simmel, *Soziologie*, S. 6.

（7）*Loc. cit.*

（8）阿閉、前掲書、七七ページ参照。

五　社会科学としての社会学

現在では、社会学は社会科学の一部門となっているけれども、ジンメルは、社会学がほかの社会諸科学とどのような関係に立つと考えていたのだろうか。幾何学が諸物体の空間的形式を観察できるのは、内容と形式の「学問上の区別」にもとづいているという点については、すでにふれたとおりである。かれは、社会学とほかの社会諸科学との関係をとらえるさいにも、幾何学を引きあいに出す。

ジンメルによると、人間はほかの観点からも科学の客体となりうるが、そうした「人間の社会－存在の理論」としての社会学がほかの特殊諸科学にたいしてもつ関係は、ちょうど幾何学が質料にかんする「物理－化学的諸科学」にたいしてもつ関係とおなじだとされている。すなわち、幾何学は、それによって質料が一般的に経験上の物体となるような形式を考察する。もちろんその形式は、「社会化の諸形式とまったく同様に、それ自体ではただ抽象のなかに」存在するにすぎない。「幾何学も社会学も、それぞれの諸形式のなかにあらわれる諸内容、あるいは全体現象の研究をほかの諸科学に委ねて、それらの純然たる形式を説明する。」(1) このようにかれは、幾何学との類推で、社会学はほかの社会諸科学にたいしては、諸内容の研究をまかせ、「それらの純然たる形式」を考察する関係に立っているとみている。ただし、かれによれば、幾何学との類推といっても、それでそれ以上におよぶものではない。のちに、試みたのは「社会学の原理的な問題の明確化」であり、それ以上におよぶものではない。のちに、かれの形式社会学がドイツの社会学者ハンス・フライヤーによって「ロゴス科学」（Logoswissenschaft）と批判されたのも、この点にかんする十分な理解がえられなかったことにもよるだろう(2)。内容と形式という用語が「一つの比喩」であったのと同様に、幾何学との類推も、それを用いて「社会学の原理的な問題の明確化」を試み、社会学とほかの社会諸科学との関係を規定するためのものであった。

たしかに、ジンメルのばあい、たえず概念や用語を明確にし、的確な表現を使いながら理論を展開する方法はとらない。だから誤解をうけたり、理解がえられにくかったりするのだろう。すでにここでとり上げた言葉や表現をいくつか例にあげてみよう。まず、社会学という言葉自体である。Sociologieという用語は中期になってSoziologieに定着するものの、これに相当する言葉としてはSocialwissenschaftとGesellschaftswissenschaftが併用され、後者は、『社会学』にも『社会学の根本問題』にも散見される。これらはいわゆる社会科学にあたるわけで、それが社会学の意味でも使われている。十九世紀後半のドイツでは、社会学は外来科学だったのでやむをえないとしても、こうした重要な用語が概念規定されずに安易に使用されている(3)。

つぎに、ジンメルは、「諸形式は社会化を引き起こすというよりも、むしろ社会化なのである」と力説しているので、社会化と諸形式とは同一であるかのような印象をあたえかねない。おなじならば、「社会化そのものの形式および諸形式」、あるいは「社会化の様式と形式」といったような表現は、同義語の反覆にすぎなくなってしまう。社会化の内容との対照で社会化の諸形式といわれるとしても、社会化は、かれにとっては、ほぼ「相互作用という一般概念」に近い。その点の説明が不十分であるといわざるをえない。

さらに、社会化と相互作用についてみれば、両者はおなじなのか、社会学の対象とされる相互作用はいかなる範囲までをさすのかが問題となるだろう。前者については、ジンメルがつぎのようにみていたのを想起すれば解決がつく。すなわち、社会化という用語を認めるためには、表面的で一時的な相互作用が「いっそう反覆的」、「いっそう緊密」となり、類似したものと結びつく必要がある。したがって、厳密にいえば、社会化はいっそう反覆的で、緊密な相互作用、つまり相互作用過程とひとしい。後者については、社会化と相互作用がまったく同一ではないにもかかわらず、「これらの相互作用、これらの社会化の様式と形式」、あるいは「相互作用ないし社会化の諸形式」などの表現がみられるので、社会学の対象としての相互作用の範囲があいまいだとの批判も出てこよう。これにかんしては、かれが、二人の人間が出札口でおしあうだけではまだ社会化しているとはいえないとしながらも、そうした相互作用も表面的で一時的であるので、「一応また社会化について語れなくもない」といっている点が参考になるにちがいない。『社会学の根本問題』第三章「社交性」のなかでとり上げられた媚態と歓談の例が示すように、相互作用のなかには、表面的で一時的な微視的相互作用も含まれると解せるであろう。むしろ、そうした相互作用を対象としているところに、かれの社会学の特徴がある。

以上との関連からみれば、ダーメとラムシュテットがかれらの共同論文のなかで、「ジンメルは社会学を社会化の諸形式と社会化の諸過程（Vergesellschaftungsformen und -prozesse）にかんする科学と定義する」[4]ととらえ直している点が注目されよう。ジンメルが「社会化そのものとその諸形式」といっていることや、相互作用概念の普遍性を考慮すると、かれらのように解釈したほうが誤解の余地も生じにくくなるからである。相互作用はたしかに社会化よりも広い概念であり、森羅万象に妥当する「規制的世界原理」ではある。しかし、相互作用を人間社会にあてはめれば、それは、社会化の下位概念にならざるをえないのではなかろうか。

概念や用語の無雑作な使用と、批判をうけやすい表現がみられるとはいえ、社会学を社会科学の一部門として確立させたジンメルの功績は高く評価されてよい。すでに明らかにしたように、かれは初期から晩年にいたるまで、一貫してコントとスペンサーの百科全書的総合社会学を批判しつづけるとともに、「個人間の相互作用」を重視する立場から社会の概念にたえず言及しつづけた。コントのばあいには実証哲学体系の、スペンサーのばあいには総合哲学体系の、いわば総括として社会学が構想され、いずれもすべての対象をとり込もうとする傾向をもっていた。まして、恣意的な発展史観に支えられていたから、かれらの社会学は個人的世界観の哲学的表明とさほどかわらなかった。それだけに、ジンメルの微視的社会学が社会の概念をはっきりさせ、社会学に固有な対象を「社会化の諸形式と社会化の諸過程」に求めて、社会学に社会科学としての市民権を獲得させた意義は大きい。

なるほど、社会学を社会科学の一部門として打ち立てようとする努力は、ジンメルだけにみられるものではない。ジンメルとおなじ年に生まれたフランス社会学の巨匠デュルケムは、やはりコントとスペンサーを批判しながら、「外在性」と「拘束」などを特徴とする「社会的諸事実」（les faits sociaux）のうちに社会学の対象を求め、社会学の確立に貢献した。かれらより六歳年少のウェーバーも、社会学を確立させた巨匠として知られる。だからフリスビーもいうように、「ジンメルは、社会学という新しい学問のために根拠をたしかなものにしようと努めた第一級の社会学者たちのひとりである」(5)。それにつけても、ジンメルほどその生涯をつうじて「社会学の原理的な問題の明確化」に力を注ぎ、厳密な科学としての社会学を樹立させるためにその努力を傾けた人はいないだろう。かれの社会学は、すでにかれの生存中にシカゴ学派の創始者アルビオン・W・スモールの翻訳活動によってアメリカに紹介され、アメリカ社会学のなかに浸透していった。近時隆盛をみせている象徴的相互作用論は、ジョージ・H・ミードを先駆者としているけれども、それは、ジンメルが敷いた軌道の延長線上を歩んでいるとみれなくもない。アメリカには、タルコット・パーソンズの行為理論のなかにさえ、ジンメルの社会学の影響を認めている社会学者もいるくらいである(6)。

ジンメルの社会学は、現代社会学に影響をあたえているだけでなく、ウェーバーの社会学にも多くの養分を提供した。前者の類型概念と後者の理念型概念は類似性をもっているけれども、それについては、改めて明らかにしたい(7)。ここでは、ウェーバーの「社会的行為」（soziales Handeln）の概念をとり上げてみよう。かれによれば、社会学とは、「社会的行為を解明しつつ理解し、これによってその経過とその結果とを因果的に説明しようとする一つの科学」であると定義される。そのさい、「社会的行為」とは、「行為者または諸行為者によって思念された意味（gemeinter Sinn）にしたがって他者の行動に関係させられ、かつその経過においてこれに方向づけられている行為」をさしている。[8]「思念された意味」についていえば、何か客観的に「正しい」意味でもなければ、形而上学的に基礎づけられた「真の」意味でもなく、あくまでも、行為者または諸行為者によって「主観的に思念された意味」である。かれは、「思念された『意味』を客観的に妥当な『意味』からできるかぎり区別することによって、ジンメルの方法（その『社会学』および『貨幣の哲学』における）からは離れてくる」と述べて、ジンメルとは異なる自己の立場を強調した。

一九九一年になってはじめて、一九〇八年に書かれたと推定されているウェーバーの遺稿「社会学者および貨幣経済の理論家としてのゲオルク・ジンメル」（M. Weber, Georg Simmel als Soziologe und Theoretiker der Geldwirtschaft, 1908）がドイツ文で公表された。それによると、もちろんウェーバーは、ジンメルにとって、社会学が個人間の相互作用をとり扱う科学であることを認めている。しかしかれは、「『相互作用』の概念が何かあいまいなものという特性をもっている」のは明らかだと指摘する。それというのも、相互作用の概念は広すぎるので、「一般に最大の不自然さを用いてのみ、純粋に『一方向的な』、すなわち相互作用の何らかの要素を含んでいないような、他者によるある人間の影響を想像できる」[9]からである。このようにみるウェーバーは、それだからこそ、人間のあらゆる接触の仕方が社会的性格をもつわけではなく、「有意味的に（sinnhaft）

他者の行動に方向づけられた自己の行動」だけが社会的であると厳密に社会的行為を特徴づけたのだろう。二人の自転車乗りの衝突は、自然現象とおなじく一つの出来事にすぎない。しかし、相手をさけようとする試み、衝突後の罵倒、殴打、おだやかな議論などは、有意味的に他者の行動に方向づけられているかぎり、社会的行為である。ジンメルはたがいにねたみあったり、たがいに手紙を出しあったりする例をあげているけれども、これらの社会化は、ウェーバーの二人の自転車乗りの例とさほどかわらないようにおもわれる。

第一に、ウェーバーは、ジンメルが「心的」相互作用といったのを、「思念された意味」にしたがってといいかえているだけである。ただし、その意味が「主観的に思念された意味」だと慎重かつ具体的にとらえて、ジンメルとの相違を目立たせている。第二に、かれは、双方向性を前提とする相互作用の概念では、「純粋に『一方向的な』」影響関係を把握しようとするばあい無理があるとみて、「有意味的に他者の行動に方向づけられた自己の行動」だけが社会的であると緻密かつ限定的に表現している。違いがあるとすれば、一方向性を意識的に視野に入れているかどうかであって、双方向的な相互行為に着目している点では、両者は共通している。たしかにウェーバーは、ジンメルがさきの二つの意味を区別しないばかりか、故意に混同していると批判している。しかし、ウェーバーの社会的行為の概念のうちには、二つの点でジンメルの相互作用概念の明白な痕跡がみられる。そうであれば、ジンメルの形式社会学ないし純粋社会学は、ウェーバーの理解社会学を本質的な部分で刺激したといえよう(10)。

社会的行為を対象とするウェーバーの社会学は、種々の理念型概念を駆使しながら、近代西洋に固有な諸現象を歴史的な因果分析によって明らかにしているところに功績がある。逆に、「社会化の諸形式と社会化の諸過程」を対象とするジンメルの社会学は、「無数のいっそう微細な人間間の関係形式と相互作用様式」を重視しているので、歴史的な因果分析よりも現代社会の分析に有効な諸概念を含んでおり、その点で評価されてよい。ジンメル・ルネサンスはそうした評価と密接に結びついているのだろう。それでも、いっそう複雑化した現代社会をとらえるには、ジンメルが残した遺産、つまり「社会化の諸形式と社会化の諸過程」にかんする理論を再検討し、現代社会の分析に役立つように再構成する必要があるようにおもわれる。その作業は、かれの形式社会学ないし純粋社会学の可能性をさぐる試みとなるにちがいない。

（1）Simmel, *Soziologie*, S. 10.
（2）H. Freyer, *Soziologie als Wirklichkeitswissenschaft*, 1930, S. 55f. 参照。
（3）この点の指摘は、すでに阿閉、前掲書、五一―五二ページ、および居安正訳ジンメル『社会分化論　社会学』、現代社会学大系1、青木書店、一九七〇、三六一ページ（訳注）などにみられる。
（4）H.-J. Dahme und O. Rammstedt, Die zeitlose Modernität der soziologischen Klassiker, in: Heinz-Jürgen Dahme und Otthein Rammstedt (Hg.), *Georg Simmel und die Moderne*,

1984, S. 465.

(5) David P. Frisby, Georg Simmel's Concept of Society, in: Michael Kaern, Bernard S. Phillips and Robert S. Cohen (eds.), *Georg Simmel and Contemporary Sociology*, 1990, p. 39.

(6) たとえば、G. D. Jaworski, Simmel's Contribution to Parsons' Action Theory and its Fate, in: *Georg Simmel and Contemporary Sociology*, pp. 109–130. 参照。

(7) 本書の第二章「ジンメルの社会学体系」参照。

(8) M. Weber, *Wirtschaft und Gesellschaft*, 1921–1922, S. 1. 参照。

(9) M. Weber, Georg Simmel als Soziologe und Theoretiker der Geldwirtschaft, 1908, in: *Simmel Newsletter*, Vol. 1, N°1, 1991, S. 12. なお、ドイツの社会学者クラウス・リヒトブラウもこの個所に注目し、ジンメルにたいするウェーバーの批判の核心を洞察している。K. Lichtblau, Causality or Interaction? Simmel, Weber and Interpretive Sociology, in: *Theory, Culture & Society*, Vol. 8, No. 3, 1991, p. 44.

(10) こうした見解については、H. J. Becher, *Georg Simmel. Die Grundlagen seiner Soziologie*, 1971, S. 90f. 参照。また、ベッヒャーにふれている阿閉、前掲書、一四七ページをも参照せよ。

第二章　ジンメルの社会学体系

一　方法としての社会学

晩年におけるジンメルの社会学的思考は、一九一七年の珠玉の作品『社会学の根本問題』のうちにみごとに展開されている。原著は一〇〇ページたらずの小さいもので、ゲッシェン双書の一つ。ジンメルの没年は一九一八年だから、その前年に公刊されたこの小さな著作には、かれの円熟した社会学的思考が文字どおり集約されている。すでにふれたように、初期や中期のかれは形式社会学を積極的に主張した。[1]「特殊科学としての社会学」とその研究対象を明確にし、形式社会学の実質的な研究の可能性を示そうとしたからである。しかし、そのかれも晩年になると、形式社会学を純粋社会学ともよび、これを含めた大規模な自己の社会学体系を構想するようになる。すなわちかれは、初期のデビュー作『社会的分化論』（一八九〇）や中期の大著『社会学』（一九〇八）の要点を伝えながら、一般社会学（allgemeine Soziologie）、純粋社会学あるいは形式社会学、哲学的社会学（philosophische Soziologie）の三部門からなる社会学体系を簡潔に提示した。『社会学の根本問題』には、これらの三部門が明らかにされている。こうした社会学の体系化は、かれの社会学的思考の結晶にほかならない。

『社会学の根本問題』には、「個人と社会」（Individuum und Gesellschaft）という副題がつけられている。個人と社会といえば、両者の関係こそ、古くて新しい社会学上の根本問題であるといわれている。ここでは、ジンメルの社会学体系の内実を明らかにし、「個人と社会」の問題が三部門の例のなかで、どのようにとらえられているのかをさぐるとともに、三部門の社会学の意義と可能性についてふれてみたい。そのまえに、この本の第一章「社会学の領域」で、いわゆる方法としての社会学が論じられているので、この点からはじめよう。

ジンメルによると、人間はかれがほかの人間との「相互作用」(Wechselwirkung) のなかで生活することによって規定されているという洞察は、すべての精神科学に「一つの新しい観察方法」をもたらすにちがいない。一八世紀には、言語、宗教、道徳法則などの現象は、個人の「発明」によって生み出されたものとされていた。もしそれで納得がえられないと、それらの現象は神の「超越的な力」によってもたらされたものと説かれた。ジンメルは、前者を「個人的生産方法」、後者を「超越的生産方法」とよぶ。

しかしかれは、これらの可能性のほかに、さきの洞察によって「第三の可能性」があたえられるとみて、これを「社会的生産方法」(soziale Produktionsart) と名づける[2]。それによれば、言語、宗教、道徳法則などは、つぎの二つの仕方で生み出されると解される。一つは、相互作用をいとなむ諸個人の「並存」(Nebeneinander) によるもので、これは、個人だけからでは説明できないものを各人のうちにつくり出す。もう一つは、世代の「継起」(Nacheinander) によるもので、世代の継承と伝統は、個人自身による獲得と合体する。すなわち、同一世代内の相互作用を並存関係とするなら、世代間のそれは継起関係であって、これらの社会的な横の相互作用と歴史的な縦の相互作用があいまって、言語や宗教などが生み出されるとみられる。言語に例をとれば、若ものたちの並存関係が流行語をつくり出し、親から子へ、あるいは教師から生徒へといった世代間の継起関係が社会生活に必要な言語を個人のうちに伝承させ、定着させる。ジンメルが二つの生産方法のほかに「社会的生産方法」を提起したのも、かれが「個人間の相互作用」を重視しているからである。「社会的生産方法」は、社会現象を相互作用の視点からとらえる「発生的方法」（genetische Methode）にほかならない。発生的方法は、国家や教会組織、言語や道徳制度にかんする精神科学上の諸問題を解決する一つの新しい道具である。社会学はもちろん固有の研究対象をもつ一つの科学だけれども、それはまた、発生的方法を用いる点では、歴史的、精神的な諸科学の方法でもある。だからジンメルは、つぎのようにいう。「社会学は、たんにほかのすべての科学とは分業的にはっきり区別された固有の対象をもつ一つの科学であるばかりでなく、まさに、歴史的諸科学および精神諸科学一般の方法ともなっている。[3]」ここには、社会学を「方法」ともみるかれの独特の立場が表明されていよう。

社会学の名づけ親であり、創始者でもあるフランスのコントは、社会学が数学、天文学、物理学、化学、生物学を前提として成り立つと考えた上で、社会学を、国民経済学や宗教学、美学や人口学、政治学や民族学などを含む全包括的な科学として位置づけてしまった。ジンメルはこうした百科全書的総合社会学にたいして、「諸科学の全体を一つの壺のなかに投げ入れて、これに社会学という新しいレッテルをはるだけでは何にもならない[4]」と手厳しく批判した。この点かれは、発生的方法を用いる社会学を「帰納法」（Induktion）にたとえる。帰納法が一つの特殊科学でもなければ、すべてを包括する科学でもないのと同様に、社会学もこれらの契機からすれば、特殊科学ではない。社会学は、既存の諸科学が扱わなかった「対象」に向かうのではなく、すべての科学に「一つの新しい道」を示すにすぎない。こうしてかれは、発生的方法を用いる社会学を帰納法にたとえて、「社会的生産方法」の見地に立った方法としての社会学という考えを明らかにした。

この考えについては、一八九四年の論文「社会学の問題」にすでにその萌芽がみられる。そこでは、帰納法にたとえられる社会学が「一つの認識方法」であり、「発見的原理」(heuristisches Prinzip) であるけれども、「それだけでは一つの知識分野を形づくることはない」といわれている。[5] しかしこの考えは、『社会学』第一章「社会学の問題」になると、つぎのように発展する。すなわち社会学は、既存の諸科学にたいする関係においては、「一つの新しい方法」であり、「例のすべての領域の諸現象に新しい道で迫るための研究の補助手段」である。[6] ここまでくれば、方法としての社会学という考えは、『社会学の根本問題』で展開されているところに接続してくる。だからこの考えは、初期いらい一貫しているジンメルの立場だといってよい。

ジンメルは『社会学の根本問題』で、方法としての社会学を、「社会学的認識方法」(soziologische Erkenntnisweise) と表現し、その適用例を若干あげている。それらのうち、宗教研究者の例をとり上げてみよう。宗教研究者は、ある理想への献身にもとづく教団内部の犠牲や、完全な状態を求める願望から生まれる現世の生活態度を説明するだろう。しかし、かれが社会民主主義的労働団体でさえ、共通な行動と相互的な行動の点で、おなじ特質を示すのに気づけば、かれは「社会学的認識方法」を適用して、一方で、宗教的行動がかならずしも宗教的内容と結びついているわけではなく、「一般的、人間的な形式」であり、しかもこの形式がほかの多くの感情上の動機からもひとしく実現されるものだと知るはずである。他方かれは、自律的な宗教生活でさえ、特殊宗教的であるよりも、むしろ社会的である諸契機、つまり「相互的な信念と実践」を含んでいるのを洞察するだろう。これらの信念と実践を社会学的に分析してはじめて、かれは、宗教的行動において何が純宗教的な契機とみなされるべきかを認識できるようになる。

このような認識が可能なのは、諸個人の勢力をたがいにぶつけあわせて相互に規定しあうようにする「社会化されたあり方」（Vergesellschaftetsein）が宗教生活や経済生活などの社会現象に共通しているからである。だからこれに対応して、種々の問題領域の対象を「人間の社会化されたあり方」にひとしく関係させる「社会学的認識方法」の共通性がみられるわけである。ジンメルはこれを根拠として、方法としての社会学がさまざまな問題領域を豊かにするとみた。

さらにジンメルは、方法としての社会学との関連で、マルクスの史的唯物論を克服する深遠な解釈をえるにいたった。その解釈とは、つぎのとおりである。「おそらく歴史の変遷は、その真に活動的な面からすれば、社会学的諸形式（soziologische Formen）の変遷である。」[7] 諸個人と諸集団とはたがいにどのようにふるまうのか。個人は、かれが属する集団にたいしてどのようにふるまうのか。これらの社会的要素のあいだでは、価値強調、蓄積、特権などはどのようにかわっていくのか。これこそは、ジンメルにとって真の、画期的な事象である。経済様式がすべての文化領域を規定するようにみえるとすれば、人をまどわすこうした外観の背後にある真理は、「経済それ自体がみずからおなじくほかのすべての文化形態を規定する社会学的変化によって規定されている」ところにある。それゆえかれは、経済形式もまた「純社会学的構造（die rein soziologische Struktur）の関係および変遷」の上に立つ、一つの「上部構造」であるとみなす。「純社会学的構造」は「歴史の最終審」にほかならず、すべての生活内容をつくりあげる。「社会学的諸形式」あるいは「純社会学的構造」を重視するかれのこうした立場は、社会学史観とよべるかもしれない。東欧およびソ連の社会主義崩壊をふまえるなら、ジンメルの社会学史観は、今日改めて高く評価されてよいだろう。晩年の『社会学の根本問題』第一章のうちにこの史観がみられるのは、きわめて興味深い。

（1）本書の第一章「社会科学としての社会学」参照。
（2）G. Simmel, *Grundfragen der Soziologie*, 1917, 3. Aufl., 1970, S. 16f. 参照。
（3）*Ibid.*, S. 17.
（4）*Ibid.*, S. 6.
（5）G. Simmel, Das Problem der Sociologie, in: *Jahrbuch für Gesetzgebung, Verwaltung und Volkswirtschaft im Deutschen Reich*, XVIII, 1894, S. 1302. 参照。
（6）G. Simmel, *Soziologie*, 1908, 3. Aufl., 1923, S. 3. 参照。
（7）Simmel, *Grundfragen der Soziologie*, S. 20.

二　一般社会学

晩年のジンメルにおいては、方法としての社会学から、「たんなる方法概念」をこえて、「社会学の第一の主要な問題領域」にたいする視野が開けてくる。この視野は「人間存在の全領域」におよぶものだとしても、どんな科学もまぬがれえない、一面的な抽象を失わない。なぜなら、経済、政治、法、宗教などの領域の各項目が社会的に規定され、「社会性」（Gesellschaftlichkeit）によって浸透されているとしても、そうした規定は、純即物性つまり純客観性の規定と関連しているからである。ジンメルはこのようにみて、第一の問題領域とこれを扱う「一般社会学」の輪郭を明らかにした。

かれによると、政治、宗教、経済、法などの事実を明らかにするには、それらの事実がいかにして「社会という主体から生まれる成果」として、つまり「この主体の発展」として理解できるかを問う必要がある。そのばあい、社会という主体の本質が明確に定義されないとしても、この認識価値は何らそこなわれない。物理学および化学上の観察は、物質の概念があいまいで不明確だからといって、何らそこなわれないのと同様である。したがってかれは、ローマ帝国の没落、偉大な文化諸民族における宗教と経済の関係、ドイツ国民国家思想の成立などを探究するために、「社会学的方法」（„sozio-logische Methode"）を適用するならば、すなわちこうした事象や状態が各人の「助力の賜物」として、「諸個人の相互作用の結果」として、あるいは「超個人的な集団統一体の生活段階」としてあらわれるとすれば、「社会学的方法にしたがっておこなわれるこれらの研究を社会学と名づけることができる」(1)という。ここでの「社会学的方法」が「社会学的認識方法」をさし、「社会学」が一般社会学を意味していることは、説明するまでもないだろう。

ジンメルは、こうした研究から「いっそう狭義の社会学的性質をもった一つの問題群」があらわれると説く。これらの問題は「いっそう広範な抽象作用」によってもたらされるもので、たとえば、つぎのような問題はその典型をなす。すなわち、ある種の集団のもたらす事実のなかだけでおこる、もっとも異質的な歴史的発展のうちには、「ある共通な法則」、つまり「あるリズム」が見出されるかどうかといった問題である。コントの「三状態の法則」、テンニエスの「ゲマインシャフト」から「ゲゼルシャフト」へ、デュルケムの「機械的連帯」(la solidarité mécanique)から「有機的連帯」(la solidarité organique)へといった社会発展にかんする研究は、この分野に属するとみられる。ジンメルがここで、「未分化の統一から分化した多様をへて、分化した統一へいたる」発展にふれているのをみれば、かれの『社会的分化論』の中心部は、まちがいなくこの分野に該当する。

またこうした「問題群」のうちに、個人の勢力の諸条件とは異なる「集団の勢力の諸条件にかんする問題」もあげられている。集団がその成員やほかの集団にたいして示す勢力の行使には、個人のばあいとは異なった「別のエネルギー」が伴う。たとえば、指導者にたいする意識的な信頼と漠然とした拡張欲、全体にたいする犠牲的な献身とそれと並行する個人の利己主義など。これらは、あらゆる集団の興隆をもたらしもすれば、没落をもたらす。だからここでは、「社会化の起源」ではなく、「すでに成立した主体としての社会の運命」が問われる。ジンメルによれば、そうした運命は帰納的に確認されるはずのものである。

かれは、社会学的に観察されたあらゆる状態と事象にたいして生まれる、もう一つの問題を指摘している。すなわち、集合的な行動、行為、思想像と、個人から直接生まれるそれらとのあいだの「価値」の問題がそれである。具体的にいえば、ある種の理想的尺度からみたばあい、社会現象と個人現象とのあいだには、どのような「水準（Niveau）の差」があるのかを問うことである。さきの問題にとってとおなじく、この問題にとっても社会の内部的、基礎的な構造は前提され、「生活事実」が社会現象と個人現象とのあいだの水準差から考察される。つまり、生活事実をこの視角からみたばあいの「一般的特徴」が追究されるわけである。ジンメルは、こうした問題を扱う社会学の部門を、はっきりと「一般社会学」と名づけている[2]。

したがって、ジンメルの社会学体系の第一部門である一般社会学は、「社会学的方法」を適用するもので、二つの大きな研究領域から成り立っているのがわかる。一つは、さまざまな事象や状態を「諸個人の相互作用の結果」、あるいは「超個人的な集団統一体の生活段階」として把握しようとする領域であり、もう一つは、そうした事象や状態のうち、「生活事実」を社会現象と個人現象とのあいだの水準差からとらえようとする領域である。そのさい前者には、生活の基盤をなす社会集団の観点から歴史的発展のリズムを問う領域と、集団の勢力の諸条件を解明する領域が含まれる。

そうだとすれば、『社会的分化論』はその内容の全体からみても、一般社会学の好例にあたるといってよい。

一般社会学は、かれの社会学体系のほかの二つの部門とは異なり、晩年になってからはじめて設定された部門である。それでもかれは、すでにみたように、方法としての社会学から「たんなる方法概念」をこえて一般社会学を導き出している。方法としての社会学という発想が初期から一貫しているかれの立場であってみれば、一般社会学の構想は初期いらい抱かれていたとみるのが妥当であろう。かれは「社会学的認識方法」あるいは「社会学的方法」などの用語を使っているけれども、それらは、方法としての社会学という考えを一歩前進させたものにすぎない。

『社会的分化論』第四章で「社会的水準」にふれていたジンメルは、『社会学の根本問題』第二章でこのテーマをもう一度とり上げ、「社会的水準と個人的水準」の問題を一般社会学の例として示している。重複する個所が多いとはいえ、ここでは、社会集団としての「群衆」(Masse) と個人のあいだの水準差がわかりやすく論じられる。

ジンメルは群衆と個人のあいだの水準差をうまくとらえたものとして、ドイツの詩人シラーのつぎのような表現を引きあいに出す。「各人は、これをひとりひとりとしてみれば、かなり頭がよくて分別があるが、いっしょになると、たちまち愚かものとなる。」群衆の水準差はほかにも、「一つの考え」、無節操、定見のなさなどにみられ、これらは、ばあいによっては重大な影響をおよぼす。ジンメルによれば、こうした水準差は、つぎのような事実にもとづいてはじめて生まれてくる。すなわち、個人自身のうちには、群衆をつくりあげて全体精神に溶け込む性質および行動様式と、自分の固有のもちものがあって、それによって個人としては、かれが万人と共有しているものの分野から離れる別の性質および行動様式とがあり、両者は区別されるという事実である。つまりかれは、群衆と個人のあいだにみられる水準差が個人自身に宿る二つの性質および行動様式の区別にもとづいて生まれてくるとみる。それでは、なぜこの区別が群衆という主体を個人という主体よりも劣ったものにするのだろうか。

他者とは異なる個人の性質と行動様式は、広く「個性」とよばれるものを形成する。文化史や社会史が示しているように、個性は新しいもの、稀なもの、個別的なものであり、「価値」の点ですぐれていると評価される。個人の行為についてみれば、他者との「差異」こそ、他者との「類似」よりも大きな関心事だからである。これに反して、個人が他者とともに群衆をつくりあげる性質と行動様式は、「価値」の点でいっそう低劣なものとしてあらわれる。なぜなら、個人のうちに宿るこの部分は「いっそう原初的な、洗練さと知性の点では、いっそう低級な本質的諸要素」から成り立ちうるし、しかもこれらの要素だけが比較的確実に各人のうちに沈殿しうるからである。だからジンメルは、価値の点で評価がまったく異なる、個人的性質と集団的性質の水準差についてふれ、「ここには、社会学的悲劇性（soziologische Tragik）と率直に名づけてよいものがある」(3)という。シラーのさきの指摘は、この点を直観的についたものにほかならない。ジンメルは、このような「社会学的悲劇性」のうちに、生活事実の「一般的特徴」を見出す。

個人の性質が洗練され、完成されればされるほど、個人の性質は、他者の性質と類似しなくなり、統一させることもできなくなる。逆に、個人が他者に同化して、他者とともに群衆をつくりあげる性質は、ますます低劣な、いっそう感覚的な層へ追いやられる。群衆という主体が個人という主体よりも劣ったものとしてあらわれるのは、それぞれの個人がもつ、価値の点で低劣な集団的性質がたがいに相互作用しあうからである。そうだとすれば、ジンメルが、個人自身に内在する二側面の性質と行動様式のあいだの潜在的な水準差から、社会現象（群衆）と個人現象（個人）とのあいだの顕在的な水準差を明らかにしているのに気づく。すなわちかれは、「諸部分の相互作用」を重視する方法的相対主義の立場に立ち、個人から出発して社会に肉迫する手法によって、社会的水準と個人的水準の差を解明している。「個人と社会」の問題は、ここではそうした手法によってきわめて微視的にとらえられている。

つぎにジンメルは、群衆の感情に目を向け、知性の発達においては、個人的水準に比べて社会的水準のおくれが目立つのに反して、「感情の領域では、反対のこと」がおこるとみる。かれは、ドイツの作曲家カール・マリーア・フォン・ウェーバーが大公衆について述べた、つぎの言葉を引用する。「個人はロバだが、全体は神の声。」ジンメルによれば、これはさきの群衆の評価と矛盾しない。音楽家は群衆の「感情」に訴えるのであって、群衆の知性に訴えるのではないからである。

芸術以外の領域でも、群衆に影響をあたえようとしたものは、群衆の感情に訴えてはじめて成功した。このことはとくに、「空間的に接近している成員からなる群衆」によくあてはまる。なぜならジンメルは、「ここには、集合的神経過敏（Kollektivnervosität）と名づけられてよいものが存在する」[4]からだという。感受性、情熱、偏執、興奮などは「大群衆に特有のもの」であり、これらは、成員がひとりのときにはみられない。ジンメルは群衆の興奮についてふれ、それを、「確定するのがむずかしい感情の発露による相互的影響」に帰する。感情の発露は「各人のあいだに」おこるものだから、結局、かれ自身からも事柄からも説明できない興奮を引き起こしてしまう。換言すれば、「諸個人間にみられるもっとも純粋な相互作用」がある活発さをもたらし、その活発さは強大であるために、客観的なあるものとしてあらわれ、各人がそれに何かをプラスするのを認めない。群衆という主体が個人の生命から区別される本質的特徴は、たしかにジンメルのいう「集合的神経過敏」のうちに求められるだろう。群衆の感情にかんするこうした鋭い指摘は、かれの心理学的視点からおこなわれているといえよう。

さらにジンメルは、以上をふまえて、つぎのような価値的定式のうちに、集団自体における社会的水準の形成をとらえた。すなわち「万人に共通なものは、最小所有者の所有物でしかありえない」[5]。そのさいかれが、「中位」（„Mittelmäßigkeit“）の意味を全体の「現実的価値平均」とはとらえず、「この価値平均よりもはるか下にある価値性質」と解している点は、注目してよい。それというのも、社会的水準形成のこうした一般図式から、集団の社会的水準にかんするつぎの二つの洞察が導き出されるからである。㈠、社会的水準は、集団成員のなかの最下層に固定されるのではなく、ただこれに向かうにすぎず、たいていは「最下層のいくらか上」にとどまる。㈡、群衆のような雑多な人びとの「平準化」（Niveauausgleichung）を問題にするときは、いっそう高級な成員をできるだけ引き下げるだけで十分であって、いっそう低級な全成員を引き上げても不十分である。前者が社会的水準の位置にかんするものだとすれば、後者はその担い手にかんするものである。ジンメルは下層を非知性的な層、上層を洗練された層とみて、上層のなかに個性の分化を認める。上層、つまり高級な成員を引き下げることは実際にはできないといわれているけれども、ジンメルの二つの卓見は、社会政策の策定と実践にとって、きわめて示唆に富む。

（1）Simmel, *Grundfragen der Soziologie*, S. 24.

（2）*Ibid.*, S. 26. 参照。

（3）*Ibid.*, S. 38.

（4）*Ibid.*, S. 42.

（5）*Ibid.*, S. 44.

三　純粋社会学あるいは形式社会学

一般社会学の対象である「第一の問題領域」は、社会的に形づくられているかぎりでの「全歴史的生活」からなるけれども、つねに「社会性」を全体としてとらえようとする。それにたいし、「第二の問題領域」は、「生きた人間のたんなる総和から社会と諸社会を形成する形式自体」にかんするものである。この研究は、初期いらいの形式社会学に相当し、はじめにふれたように、『社会学の根本問題』第一章では、「純粋社会学」と名づけられている。この研究の特徴は、「諸現象のなかから、それ自体まだ社会的でない、それらのさまざまな内容と目的から帰納的かつ心理学的に分離した社会化の契機（Moment der Vergesellschaftung）を引き出す」ところにある。[1] ジンメルによれば、ちょうど文法が「言語の純粋な諸形式」を、この諸形式を生かしている諸内容から切り離すのとおなじである。「社会化の契機」とは「社会化の諸形式」であって、『社会学』は、その副題が端的に示しているように、これにかんする研究であった。

ジンメルは、目的と意義の点で、はなはだしく異なるさまざまな社会集団のうちに、つぎのような「個人相互のおなじ形式的な行動様式」、つまり社会化の形式を見出す。すなわち、上位と下位、競争、模倣、分業、党派形成、代表、対内結合と対外閉鎖の同時性などがそれである。これらは、国家社会や教団にも、陰謀団や経済団体にも、芸術上の流派や家族にもみられる。たとえば分業は、さまざまな部門の協力という形で国家や企業にみられるだけでなく、夫婦間の協力という形で家族にも存在する。そうだとすれば、分業は異なった社会集団に共通している行動様式、つまり一つの形式にほかならない。そのさい、社会化をもたらす関心はちがっていても、その関心がそのなかで実現される形式は、いずれもおなじものでありうる。それゆえジンメルは、「社会化の諸形式」を研究するところに、純粋社会学が成り立つと考え、これを自己の社会学体系の第二部門においたわけである。

たしかに、あたえられた諸事実においては、目的、関心、衝動などの「内容」ないし「素材」とさきのさまざまな「形式」が、「社会生活の不可分な統一」をつくりあげている。それにもかかわらず、ジンメルは、そうした諸事実から「内容」ないし「素材」と「形式」を分離することが「社会学的問題」のために正当だと認める。そのさい、「社会学的問題」とは、「社会化の純粋な諸形式の確立、その体系的整備、その心理学的基礎づけおよびその歴史的展開」(2)をさす。これとおなじ指摘は、すでに『社会学』第一章「社会学の問題」にもみられる。(3)『社会学の根本問題』でもくり返されているのであってみれば、この点は、かれの社会学体系の第二部門にとって、きわめて重要な意味をもつ。

ジンメルによると、社会学、つまり純粋社会学は、一般社会学が扱う第一の問題領域のばあいと同様に、その諸対象からみれば、一つの特殊科学ではない。しかしそれは、これらの対象にたいする一義的に限界づけられたその「問題提起」(Fragestellung) からすれば、「一つの特殊科学」である。すなわち、社会化の純粋な諸形式を、その多様な形態にしたがって、きわめて異なる諸内容との結びつきから解き放し、特殊な領域として構成しようとする問題提起が、純粋社会学を一つの特殊科学にする。いいかえれば、『社会学』第一章でいわれているように、「その客体ではなく、その観察方法、つまりそれがなしとげる特別な抽象化が、社会学をほかの歴史的 - 社会的な諸科学から分化させる」(4)。純粋社会学がこうした積極的な意義をもっているとすれば、この第二部門は、晩年のかれの社会学体系のなかでも中核的な位置を占めているとみてよいだろう。

『社会学の根本問題』第三章では、「社交性」(Geselligkeit) が「純粋社会学あるいは形式社会学の例」として論じられる。これについては、ジンメルはすでに一九一〇年のドイツ社会学会第一回大会で、「社交性の社会学」と題して講演をおこなっている。大会議事録の論稿をみると、その重要な部分が第三章にとり入れられているのがわかる。

第三章でかれは、「軸の転回」(Achsendrehung) にふれているので、これをとり上げてみよう。軸の転回とは、生の質料が生の諸形式を生み出すが、いったん生み出された諸形式は、やがて「自己目的」となり、最高の価値にまで高まる過程をいう。たとえば、芸術を求める生の衝動はリズムやメロディーなどの諸形式を生むけれども、そうした諸形式は、自己目的となって、「自律的な世界」をうち立てる。そして諸形式は、それ自体で効力をもつようになり、生とはかかわりなく創造するようになる。しかしそうなると、諸形式は逆に、生の質料を規定し、生活の現実から自己の独自な生に吸収できるものだけをとり入れるようにさえなってしまう。「芸術のための芸術」がそれ自体の世界として成立し、実践される理由は、ここにある。軸の転回という考えは、いうまでもなくかれの生の哲学の重要な概念である。軸の転回が法や宗教といった文化形象の本質を規定し、「生の自己疎外」をもたらすとみるジンメルの見解は、とくに注目に値する。

なぜ「軸の転回」をとり上げたかといえば、ジンメルは、それが社会的存在における内容と形式の分離のさいにもみられると考えているからである。かれのばあい、「ほんらいの『社会』」とは共存（Miteinander）、互助（Füreinander）、対立（Gegeneinander）であって、これらの諸形式が本能や目的を媒介として個人的な内容や関心をつくりあげたり、促進したりする。しかしいまや、軸の転回によって、諸形式は内容から解放され、「純粋にそれ自体のために」、内容から離れるさいに生じる「魅力」のために存在するようになる。ジンメルは、これこそ社交性の現象だとみて、軸の転回から社交性の成立を説いた。

ジンメルからすれば、「社交性本能」はその純粋な活動のなかで、社会生活の現実から、一つの価値としての「社会化過程」だけをとり出し、それによって、「狭義の社交性」をつくりあげる。では、社交性本能から解放された狭義の社交性とは何か。かれはそれを、「社会化のゲーム形式」（*Spielform der Vergesellschaftung*）として特徴づける。(5) つまり、個人間の相互作用がある集団のなかで、いわばゲームとして展開されているのが社交性にほかならない。だからそれは、「掛け値なしの『一つの社会』」である。なぜなら社交的な会合は、おのおのの特殊な内容の上にそびえ立つ「純粋な形式」を抽象的なイメージのうちにあらわすからである。何らかの具体的な目的や関心にもとづいて結合した種々の社会は、あくまでも「社会」である。しかしジンメルは、社交的な会合がこれらすべての「諸社会」の内容を、「形式」のたんなるゲームのなかに解消してしまうイメージのうちにあらわしているとみた。

ジンメルは、「社会化のゲーム形式」としての社交性の第一の根本原理を、「純粋な形式」、つまり「自由に浮動する相互作用をいとなむ諸個人の関係」に求めている。かれによるならば、社交性が「形式」、つまりよい形式を重視するのは、語法上のたんなる偶然ではない。それというのも、形式は「諸要素の相互的な自己規定、それらの相互作用」を意味しているからである。社交的な会合に参加する人びとを統一するのは、こうした形式なのである。社交性にとっては、生活上の意図と結びついた「結合の具体的な動機づけ」はもはやどうでもよい。したがって、「自由な相互作用」(freie Wechselwirkung)が社交性の根本原理であるとみなされる。

この自由な相互作用を実現するには、「一つの社会学的構造」が準備されていなければならないだろう。すなわち、つぎの二つが社交性の圏内から排除されなくてはならない。一つは、個人のもつ「客観的なもの」であり、もう一つは、完全無欠に「個人的なもの」である。前者は社交的な会合とは関係のないもので、たとえば、個人の富や社会的地位、学識や名声などである。後者は「深刻な生活の光と闇」であって、生活、気分、性格などの個人的なものである。これらを社交性のなかにもち込めば、自由な「相互作用の契機」と矛盾する。ジンメルはこのように考えて、「気転」(*Taktgefühl*)と「分別」(Diskretion)が社交性において重要な役割を果たすとみた。気転は、ある個人が自己の衝動や主張を前面におし出したときに、「他者の権利から制限をかけること」である。分別は、「社交性の社会学的芸術形式」が「社会学的自然主義」に陥るのを防ぐ。だから両者は、自由な相互作用を実現する上で不可欠である。

ジンメルが「諸個人の『社交性の閾』の高低」について論及できるとみているのも、以上の点をふまえてである。それというのも、社交性の内部では、「社会のもっとも重大な問題」、つまり社会的な交際範囲のなかで、しかもその範囲にたいして、どの程度の意義と強調が個人自体に帰属するのかという問題が、その内部でのみ可能な解決をあたえられているからである。すなわちその解決とは、社交性が「掛け値なしの『一つの社会』」となりえるには、それぞれの個人がその個人的な領域をほぼ全面的に放棄しなくてはならないということである。ここには、「個人と社会」の問題をみつめるジンメルの鋭いまなざしが感じられるにちがいない。

カントは、各人があらゆる自由と両立できる程度の自由をもつべきであるとみて、これを法の原理として示した。ジンメルはこの点にふれながら、社交性の第二の根本原理を、つぎのように定式化している。「各人は、かれ自身がうけた最大限の価値とひとしい最大限の社交的価値（喜び、なぐさめ、元気）をほかの人にあたえるべきである。」[6] かれによると、この原理は「社交性のデモクラシー的構造」を表現している。社交性は一つの観念的な社会学的世界だから、たしかに社交性のデモクラシーは「演じられたもの」にすぎない。しかし、社交性は社会化のゲーム形式である以上、それがもっとも純粋な、かつもっとも容易に感動をあたえるような相互作用、つまり対等者間の相互作用を求めることにかわりはない。ジンメルはこのように考えて、「等価関係」（Äquivalenz）

に社交性の第二の根本原理を見出した。たしかにかれがいうように、社交性のデモクラシー的構造は「おのおの社会階層のなかだけで」実現されるので、「まったく異なる社会階級に属する成員間の社交性」は苦痛に満ちたものになるだろう。それでも、社交性がゲームであってみれば、そこでも人は、すべての人びとが対等であるかのように「行為する」。

ジンメルは、社交性が「社会的ゲーム」である点を強調した上で、「ゲームはその外面上の担い手としての社会のなかで演じられるばかりでなく、ゲームとともに事実上『社会』が『演じ』られる」[7]と述べて、社会的ゲームの深遠な二重の意味を指摘している。そしてかれは、社会的ゲームとしての社交性には「社会学的ゲーム形式」とみなしてよいすべてのものが含まれるとみて、媚態（Koketterie）と歓談（Sich-Unterhalten）をとり上げ、両者が社交性と適合しうる条件を検討した。これらはいずれもさきのドイツ社会学会大会での講演でとり上げられており、媚態はかれの『哲学的文化』（一九一一）にも収められている。歓談についてはほかの機会にふれるので[8]、ここでは、媚態についてみておきたい。

両性間の恋愛問題は、あくまでも承諾と拒絶の問題である。そうであれば、女性の媚態の本質は、「暗示的な承諾と暗示的な拒絶とを交互にあらわすこと」にある。そうとらえるジンメルは、この点を、男性を自分に引きつけておきながら、色よい返事をあたえないことであり、男性を袖にしながら、男性にほんのわずかな望みをあたえることだと巧みにいいかえている。浮気女の態度はイエスとノーのあいだをとどまる暇もなく揺れ動いており、しかも彼女は、それらの「両極的対立」をうまく統一させている。ジンメルからみれば、彼女はいわばゲームをしながら、恋の本音の「単純な、純粋な形式」をあらわしている。こうした媚態にたいし、男性がすこしも魅惑を感じなかったり、逆に、引きずられたりしたらどうだろうか。媚態は、社交性と適合しえないであろう。なぜなら、いずれのばあいも、媚態には、社交性の根本原理である自由な相互作用と等価関係が欠けてしまうからである。

そこでジンメルは、媚態が社交性のなかで成長しうるようになるには、男性の側からも特別な態度が示される必要があるとみる。すなわち男性は、自由に浮動するゲームだけしか望まず、恋の本音にたいする期待や恐れから、媚態の暗示や魅力を感じないような態度をとらなくてはならない。それというのも、そのときにこそ、自由な相互作用と等価関係が生まれるからである。そうなれば、「社交性が社会の形式を演じるように、媚態はエロティシズムの形式を演じる」[9] ようになる。このようにジンメルは、媚態が社交性の一要素となる条件を「自由な相互作用と等価関係」に求めた。かれは、媚態と歓談を繊細かつ微視的に分析し、最後に、社交性が「生活の象徴」にすぎないと述べた。

（1）Simmel, *Grundfragen der Soziologie*, S. 27. 参照。

（2）*Ibid.*, S. 28.

（3）Simmel, *Soziologie*, S. 7. 参照。

（4）*Ibid.*, S. 8.
（5）Simmel, *Grundfragen der Soziologie*, S. 53. 参照。
（6）*Ibid.*, S. 56.
（7）*Ibid.*, S. 59.
（8）本書の第三章「社交的相互作用と歓談」参照。
（9）Simmel, *Grundfragen der Soziologie*, S. 61.

四　哲学的社会学

ジンメルは、あたえられた諸事実にたいする態度から、「社会という事実にかんする諸問題の第三の領域」が明らかになるとみて、自己の社会学体系に第三の部門、つまり「哲学的社会学」を設定した。これが加えられて、三部門からなるかれの社会学体系はその大規模な姿をあらわす。

哲学的社会学は、つぎの「二つの哲学的領域」から成り立っている。一方の領域は、個別的研究には解決できないような「個別的研究のさまざまな条件、根本概念、前提」を含む。これにたいし、もう一方の領域は、「経験と直接の具体的知識」のうちには見出されないような「諸問題および諸概念」に関係をもつ。ジンメルは前者を「当該の個別領域についての認識論（Erkenntnistheorie）」、後者を「そうした個別領域についての形而上学（Metaphysik）」とよぶ。認識論は、いわばそれぞれの科学の前提となっていて、それらの科学自身の内部では扱えないような「ある種のさまざまな概念、公理、とり扱い方法」などを問題にする。だからそのばあい、社会学は、「社会的特殊科学の認識論、つまり社会的特殊科学に構成的かつ規範的に作用する基礎の分析論および体系論」としてあらわれる。他方、形而上学は、混沌とした偶然の事実や事件を、「仮説と思弁によって一つのまとまった全体像」につくりあげようとする。ジンメルによると、ここでは、たとえばつぎのような問いが生まれる。「社会は人間存在の目的なのか、それとも個人のための手段なのか。」こうした問いは、事実認識をもって答えうる範囲をはるかにこえている。したがって、「確定された事実の解釈」が重要となり、とりわけ「全体的直観」がものをいう。

『社会学』第一章で、すでにジンメルは「社会の哲学」（Philosophie der Gesellschaft）という発想のもとに、「二つの哲学的領域」、つまり「認識論」と「形而上学」に言及し、それらについてほぼおなじ内容の説明をしていた。(1) ただしそこでは、「哲学的社会学」という言葉は用いられていない。哲学的社会学の部門をもうけ、両者を明確にそこに組み入れたところに、晩年のジンメルの円熟した思考がみられる。哲学的社会学の内容は中期において示されていたのだから、阿閉吉男も指摘しているように、かれの社会学体系は、「実質的にはすでに中期において形成されていた」(2) といってよい。

「事実性」によって狭く限界づけられた社会学の二つの部門、つまり一般社会学と純粋社会学に比べれば、哲学的社会学における問題の処理は、「世界観の相違」、「個人的および党派的な評価」、「説明できない究極の所信」などにはるかに依存する。ジンメルはこのようにみて、『社会学の根本問題』第四章で、「一八世紀および一九世紀の人生観における個人と社会」について論じた。それというのも、一例として個々の問いを扱っても、「客観性」を示しえないので、一連の諸理論を「一般精神史」の特定の時期のなかで展開されるものとして追究するほうがいっそう賢明だと判断したからである。ラントマン編の『橋と扉』（Georg Simmel, *Brücke und Tür*, hg. von Michael Landmann, 1957）に収められているジンメルの未刊の論文「個人と自由」（Das Individuum und die Freiheit）は、この章に部分的にとり入れられている。では、ジンメルはこの哲学的社会学の例のなかで、「個人と社会」の問題をどのようにとらえ、自由と平等をどのように解釈したのだろうか。

ジンメルによると、一方では、諸個人のなかの社会的要素が「社会」という特殊形象に融合し、この特殊形象は固有な担い手と機関をもつようになる。しかし、固有な担い手と機関は要求と執行力をもっているので、個人と対立せざるをえない。他方では、この葛藤は、「個人のうちに社会が内在すること」から明らかになる。人間は自分自身をいろいろな部分に分割し、「ある部分」を自分の「真の自我」と感じる能力をもっている。しかし、人間は自分を「社会的存在」と感じるかぎり、社会を自分自身のほかの部分に内面化させている。この部分が自我の部分とどうしても矛盾する。したがってジンメルは、「個人と社会」のあいだの葛藤は「個人自身のなかで、個人の本質的諸部分の闘争として」つづけられるとみる。

「単純な事実」としての社会は、その諸個人がたんに一成員であるような「一つの全体」であろうとする。だから社会は、個人に自分を改造して「職務の最適任の担い手」となるよう要求する。それにたいし、「統一本能と全体本能」をもつ個人は、それ自身の完全性を求め、完全な社会の形成のためだけに自分を捧げようとはしない。すなわち個人は、自分の「さまざまな能力の全体」を展開させようとする。それゆえジンメルは、つぎのようにいう。「その諸要素にたいして部分的機能の一面性を要求する全体と、みずから一つの全体であろうとする部分とのあいだにみられるこうした矛盾は、原則上、解決できない。[3]」「個人と社会」の葛藤が「原則上、解決できない」のは、両者の葛藤がそもそも個人自身の内部でたえずおきているからである。群衆と個人の水準差を分析したさいにもみられたように、個人自身を諸部分に分割し、「諸部分の相互作用」から社会に接近していく方法は、ジンメルに特有なやり方である。「個人と社会」の問題はここでもおなじ方法で論じられており、その問題にたいする結論は、かれの方法的相対主義の立場からもたらされたものにほかならない。

個人と社会の象徴ともいえる自由と平等についてはどうだろうか。ジンメルからみれば、一八世紀は、個人を束縛してきた社会的諸制度からの解放を求める欲求、つまり「個人のまったくの自由」にたいする欲求を生み出した。しかし、そうした欲求が実現されるにさいしては、自己矛盾に陥らざるをえなかった。なぜなら、社会がおなじように力強い、しかもおなじように優遇された諸個人によってつくられているときに、自由にたいする欲求はたえず実現されるからである。ところが、「こうした条件」はどこにも存在しなかった。むしろ、権力を賦与し、地位を決定する人間の能力はまったくはじめから「質的にも量的にも」不平等なので、一八世紀の完全な自由は、賢いものに愚かものを、強者に弱者を利用させる結果を生んでしまった。

ジンメルのばあい、自由と平等の関係は、個人と社会のあいだの葛藤とおなじく、調停しがたい「社会学的二律背反」(soziologische Antinomie) である。一八世紀の個人主義は「自由のこうした本質的なむずかしさ」に「完全に盲目である」。かれによると、平等が一般的な規範への従属を求め、自由が「無制約のもの」を求めるとみたゲーテだけが、「自由と平等の深刻な二律背反」をはっきりと洞察していた[4]。このようにとらえてジンメルは、カントによって抽象的に完成された一八世紀の個性概念、つまり「人格的自由」が平等を分離せずに含んでいたので、一九世紀になると、この個性概念が二つの理想、つまり「自由なき平等」と「平等なき自由」に二極分解していくと解した。

ジンメルは、「自由なき平等」が社会主義のなかに浸透していると考え、社会主義を「上位と下位の位階制」から分析しているので、この点をとり上げてみよう。かれによれば、すべての社会生活は「まったく技術的な理由から」上位と下位の位階制を必要とする。社会主義も例外ではありえないのであって、この前提のもとでは、正義という意味での平等は、「個人的資格」と位階制における「地位」との一致を意味しうるにすぎない。しかしかれは、「こうした調和が一般に、しかも原則上、不可能である」と判断する。その理由は、上位の地位につく資格をあたえられている人のほうが上位の地位よりもつねに多いからである。上位の地位についている有資格者の数と、そうした資格を利用できる人の数とのあいだの不均衡は、つぎのように説明される。高級な、洗練された個人の特質は、集団人としての人間の、原初的かつ「従属的な」性質を高めるものではない。この関係が、一方では、集団に指導者を要請し、多数の下位者と少数の上位者を生む。しかしそのおなじ関係は、他方では、集団をなす個人が集団成員として実現できるよりも高い資格をあたえられているか、あるいは指導的地位につくように「招かれて」いる状態をつくり出す。群衆と個人の水準差を説明したのとおなじアプローチの仕方で、ジンメルが不均衡の原因を根源的なところに求めている点は、改めて注目されてよい。

上位と下位の位階制は、少数の成員を用いて階級をピラミッド状に組織化し、「指導的地位につく『有資格者』の数を先天的に制限する」ので、どうしても根源的な二律背反を含まざるをえない。では、社会主義的秩序は上位と下位の位階制なしにすませることができるのだろうか。この点ジンメルは、「疑わしい」(fraglich) と断言する。この秩序では、個人の天分だけが地位の獲得を決定する一方、天分は「自由に」のばされるもので、自己にふさわしい地位を見出す。ここからジンメルは、「下位者よりも上位者のほうが多く存在するにちがいないだろうし、実行者よりも命令者のほうが多く存在するにちがいないだろう」(5) ときわめて興味深い診断をおこなっている。

このような診断の上に立って、ジンメルは、社会的意味での自由が「個人の能力と重要さの程度がすべて集団内の指導と追随とのまざりぐあいで十分あらわされること」を意味するのであれば、そのような自由ははじめから除外されているとみる。すなわち、「人間の個人的全体性と集団の成員としてのかれの性質とのあいだにみられる葛藤」が、個人的資格と社会的地位のあいだの調和を妨げ、「正義にもとづく自由と平等の総合」を不可能にするわけである。ここでの葛藤は、いうまでもなく「個人と社会」のあいだの葛藤である。ジンメルはこうした葛藤を、「社会主義的制度」でさえとり除くことができないと確信していた。なぜならこの葛藤は、かれにとって、いわば「社会そのものの論理的前提の一つ」だからである。ここに、社会主義を分析するかれの基本的な視点を読みとれるはずである。

一方ジンメルは、「平等なき自由」との関連で、「個人主義の特殊な形態」に着目した。その個人主義は、一九世紀のドイツ・ロマン主義の特徴をなしており、「それぞれ独自の役割を果たすように定められている個性」という理想のなかにみられる。一八世紀の理想は、まったく自由で、自己責任をもつけれども、基本的には、平等な人格を求めていた。しかし、一九世紀の個人主義は、一八世紀の平等にかえて、不平等を主張する。ジンメルによると、「各人が人類をある特殊なやり方で表現すること」、すなわち、人間の平等ばかりでなく、「相違」も倫理的要求であるという重大な世界史的思考が、フリードリヒ・シュライエルマッハーにいたって完成された。ジンメルはこの個人主義を「質的個人主義」（qualitativer Individualismus）とよび、一八世紀の「量的個人主義」

（quantitativer Individualismus）と対照させている。『橋と扉』に収録されている論文「個人主義」（G. Simmel, Individualismus, 1917）では、「人間にかれの唯一性の要点」を探し求める「ゲルマン的個人主義」と、「普遍的なもの」を重視するイタリア・ルネサンスの「古典的‐ロマン的」個人主義が比較されている。[6] ジンメルははっきりと指摘していないけれども、前者が質的個人主義、後者が量的個人主義に相当しているのは明らかである。

ジンメルは、質的個人主義を社会学的に解釈して、つぎのようにいう。「個人の成果（しかもまた欲求）が独特であればあるほど、相互による補完はますます切実なものとなる。同様にして、分業をいとなむ肢体から成長して、これらの肢体相互間の作用と反作用を包含し、媒介する全体的有機体は、ますます高くこれらの肢体の上にそびえ立つようになる。」[7] ここには、社会を「個人間の心的相互作用」とみる機能的社会観に引きつけて、質的個人主義を社会学的にとらえ直そうとする、ジンメルの積極的な姿勢がみられる。かれからすれば、一九世紀の質的個人主義は注目に値するものであったにちがいない。またこれに注目したのは、かれが個人の自由の増大を「最大の社会倫理的進歩の一つ」とみなして、自由主義的、個人主義的な立場に立っていたからでもあろう。

（1） Simmel, *Soziologie*, S. 20f. 参照。
（2） 阿閉吉男「ゲオルク・ジンメル ―― その人間像と社会学 ――」、阿閉吉男編『ジンメル社会学入門』有斐閣、一九七九、二一七ページ。

（3）Simmel, *Grundfragen der Soziologie*, S. 69.
（4）*Ibid.*, S. 78. 参照。
（5）*Ibid.*, S. 91.
（6）G. Simmel, Individualismus, *Marsyas*, I, 1917, in: Michael Landmann (Hg.), Georg Simmel, *Brücke und Tür*, 1957, S. 253–255. 参照。
（7）Simmel, *Grundfragen der Soziologie*, S. 96.

五　ジンメル社会学の意義と可能性

「個人と社会」の問題を中心として、三つの部門からなるジンメルの社会学体系の内実を明らかにしてきたいま、それぞれの部門の社会学について、その意義と可能性をさぐってみたい。

一般社会学の例でとり上げられた問題は、いずれも現実的な問題であった。「社会学的悲劇性」は生活事実の特徴をとらえており、「集合的神経過敏」は群衆の本質をいいあてている。さらに、社会的水準の位置と担い手にかんするジンメルの見解は、集団の「平準化」を問題にするときには、一つの実践的な指針ともなりうる。かれは「社会的水準と個人的水準」だけを例示したにすぎなかったけれども、一般社会学の研究対象は、きわめて広範であり、「人間存在の全領域」、「全歴史的生活」におよぶ。それでも、その研究方法の特徴は、宗教や経済などの事象や状態を、「社会という主体から生まれる成果」として、「諸個人の相互作用の結果」として考察するところにある。そうだとすれば、こうした考察をおこなう一般社会学の意義は、狭く限定された純粋社会学あるいは形式社会学を補完している点に求められよう。

すでにふれたように、一般社会学の好例は『社会的分化論』である。おそらくジンメルは、この著作を一般社会学として位置づけたかったのであろう。そうであったとしても、居安正が鋭く指摘しているように[1]、『宗教』(G. Simmel, *Die Religion*, 1906)や『貨幣の哲学』(G. Simmel, *Philosophie des Geldes*, 1900)も、一般社会学の典型だといえる。前者においては、生の哲学が深くかかわっているものの、宗教が「社会学的な諸関係」、つまり「社会的な諸関係、人間相互の諸関係」からとらえられているからである[2]。まして、社会の「内容」にあたる「宗教心」が最重要視されているのであってみれば、この作品は、ジンメルにはられた「形式社会学者」というレッテルを修正させるだけの力をもつ。後者についていえば、その社会学的な側面は、一般社会学に属するとみてよいだろう。たとえば、「すべて経済は相互作用であり、しかも犠牲的な交換という特殊な意味においてそうである」[3]といわれるとき、それは、一般社会学の観点からするとらえ方である。また、「貨幣の社会学的性格」が「もっとも完全な相互作用としての交換」から明らかにされているような個所もそうである。

しかし、『貨幣の哲学』の哲学的な側面は、哲学的社会学のうちの認識論にあたるであろう。すでにみたように、認識論は、さまざまな科学の前提となっていて、それらの科学自身の内部では扱えないような「ある種のさまざまな概念、公理、とり扱い方法」などを問題にし、「社会的特殊科学に構成的かつ規範的に作用する基礎の分析論および体系論」としてあらわれる。たしかに貨幣は、経済学という個別的研究にとっては「根本概念」の一つである。しかし経済学は、その根本概念にもとづいているから、貨幣については、経済学自体のうちに「解決を見出すことができない」のも事実であろう。別のいい方をすれば、経済学は、経済生活と経済現象の全体を解明しなくてはならないのだから、根本概念としての貨幣についていては、ある程度共通の理解がえられればよく、あえて「貨幣とは何か」といったように、貨幣にだけ研究を限定しているわけにはいかない。その意味で、『貨幣の哲学』のうち、「距離」の視点から価値や貨幣を論じ、生の哲学や相対主義の立場から貨幣を「象徴」としてとらえているような個所は、認識論に相当するとみてよい(4)。

「社会化の諸形式」にかんする社会学が純粋社会学あるいは形式社会学だとすれば、「相互作用」の視点から諸現象を分析する社会学が一般社会学であろう。「個人間の相互作用」に限らず、個人と集団、あるいは集団と集団との関係にも配慮し、「社会学的方法」を実際に適用してみるなら、一般社会学の可能性が開けてくるはずである。歴史的な現象にそれを適用すれば、歴史社会学の展開となるだろう(5)。社会的な現象へそれを適用したことによって、現象学的社会学や象徴的相互作用論が生まれ、発展してきたのではないのか。

純粋社会学あるいは形式社会学の意義は、社会学を社会科学の一分野として独立させたところにある。しかし、それだけではない。この第二部門の意義は、ウェーバーやのちの社会学者たちに影響をおよぼし、現状分析に有効な社会学理論の形成にたいして豊かな養分をあたえた点にもある。ここでとり上げた社交性についてみれば、アメリカに亡命したドイツの社会学者ルードルフ・ヘバーレが、一九四八年にだれよりも早くその理論を紹介した。かれは、「社交性の社会学」が英訳されておらず、スパイクマンによっても要約されていないと指摘し、「ジンメルのエッセーのタイトルは『応接室の社会学』と率直に翻訳しうるかもしれない」[6]と述べた。翌年には、それがエヴァレット・C・ヒューズによって The Sociology of Sociability と題して翻訳され、*The American Journal of Sociology* の第五五巻第三号に掲載された。さらに一九五〇年には、『社会学の根本問題』がクルト・H・ウォルフ編訳による *The Sociology of Georg Simmel* のなかに収められ、「社交性」も読めるようになった。その後は、セオドア・M・ミルズ、ジャーン・ワトソン、デイヴィド・リースマンやロバート・J・ポター、ハワード・E・オールドリッチなどによって、社交性にかんする理論的、実証的な研究が進められ、大きな成果を生み出した[7]。

ところで、ウェーバーが用いる「理念型」（Idealtypus）とは、一つの純理念的な「極限概念」であり、現実をそれによって比較し、測定するための「概念上の手段」にすぎない。理念型は、「その概念的な純粋性（Reinheit）においては」、現実のどこにも経験的には見出すことができないという意味で、「一つのユートピア」であり、「純論理的『完全性』（››Vollkommenheit‹‹）」以外のいかなるものともかかわらない。[8] さらに理念型は、「現実の一定の要素の思考的高昇によってえられる」ものである。この点、ジンメルが『社会学』第三章「上位と下位」のなかで、つぎのように述べているのを想起してみよう。「社会の諸形式にかんする原理的な科学は、諸概念と概念の諸連関とを、それらがこれらの内容の歴史的な現実化のなかではけっしてあらわれないほどの純粋性（Reinheit）と抽象的な完結性（Geschlossenheit）とにおいて示さなければならない。[9]」これをみると、ウェーバーの理念型とジンメルがいう「諸概念と概念の諸連関」とは、第一に、現実にたいする概念の「純粋性」の点で類似している。第二に、両者は論理的な首尾一貫性を求める点で共通している。ウェーバーの「純論理的『完全性』」とジンメルの「抽象的な完結性」とのあいだに、どれだけの隔たりがあるだろうか。ジンメルの類型概念を深化させたものがウェーバーの理念型概念だとみるヘリベルト・J・ベッヒャーは、ジンメルの概念についてふれ、「これらの概念は、最大限の一義性を保証するために、通常、ただそのときそのときの、現実の一つの典型的な特徴をとらえる[10]」という。そうだとすれば、両者は第三に、概念形成の仕方においても似ているといってよい。たしかに、ウェーバーの理念型概念は、現実認識の手段であるにとどまらず、因果的帰属の重要な方法でもあるので、ジンメルの類型概念とは異なったものである。しかし、両者の三つの類似性をふまえてはじめて、純粋社会学あるいは形式社会学の現代的な可能性がみえてくる。

その第一の可能性は、社会化の諸形式にかんする種々の概念を理念型化してみる作業によってもたらされよう。[11] レオポルト・フォン・ヴィーゼのような概念の遊戯に陥らないためには、ジンメルの概念を精査し、それに論理的な首尾一貫性をもたせて、現実を説明するための理論として精緻化していかなくてはならない。そうした作業に先鞭をつけたのが、ドイツ生まれのアメリカ社会学者ルイス・A・コーザーであった。かれは『社会闘争の諸機能』(L. A. Coser, *The Functions of Social Conflict*, 1956)において、ジンメルの「遺産の活用」に関心を向け、『社会学』第四章「闘争」から一六の命題を明らかにするとともに、命題全般の「論理的相互関係」だけでなく、個々の命題の「内的一貫性」を検討した[12]。命題化が理念型化を意味するわけではないとしても、ともすれば、闘争のマイナス面が強調されがちなアメリカ社会学の風土にあって、コーザーがそのプラス面を、ジンメルの闘争理論から導き出した意義は大きい。

第二の可能性は、ジンメルが用いた要語を手掛りにして、それを独自の視点から新たに再構築し、それを使って、現代社会を分析しようとするような試みから生まれてくるにちがいない。その代表的な試みは、ドイツの社会学者ニークラス・ルーマンによって示された。かれは、ジンメルが『社会学』でふれた「信頼」から示唆をえて、『信頼』(N. Luhmann, *Vertrauen*, 1968)のなかで、「他者が自分とおなじように第三者を信頼しているということ[13]」に信頼をおくことから「システム信頼」が築かれ、それが社会の複雑性を縮減するのに寄与すると説いた。信頼が失われつつある現代において、その重要性を強調したルーマンの洞察力は高く評価されてよい。

ほかにも、多くの社会学者がジンメルの『社会学』からヒントをえて、かれの純粋社会学あるいは形式社会学の可能性を切り開いてきた。その詳細をあげれば、枚挙にいとまがないので、ここでは、ただ第三の可能性だけをあげておく。すでにふれたように、ジンメルにとっての「社会学的問題」とは、「社会化の純粋な諸形式の確立、その体系的整備、その心理学的基礎づけおよびその歴史的展開」であった。たしかにジンメルは、『社会学』に限らず、随所で歴史的事実を引きあいに出す。しかしそれらの事例は、社会化の諸形式やかれの理論を補強するための素材にすぎない。その弱点を熟知していたのがウェーバーであっただろうし、逆に、歴史的な「文化現象の特性」を鋭く認識するために考案されたのが理念型だったといえる。ジンメルのばあい、「社会学的問題」のうちでも、社会化の純粋な諸形式の「歴史的展開」という課題は十分に果たされていないようにおもわれる。第三の可能性は、この課題へのとり組みから生まれてくるだろう。ユルゲン・ハバーマスの秀作『公共性の構造転換』(J. Habermas, *Strukturwandel der Öffentlichkeit*, 1962) は、かれが意識しているかどうかは別として、こうした可能性をみごとに開花させている。ハバーマスは、イギリスの喫茶店とフランスのサロンが持続的な議論への傾向を組織することによって、はじめは文芸的な、やがては政治的な世論を生み出し、「政治的に論議する公衆」を形成しえたところに、両者における社交性の歴史的意義を見出した。(14) 第三の可能性を追究していくと、おそらくその研究は、一般社会学の領域に接近していくだろう。

哲学的社会学は、ほかの二つの部門とは大きく異なっている。なぜならそれは、「事実性」から解放されており、問題を自己の世界観や個人的、党派的見地から処理してもよいからである。それだけに、「客観性」を示すのはむずかしい。そうだとしても、認識論は、「個別的研究のさまざまな条件、根本概念、前提」などの哲学的な考察によって、当該の学問自体を豊かにしうる。『貨幣の哲学』の哲学的な側面から察知されるように、認識論の意義はここにある。他方、形而上学の意義は、「仮説と思弁」によってまとめられた、社会についてのさまざまな問いにかんする「全体像」が社会学的思考そのものを柔軟にしてくれるところに求められよう。その意味では、形而上学は、一般社会学と純粋社会学あるいは形式社会学を哲学的に補強する役目を果たしている。

哲学的社会学は、ジンメルにとってもっとも得意な分野であったようにおもえてならない。事実、『社会学の根本問題』で展開された哲学的社会学の例のなかには、すでにみたように、かれの卓越した哲学的直観が忌憚なく表明されている。「個人と社会」のあいだの葛藤を「社会そのものの論理的前提の一つ」とみる立場、社会主義はその葛藤をとり除けないばかりか、技術的な理由から上位と下位の位階制をなくせないとする洞察、さらには「質的個人主義」の強調など、いずれをとってみても、社会主義が崩壊した現代からみれば、評価されてしかるべきものばかりである。こうした哲学的社会学の可能性は、ほかの二つの部門に比べれば、きわめてむずかしいといわざるをえない。認識論を展開するには、ほかの学問分野にも精通していなければならないし、形而上学を試みるには、ジンメルと比肩しうるほどの、達人的な哲学的直観が要求されるにちがいないからである。(15)それでも、さまざまな視点から両者を構築する努力を怠ってはならないだろう。

（1）居安正「ジンメルと日本社会学」、居安正、副田義也、岩崎信彦編『ゲオルク・ジンメルと社会学』世界思想社、二〇〇一、五〇—五一ページ参照。

（2）本書の第五章「ジンメルの宗教観——二一世紀における魂の救済——」参照。

（3）G. Simmel, *Philosophie des Geldes*, 1900, in: David P.Frisby und Klaus Christian Köhnke (Hg.), Georg Simmel, *Philosophie des Geldes*; *Georg Simmel · Gesamtausgabe*, hg. von Otthein Rammstedt, Band 6, 1989, S. 61.

（4）本書の第四章「貨幣の経済社会学」参照。なお、認識論とみてよい論拠については、Simmel, *ibid.*, S. 9. 参照。

（5）歴史社会学の一つの試みとしては、拙著『マックス・ウェーバーとエートス』文化書房博文社、一九九〇、第五章「官職カリスマと宗派のエートス——西洋のエートス形成——」参照。

（6）R. Heberle, The Sociology of Georg Simmel. The Forms of Interaction, in: H. E. Barnes (ed.), *An Introduction to the History of Sociology*, 1948, p. 290. かれがスパイクマンによっても要約されていないというばあい、N. J. Spykman, *The Social Theory of Georg Simmel*, 1925. をさしている。

（7）Th. M. Mills, Some Hypotheses on Small Groups from Simmel, in: *The American Journal of Sociology*, 63, No. 6, 1958. J. Watson, A Formal Analysis of Sociable Interaction, in: *Sociometry*, 21, 1958. D. Riesman, R. J. Potter, and J. Watson, Sociability, Permissiveness, and Equality. A Preliminary Formulation, in: *Psychiatry*, 23, 1960. H. E. Aldrich, The

Sociable Organization: A Case Study of Mensa and Some Propositions, in: *Sociology and Social Research*, 55, 1971. などを参照。

（8）M. Weber, *Gesammelte Aufsätze zur Wissenschaftslehre*, 1922, 3. Aufl., 1968, S. 190–200. 参照。

（9）Simmel, *Soziologie*, S. 114.

（10）H. J. Becher, *Georg Simmel*, 1971, S. 84.

（11）粗雑ではあるけれども、ジンメルの歓談にかんする理論を手掛りとした「コミュニケーションの三つの理念型」が、本書の第三章「社交的相互作用と歓談」において描かれている。

（12）L. A. Coser, *The Functions of Social Conflict*, 1956, p. 31. 参照。

（13）N. Luhmann, *Vertrauen*, 1968, 4. Aufl., 2000, S. 91.

（14）本書の第三章「社交的相互作用と歓談」参照。

（15）このうち、認識論を展開した労作としては、カール・R・ポパーの『開かれた社会とその敵たち』（K. R. Popper, *The Open Society and Its Enemies*, 2 vols., fifth ed. [rev.], 1966）およびユンゲル・ハバーマスの『社会諸科学の論理のために』（J. Habermas, *Zur Logik der Sozialwissenschaften*, 1985）などが、今日改めて高く評価されてよい。

第三章　社交的相互作用と歓談

一　社交性の歴史的意義

フランスのランブイエ宮殿といえば、一九七五年に最初の主要先進国首脳会議が開催された場所として知られている。しかし歴史をさかのぼると、この宮殿は、現在サロンとよばれているものの発祥地である。一六〇八年から一六六〇年までは、この宮殿のサロンでサロン文学が全盛をきわめていた。ルイ一三世（在位一六一〇－一六四三）と太陽王ルイ一四世（在位一六四三－一七一五）の時代である。このサロンを手本として気どった作法が生まれ、それが、宮廷にたいして一定の自律性をもつようになる。皮肉にも、絶対主義の崩壊を告げる鐘の音は、宮廷自身のサロンから鳴りはじめていた。

イタリアのルネサンスのころから人文主義が勢力を獲得する。人文主義はすでに一四〇〇年ころに宮廷の生活様式の改新に貢献している。一五〇〇年以降になると、人文主義はアルプス以北にも台頭し、イギリスではトマス・モア、フランスではモンテーニュによって代表された。王侯は人文主義の教養をとり入れ、中世のキリスト教的騎士に代わって、人文主義の廷臣たちが宮廷生活に統合されていく。一六世紀から一七世紀にバロック様式が普及するにつれて、バロック風の居城でくり広げられる祝典は、国王の権勢を誇示するものとなり、ルイ一四世の儀典において最高潮に達した。ランブイエ宮殿のサロンはそうした意味をもっていた。

現代のドイツの社会学者・社会哲学者ユルゲン・ハバーマスは、アルプス以北の人文主義にふれ、古イングランドの紳士とフランスの貴紳の「明るいかつ雄弁な社交性がその中心点としての宮廷に関係づけられた、新たな『社会』(»Gesellschaft«)の特徴をよくあらわしている」という。[1]ここで注目してよいのは、ゲゼルシャフトという言葉が society, société, società などのヨーロッパの言葉と同様に、「社会」をさすだけでなく、「社交」、「交際」、「社交界」などの意味をもち、社交的集合をも指示している点である。この二重性は、おそくとも一七世紀初頭において、宮廷の社会が同時に社交界を形成していた、ヨーロッパ独自の歴史的経緯からすれば納得がいく。

貴族たちの社交界は、宮廷の社交性において、洗練された社交礼法をつくりあげ、よき社会を築いていった。しかし、ハバーマスによると、フランスでは、居城をヴェルサイユからパリへ移したオルレアン公フィリップ(一六七四－一七二三)の摂政下になってはじめて、宮廷は公共性の中心的地位を失う。つまり、都市がその文化的機能を継承するとともに、宮廷の「代表的公共性」は色あせ、「市民的公共性」が出現しはじめる。イギリスでは、宮廷が都市を支配することはなかったものの、名誉革命(一六八八)後は、のちのフランスでおこったのとおなじような変化が宮廷と都市の関係にみられた。チャールズ二世(在位一六六〇－一六八五)までは、文学と芸術は国王のために奉仕していた。しかし革命後は、宮廷も王冠も政治的地位を失墜する。こうした事実をふまえて、ハバーマスは、つぎのようにいう。「『都市』の優位は例の新たな諸制度によって強化される。その諸制度とは、それらのあらゆる相違にもかかわらず、イギリスとフランスではおなじ社会的諸機能を引きうけるものであって、一六八〇年と一七三〇年のあいだのその最盛期における喫茶店と、摂政時代と革命のあいだの時期におけるサロンのことである。それらは、イギリスでもフランスでも、はじめは文芸的な、やがてはそれに加えて政治的な批判の中心であり、それらのなかで、貴族の社交界と市民的な知識人たちとのあいだに教養人たちの対等関係のようなものが確立されはじめる。」[2] かれが喫茶店とサロンを「政治的な批判の中心」として位置づけ、それらの歴史的意義を強調しようとしているのは明らかである。では、それらの歴史的意義はどこにあったのだろうか。

ハバーマスによると、イギリスでは、チョコレートとコーヒーの普及によって、一八世紀のはじめの一〇年に、すでにロンドンには三〇〇〇軒をこえる喫茶店があり、それぞれの店に常連の客がいた。喫茶店は、地主、財界側を代表する貴族と市民階級出身の知識人とが出会う場であった。サロンは女性が主役で、喫茶店は男性が中心であったとはいえ、「文学は、サロンにおいてと同様に、『知識人階級』が貴族階級と出会うこれらの喫茶店において、正当性を証明しなければならなかった」[3]。喫茶店は、指導的サークルへ気安く近づく機会をあたえただけでなく、広範な中産階級や手工業者と小売商人をも引きよせた。ハバーマスは、芸術と文学の作品にふれておこる論議がやがて経済と政治の論争にもおよび、しかもサロンにおけるこの種の談話とはちがって、無難だという保証はなかったとみる。

一六六五年と一六七〇年の秘密集会禁止法からわかるように、喫茶店は、名誉革命前夜には「政治的不安の温床」とみなされていた。文学と芸術の批評を内容とした無数の手書きの通信が、喫茶店での会話をきっかけとしてあらわれた。定期刊行文芸誌『タトラー』（『閑話』）が一七〇九年に創刊されたときには、喫茶店の客のサークルはかなり多くなっていたので、サークルの連帯はもはや新聞によらなければ維持できなくなっていた。この雑誌は喫茶店生活と密接に結びついていたものである。『スペクテイター』が『ガーディアン』と交代したときには、喫茶店バドン軒の西面にライオンの頭がとりつけられ、その口へ投書を投げ入れたそうである。喫茶店での議論が新聞という新しいメディアに載ってつづけられ、いっそう大きな公衆の講読をへて、また喫茶店での会話のメディアへもどっていく。「新聞の論説は、喫茶店の公衆に議論の対象にされただけでなく、議論の構成要素であると理解された。」[4] 一七二六年に『職人』が発行されて野党の世論の舞台となり、それが『ジェントルマンズ・マガジーン』にうけ継がれてはじめて、新聞は、「政治的に論議する公衆の批判的機関」となる。一七三〇年代のはじめには、議会の審議が新聞で報告されるようになり、フランス革命の四年前には、日刊大新聞『タイムズ』が登場した。こうして喫茶店で議論していた公衆は、王室の措置や議会の議決を解説、批判する新聞を媒介として成長し、世論を形成しながら「政治的監視の諸機能」を強化させ、やがては、議会の審議の完全な公表を実現させた。

一方、フランスでは、貴婦人たちのサロンが、貴族、ブルジョアジーと知識人階級とが出会う機会を提供した。貴族階級は、経済において重要な地位を占めてきた市民階級の物質的優勢を、社交的交際におけるヒエラルヒーのいっそう厳格な強調によって補った。それでもサロンでは、知力はパトロンへの奉仕ではなくなり、意見は経済的従属関係の拘束から解放されるようになる。ハバーマスは、「われわれの著述は市民の一定の階級にしか作用しないが、われわれの談話は、すべての階級に作用する」と述べたディドロに注目し、かれによる書物と談話の区別こそ、サロンという「新しい集合場所の機能」をはっきりさせてくれるという。一八世紀の文筆家がサロンの談話で、自分の思想を議論の対象にしたのも理由のないことではなかった。「サロンはいわば、初公刊の独占権を握っていた」からである。(5) 音楽も含めて新作品は、まずサロンで正当性を証明してみせなければならなかったわけである。

フランスでは、市民階級が身分国家のなかに組み込まれていたせいもあって、サロンでは、ブルジョアよりも、むしろ貴族のほうが市民的知識人の考えに共鳴する傾向が強かった。それでも、ハバーマスは、政治と経済の領域のあいだで社交界の占める領域がモデルにおいて分離できるとみる。なぜなら、哲学者たちが百科全書を公刊するにいたって、かれらの道徳的志向は政治的志向へ向かい、一八世紀の最後の三分の一世紀には、女性が支配していた才気のビューローを継承して、中二階クラブ様式で、イギリス思想の影響をうけた男性社交界が出現してきたからである。哲学者たちは文筆家から経済学者、つまり重農主義者になった。重農主義者たちのクラブは一〇年以上もつづいた。やがて一七七四年にはテュルゴが、翌年にはマルゼルブがかれらの代表者として政府に任用される。ハバーマスによれば、かれらは「世論の最初の代表者たち」である。しかし、「政治的に論議する公衆」が絶対主義体制へ突入する突破口を切り開いたのは、一七八一年に国家財政の貸借対照表を公表したネッケルである。かれの報告書いらい、公衆の論議は陳述書となって爆発し、イギリスで一世紀以上かかった発展が、フランスでは、革命によって一夜にしてなしとげられてしまった。

こうしてハバーマスは、一七世紀後半のイギリスと一八世紀のフランスではじめて、世論が人びとの話題になった事実を強調し、宮廷の「代表的公共性」が「市民的公共性」へ転化していった歴史的過程を明らかにした。かれによると、喫茶店やサロンでは、社会的地位の対等関係を基盤にして、「論証の権威」が社会的ヒエラルヒーの権威にたいして主張され、それまで疑わしくおもわれていなかった領域が問題化されざるをえない。喫茶店やサロンは、いっそう大きな公衆のなかに身をおき、そのなかで自己を理解する公衆、つまり市民的代表の新しい形態を、「ジャーナリズムの団体」として制度化させた。だからそれらは、持続的な議論への傾向を組織することによって、はじめは文芸的な、やがては政治的な世論を生み出し、「政治的に論議する公衆」をつくりあげた。ここに、喫茶店とサロンの歴史的意義がある。喫茶店やサロンにおける社交性は、絶対主義にたいする政治的な批判を世論として結晶させ、その担い手である公衆を政治的に成熟させる母胎の役割を果たしたといってよい。

しかし、「市場の諸法則」が社交的集合の圏内にまで貫徹し、論議が消費へ、公共的コミュニケーションの連関が個別化された需要へと崩壊するにつれて、サロンは流行おくれとなり、男性社交界は衰え、クラブも荒廃してしまう。「社交性のブルジョア的諸形式」は二〇世紀になってから種々の代用品をみつけたものの、ハバーマスからすれば、それらは、「文学と政治の論議の節制」という一点で共通している。社交上の議論は他愛ないグループ活動に変質し、その活動には、かつてのように世論と公衆を培養したエネルギーがまったくみられない。

（1） J. Habermas, *Strukturwandel der Öffentlichkeit*, 1962, 8. Aufl., 1976, S. 22. 参照。
（2） *Ibid.*, S. 48.
（3） *Loc. cit.*
（4） *Ibid.*, S. 59.
（5） *Ibid.*, S. 49. 参照。

二　社交性

すでに形骸化してしまった社交的集合にいち早く注目し、それを社会学的に分析したのは、ドイツの哲学者・社会学者ゲオルク・ジンメルであった。かれは、社交的集合のうちにみられる社交性が社会学の研究対象の一つであると考え、個人間の微視的相互作用を重視する立場から、社会学を独立の専門科学に高めるのに貢献した。

そもそも社会学が対象とすべき「社会とは何か」については、二つの考え方があった。一つは、個人をこえたところに社会の実在を認める社会実在論である。もう一つは、社会は名目にすぎず、実在するのは個人だとする社会名目論である。これらの見解に反して、ジンメルは、社会を「機能的なあるもの」とみなし、社会が個人と個人とのあいだでかわされる相互作用過程、つまり「社会化」のなかにあるとみた。社会は諸個人のあいだにある動的なものであり、その核心は、手紙の交換にみられるような「個人間の心的相互作用」に求められる。だからかれは、「最広義の社会は明らかに、若干の個人が相互作用をいとなむばあいに存在する」(1)という。

こうしてジンメルは、社会学が「相互作用の諸形式」、つまり「社会化の諸形式」を対象とすべきだと力説し、「人間相互の関係形式にかんする科学としての社会学」を提唱した。これがかれのいう形式社会学あるいは純粋社会学である。目的と意義の点で極度に異なった社会集団のうちには、たとえば上位と下位、競争、模倣、分業などの「個人相互のおなじ形式的な行動様式」がみられる。家族、企業、政党はまったく性質のちがう集団だが、そこには、共通して上位と下位、分業などの社会化の諸形式が見出される。社会学はこうした社会化の諸形式を研究することによって独立の専門科学になりうるとジンメルは主張した。ここでとり上げる社交性も、社会化の諸形式の一つにほかならない。ジンメルがいうように、ほんらいの社会が共存、互助、対立であるとすれば、社交性こそ、人と人とを結びつける第一級の社会化の形式であるといえる。

ジンメルによると、社交性とは、「社会化のゲーム形式」である。すなわち、個人間の相互作用がサロンやパーティーなどで、いわばゲームとして展開されているのが社交性である。だから社交性には、そこに参加した人びとの「自由な相互作用」と対等な関係、つまり「等価関係」が必要となってくる。両者は社会化のゲーム形式としての社交性の「根本原理」である。

「自由な相互作用」についてみれば、社交性にとっては、生活上の意図と結びついた「結合の具体的な動機づけ」はどうでもよいのだから、「自由に浮動する相互作用をいとなむ諸個人の関係」こそが重要である。この「自由な相互作用」を実現するには、ジンメルは、「一つの社会学的構造」が準備されていなければならないとみる。すなわち、社交性の圏内から個人のもつ「客観的なもの」と完全無欠に「個人的なもの」が排除されなくてはならない。前者は、社交的集合とは無関係のもので、たとえば個人の富や社会的地位、学識や名声などである。後者は、「深刻な生活の光と闇」であって、生活、気分、性格などの個人的なものである。パーティーである人が自分の豪邸や偉さを自慢たらしく話すとすれば、はなもちならないいやらしさをおぼえるであろう。またちょっとしたことで自分の性格をまる出しにして本気でおこる人がいれば、楽しいはずのパーティーも不愉快なものになりかねない。だからこれらを社交性のなかにもち込んでしまうと、自由な「相互作用の契機」と矛盾する。そこでジンメルは、「気転」と「分別」を重視した。気転は、ある人が自己主張を前面に出したときに、「他者の権利から制限をかけること」である。分別は、社交性の「社会学的芸術形式」が「社会学的自然主義」に陥るのを防いでくれる。すなわち、気転をきかせて話題をそらしたり、分別によって「客観的なもの」と「個人的なもの」を出さないようにすれば、そこに自由な相互作用が実現される。

一方、「等価関係」についてみると、社交性は一つの観念的な社会学的世界だから、社交性で実現されるデモクラシーは「演じられたもの」にすぎない。しかし、社交性が社会化のゲーム形式である以上、それがもっとも純粋な、かつもっとも容易に感動をあたえるような相互作用、つまり「対等者間の相互作用」を求めることにかわりはない。社交の場では、人びとは自己自身の客観的内容を放棄し、自己の外面的、内面的な意義を強調しない社交的人間として対等である。かれらは、すべての人びとが対等であるかのようにふるまい、各人をとくに尊敬するかのように行為する。

このようにジンメルは、「自由な相互作用」と「等価関係」が社交性を成立させるとみた。人びとはたがいに装いをこらしてワインを飲みながら楽しくつどい、語りあうが、それぞれが、自分の肩書きを捨て、もちまえの性格をおさえなければならない。そのとき、「仮面のもつ非個人的な自由」が生まれ、対等な権利をもつ人びとの「人工の世界」ができあがる。こうして社交性は、「掛け値なしの『一つの社会』」となる。ジンメルは、社交性が「社会的ゲーム」であることを強調した上で、社会的ゲームがもつ二重の意味について、つぎのようにいう。「ゲームは、その外面上の担い手としての社会のなかで演じられるばかりでなく、ゲームとともに事実上『社会』が『演じ』られる。(2)」そしてかれは、社交性のうちには「社会学的ゲーム形式とみなしてよいすべてのもの」が含まれるとみて、「媚態」と「歓談」をとり上げた。両者はどのような条件を満たせば社交性と適合するのであろうか。

媚態とは、人にこびる態度、女性のなまめかしい様子を意味している。ほとんどの女性は、ひとりあるいは数人の男性と個人的に親しく会うときには、肌もあらわな服を着てあらわれたりはしないであろう。しかしパーティーなどでは、仮面のもつ非個人的な自由が前提されており、彼女は彼女自身ではあるが、完全には彼女自身ではなく、その集会の一員にすぎなくなるので、そうした服装で自由にふるまえる。だから媚態は、社交性の内部でもっともたやすく、もっともゲームらしく、しかももっとも広く実現される。

両性間の恋愛問題は、あくまでも「承諾と拒絶」の問題である。そうだとすれば、女性の媚態の本質はどこに求められるのであろうか。この点ジンメルは、「暗示的な承諾と暗示的な拒絶とを交互にあらわすこと」だという(3)。つまり、男性を自分に引きつけておきながら、色よい返事をあたえず、男性を袖にしながら、男性にほんのわずかな望みをあたえておくわけである。浮気女が男性にほとんど承諾をあたえておきながら、最後のどたん場ですっぽかすとすれば、彼女の魅力はまったくたまらないものとなろう。彼女の態度はイエスとノーとのあいだをとどまる暇もなく揺れ動いている。要するに、浮気女はいわばゲームをしながら、恋の本音の「単純な、純粋な形式」をあらわしており、恋の本音にみられるイエスとノーという両極的対立を「統一ある態度」のうちに保つことができる。

もし彼女がイエスかノーのどちらか一つに釘づけされて、はっきりした「内容」、つまり承諾か拒絶の意思をあらわすとすれば、彼女は媚態を演じているとはいえない。承諾すれば、二人の関係はもはやゲームではなくなり、真剣な愛の構築がはじまる。拒絶すれば、二人の関係はそれで終わるかもしれない。いずれのばあいにも、社交性になじまないものとなってしまう。したがって、明確な「内容」から解放されればされるほど、媚態は、社会学的ゲーム形式として浮動的な性格を獲得し、社交性と適合しうるようになる。

しかし、媚態を社交性のなかで成長できるようにするには、男性の側からも特別な態度が示されなければならない。そうジンメルは考える。男性が媚態にまったく魅力を感じなかったらどうだろうか。逆に、男性が媚態のいけにえとなり、半ばイエスと半ばノーという態度に翻弄されて、心ならずも彼女のとりこになったらどうだろうか。そうなれば、媚態はゲームどころではなくなり、社交性となじまなくなるであろう。なぜなら、媚態には、社交性の「根本原理」である、個人間の「自由な相互作用」と「等価関係」が欠如してしまうからである。両者がはじめてあらわれるのは、男性が自由に浮動するゲームだけしか望まないときであり、男性が恋の本音にたいする望みや恐れから、媚態の暗示や下ごしらえの魅力をすこしも感じないときである。こうしてジンメルは、つぎのようにいう。「媚態は明らかに、社交上の教養が高いばあいにその魅力を発揮する。そうした媚態は、恋心のあらわれ、つまり承諾や拒絶を背後に隠しており、こうした真剣さのたんなるシルエットのあいだにみられる相互作用のなかでおこなわれる。」[4]ここには、現代にもあてはまる媚態の鉄則が示されているようにおもわれる。

ところで、ジンメルが歓談をとり上げたのは、つぎのような理由による。社交性が社会学的相互作用形式にどの程度うつろな姿をあたえうるかは、「すべての人間に共通な点をもっとも広くもっているもの」、つまり「対話」のうちにはっきりあらわれるとみたからである。われわれは人生の一大事にさいしては、われわれが伝えようとする内容や、たがいに理解しあおうとする内容のために話しをする。話すことはあまりにも日常的なので、その意味を改めて考えたりしないが、話すことは、あくまでも意思を伝達するための手段である。しかし、社交性のばあいには、話すことが「自己目的」となる。しかも、おしゃべりのときのような、あるがままの意味においてではなく、「自己自身の芸術的な諸法則をもつ歓談の芸術」という意味で「自己目的」となる。だからジンメルは、社交の場での話題にふれ、生き生きした話しのやりとりを展開する魅力がたえずあるものだけに限られるという。

話しのやりとりが実現される形式は多様であるとしても、歓談というゲームがたんなる形式で満足するためには、その内容が「自己の権利」を主張してはならない。たとえば、真理の探究が討論の目的となれば、討論はその争点を中心として展開されるので、内容が前面に出てしまい、社交上の歓談としての性格を失ってしまう。しかしそうだからといって、社交上の歓談の内容はどうでもよいわけではない。ジンメルによると、「そうした内容は、まったく興味があり、魅力があり、それどころか意味があるものでなければならない」(5)。たしかに、興味、魅力、意味をもった内容は、それだけでは歓談の目的とはならない。ただ、そうした歓談は、観念上「歓談の外にある客観的成果」とは無関係なのである。物語、冗談、逸話などは、ばあいによっては興味、魅力、意味に富むものであろう。それらは、その場かぎりでの話しだから、社交的集合が終わっても深刻な影響をおよぼしはしない。

したがってジンメルは、内面的な意味からすれば、社交的なのはつぎの歓談だけだという。「すなわちこうした歓談では、例の内容は、あらゆる価値と魅力があるにもかかわらず、歓談そのものの機能上のいとなみのうちにだけ、自己の権利と自己の位置と自己の目的を見出す。」[6] だからジンメルは、「その対象をたやすくかつ速やかにかえうるということ」が「社交上の歓談の本質の一つ」であるとみなす。こうして話すことは、いわば「関係以外の何ものであろうともしない関係」を満足させるようになり、ほかのばあいなら、相互作用の形式であるものが相互作用の自給自足的な内容となる。

歓談がその上でおこなわれる基盤は、「あらゆる個人的な親密さ」とは無関係であり、さきの個人のもつ「客観的なもの」とも「個人的なもの」とも無関係である。これは、歓談の社会学的基盤とよんでよいものであろう。このように、いくつかの条件を満たしたときにはじめて、「自由な相互作用」と「等価関係」が実現され、歓談は社交性と適合しうるようになる。歓談については、つぎにもうすこしくわしく検討し、整理してみようとおもう。

（1） G. Simmel, Das Problem der Sociologie, in: *Jahrbuch für Gesetzgebung, Verwaltung und Volkswirtschaft im Deutschen Reich*, XVIII, 1894, S. 1303.

（2） G. Simmel, *Grundfragen der Soziologie*, 1917, 3. Aufl., 1970, S. 59. ジンメルの社交性理論

を相互作用論の視点から考察した文献としては、横井修一「ジンメルの『社交性の社会学』における『相互作用』論」、東北社会学研究会『社会学研究』第六〇号、一九九三、参照。
(3) *Ibid.*, S. 60. 参照。
(4) *Ibid.*, S. 61.
(5) *Ibid.*, S. 62.
(6) *Loc. cit.*

三　社交的相互作用と歓談

アメリカの社会心理学者ジャーン・ワトソンは、社交性を対面的相互作用の一つとしてとらえ、表－1の「相互作用の三つの様式」をもとにしながら、ほかの相互作用との比較によって「社交的相互作用」の特徴を理論的に明らかにしている。(1)

ワトソンによると、第一の規準、「社会への個人の統合」は、相互作用が諸個人をいっそう大きな社会へ結びつける様式とかかわりをもつ。労働－志向的相互作用はおのずから分業を含むので、諸個人を「機能的」に統合し、「生産性」を基礎として諸個人を社会へと関係づける。家族は社会

表－1　相互作用の三つの様式

規　準	労働－志向的相互作用	家族的相互作用	社交的相互作用
社会への個人の統合	機能的統合；生産性	私的自由と隠れが	規範的統合
個人の欲求充足	業績，能力	無条件の愛と受容	独特な個人的資質
自己の投入	部分的；成功	扱いにくいあるいは日常的	集団文化形成への参加
会話の様式	漸進的	反復的	新しい経験の劇化
会話の源泉	なされるべき仕事	毎日の生活	個人的興味

注：Jeanne Watson, A Formal Analysis of Sociable Interaction, *Sociometry*, 21, 1958, p.270.

からの「私的自由と隠れが」の機会をあたえてくれる。だから家族的相互作用は、個人のための避難所である家族にたいして、外界は異質であるという仮定から生じる相互作用である。社交的相互作用についてみれば、パーティーなどでは種々の共有された価値が展開されるのだから、その相互作用は、社会へ個人を「規範的」に統合する。第二の規準、「個人の欲求充足」は、それぞれの相互作用のタイプがどんな個人的欲求を満足させるかをもとにしたもの。労働は業績の機会を、家族はおのおのの成員に「無条件の愛と受容」を提供する。その点では、社交性は、各人が独特な個人として自分自身を経験する機会をあたえる。そうだとすれば、労働－志向的相互作用は個人の「業績と能力」を実現させ、家族的相互作用はそこにいるすべての人びとの「無条件の受容」を満たす。これらにたいして、社交的相互作用の特徴は、おのおのの個人の「独特な個人的資質」を満足させる点に求められる。

「自己の投入」という第三の規準は、相互作用に投じられる自己の局面と関係がある。労働－志向的相互作用は自己の「部分的」な表出を要求する。そうした表出のなかで、それぞれの個人は、仕事によって分けられている限られた分野で、自分の能力と「成功」を証明しなければならない。家族的相互作用は話し手にたいする聞き手の個人的な関心に応じて、「扱いにくいあるいは日常的」ともいえる自己の局面を表出する傾向にある。一方、社交性に特徴的な相互作用は、「文化形成」とよべるかもしれないような相互作用とみなされる。そうした相互作用のなかで、諸個人は、種々の特殊な意味の世界を創造し、維持するのにともに加わる。それらの意味は、文学的、政治的、個人的、社会的な意味であるかもしれないし、客観的にみて、愚かでばかげた意味でさえあるかもしれない。いずれにせよ、個人は集団文化と重複する自分自身の一部をおおげさに表現するわけである。

第四の規準、「会話の様式」は、話題が論じられる仕方とかかわりをもっている。労働‐志向的な会話は「漸進」してものごとを終わらせ、一つの仕事を完成させたら、つぎの仕事に移るよう要求する。家族的な会話は同一の日常的な関心事をくり返しとり扱う。だからそれは、本質的に「反復的」である。これらに比べると、社交的な会話は、出来事や経験の目新しさと娯楽的価値とが強調されるので、「新しい経験の劇化」をめぐって展開されるところにその特徴がある。最後の規準、「会話の源泉」は、会話のテーマをさしている。労働‐志向的相互作用は「なされるべき仕事」に、家族的相互作用は「毎日の生活」を構成している日常的な出来事と扱いにくい関心事に焦点をあわせる。これらとは異なって、社交的相互作用は「諸個人の特殊な興味と非日常的な関心事」にいっそう関係する。

表-2　コミュニケーションの三つの理念型

規　準	討　論	日常会話	歓　談
会話の目的	特定の問題の解決	内容の伝達と理解	話すことが自己目的
会話の社会学的基盤	相互の自己主張	相互の個人性	相互の非個人性
客観的成果とのかかわり	強い関心	内容によって決まる	無関係
話題の展開形式	螺旋的	即物的	脚色的
話題の変換可能性	小	中	大

このようにワトソンは、社交的相互作用の特徴を、㈠、「規範的統合」、㈡、「独特な個人的資質」の充足、㈢、「集団文化形成への参加」、㈣、「新しい経験の劇化」、㈤、「個人的興味」に求める。労働－志向的相互作用と家族的相互作用との比較をとおして社交的相互作用が明らかにされているだけに、五つの特徴は、きわめて説得力があり、現代の社交性をとらえるのに有効である。ワトソンが会話を重視し、二つの規準を設定して、会話の面からも社交的相互作用をとらえているのは注目してよいだろう。会話は対面的相互作用のもっとも基本的な形態であるとともに、生き生きした話しのやりとりは社交性の生命にほかならないからである。

生き生きした話しのやりとりが社交性の生命だとするならば、ワトソンが示した会話にかんする二つの規準だけでは、現実の歓談は十分にとらえられないであろう。そこで、ジンメルの歓談にかんする理論を手掛りにして、歓談の特徴を明らかにしようと試みたのが、表－2の「コミュニケーションの三つの理念型」である。

第一の規準、「会話の目的」についてみれば、討論は特定の問題の解決をめざそうとする。日常会話は討論のように特定の問題の解決をめざすよりも、話される内容の伝達と理解を目的とする。これらとはまったく異なるのが歓談である。歓談のばあいには、話すことは手段ではなく、「自己目的」である。第二の規準、「会話の社会学的基盤」は、会話当事者たちの相互のあり方を示すものである。討論は、ある争点にたいするそれぞれの自己主張があってはじめて活発となる。日常会話は、自己主張が強すぎても、逆に弱すぎてもうまくいかない。日常会話は、その目的が内容の伝達と理解にあるのだから、相互の個人性（個性）を尊重してはじめて会話が進む。ところが、歓談は、自己主張があっては円滑にいかず、「相互の非個人性」を前提にせざるをえない。だからこそ、ジンメルが指摘したように、気転や分別が重要な役割を果たす。第三の規準、「客観的成果とのかかわり」は、会話の内容とそれが生み出す結果との関係である。討論は、自己主張の正しさに固執し、それを論証しようとするので、客観的成果とのかかわりがきわめて強い。日常会話では、客観的成果とのかかわりは会話の内容自体によって制約される。店で「これを下さい」という会話と「今日はいい天気ですね」という会話を比べてみるとよい。この点、歓談は客観的成果とはまったく「無関係」である。その場かぎりでの話しでよいわけで、社交的集合の外にまで影響をおよぼす必要はない。

第四の規準、「話題の展開形式」は、ワトソンが示した第四の規準、「会話の様式」とほぼ一致している。話しの内容が自己の権利や位置を見出すのは、討論では、螺旋的な話題の展開形式のなかにおいてである。日常会話のばあいは、多岐にわたる内容がそれら自体にそくして語られるので、即物的な話題の展開形式をとらざるをえない。これらにたいして、歓談では、話しの内容が自己の権利や位置を見出すのは、「特別な、自己規定的な意味をもつ話しのやりとりの形式」、つまり「脚色的」な話題の展開形式をおいてほかにない。話題がかわる度合いを示そうとしたのが、第五の規準、「話題の変換可能性」である。話題がかわる頻度がもっとも小さいのが討論であり、もっとも「大きい」のが歓談である。その中間にあるのが日常会話である。日常会話では、話題は討論のように特定のものに限定されないし、歓談のように迅速にかえられることもないだろう。

歓談にかんする五つの特徴は、社交的集合における会話が歓談として成立しているかどうかをみる尺度であって、歓談とはこうあるべきだという価値判断を含んではいない。日常会話においても討論においてさえも、歓談のいくつかの特徴がみられるばあいがある。コミュニケーションの三つの型は理念型にすぎない。ワトソンが提示した「相互作用の三つの様式」も、彼女自身がいうように、いずれも現実には、「その純粋な形態ではめったに生じない理念型」である。理念型という言葉は、マックス・ウェーバーの術語である。かれによると、理念型はそれとの比較によって、現実の一定の側面を鋭く認識するための純粋な概念である。理念型は、「その概念的な純粋性においては」、現実のどこにも経験的には見出すことができないという意味で、「一つのユートピア」であり、「純論理的『完全性』」以外のいかなるものともかかわらない。[(2)] 簡潔に表現すれば、理念型は、それによって現実を比較し、測定するための定規だといえる。ワトソンのばあいもこれとまったくおなじである。だから彼女は、「相互作用の社交的様式は労働においても家族においても見出しうる」[(3)]というう。表－1と表－2は、現実の社交的相互作用と歓談をとらえるための概念的補助手段として役立つはずである。

（1）以下の「社交的相互作用」にかんする叙述については、J. Watson, A Formal Analysis of Sociable Interaction, in: *Sociometry*, 21, 1958, pp. 269–271. 参照。

（2）M. Weber, *Gesammelte Aufsätze zur Wissenschaftslehre*, 1922, 3, Aufl., 1968, S. 190–200. 参照。

（3）Watson, *op. cit.*, p. 272.

四　社交性の現実

おそらく、アメリカほど社交が盛んな国はないだろう。職業をかえたり、引っ越したりすると、その転機を目立たせるために、休日や誕生日あたりの土曜の夜によくパーティーが開かれる。パーティーは、そのために時間を配分するのを許された儀式の一部、あるいは社会的、地理的移動に伴った儀式の一部となっているほどである。パーティーは、アーヴィング・ゴフマンの言葉を用いれば、「解放区域」であり、そこでは、男性が初対面の女性に話しかけても社会的不当行為とはみなされない。アメリカ社会では、バー、カクテル・ラウンジ、社交用客車、避暑（寒）地なども解放された場所である。これら以外の場所でも、アメリカ人は社交的であり、昼食のテーブルやコーヒーを飲みながら雑談するくだけた会（Kaffee-Klatsch）でも会話を楽しむ。

しかし、若ものたちのパーティーとなると、問題がないわけではない。『孤独な群衆』の著者デイヴィド・リースマンはさきのワトソンらとともに、都市に住む中産階級の若い世代の人びと（年齢二五－三〇歳）による八〇のパーティーを参加観察によって調査した。それによると、若ものたちにとっては、「よいパーティーに寄与する三つの異なった特質」がある。一つは、親交（intimacy）であり、ほかの人びととの親密さの発見である。第二は、お祭り気分（festivity）、あるいは一般的な陽気さ、自由奔放、大騒ぎである。第三は、連帯（solidarity）であり、個人的な結びつきと集団的アイデンティティの再確認である。しかし、リースマンたちの調査では、うわべだけの連帯は集団のなかで容易に生じるが、親交やお祭り騒ぎはそうした連帯さえもたらさないので、よいパーティーをくり返そうとする努力は失敗する。そうした背景には、「現代の社交性においては、遂行や成就の倫理が弱められている」[1]といった事情がある。伝統的な社交性のエチケットに比べて、遂行にかんする現代の価値判断のあいまいさが、力量の少ないゲストたちに過分な要求をつきつけ、すぐれた能力と豊かな経験をもったゲストたちへの要求を減らしてしまう。社交性は完全に「気晴らしの領域」となっている。

リースマンたちによれば、いくつかの集団では、喜劇的な人が、本人はそうした役を嫌っているのに、いつもおかしくあるように期待され、かれ自身もそのようにふるまっていた。同様に、美しい女性はいつも美しくあるように強いられ、彼女は防護服をまとって性の役割を忠実に果たした。これでは媚態どころではない。「自発性と自然さのエートス」にもかかわらず、かれらは、集団のなかで自分たちのスタイルを変更できず、結局、すねて、脱会してしまった。

若ものたちの話題は、映画、テレビ、スポーツ、カード・ゲーム、自動車、夏のキャンプ旅行などが中心。話題がなくなると、子供や仕事にかんする最近の情報を提供したり、集団のなかで定着するようになった無難な話題に頼る。文学と哲学の話しは拒絶されるし、仕事にかんする話しは男性を女性から隔てるので非社交的とみなされる。たしかに話題が豊富なので、その変換可能性は大きいといえる。しかし、お祭り騒ぎを期待するので、雑談が多くなり、歓談はみられないのが現実のようである。だからリースマンたちは、「集団の雰囲気にたいしてだけでなく、その集団の外側の状況や価値にたいして敏感なリーダーの指導がなければ、社交性は不十分なままである」[2]という。リースマンたちの指摘をまつまでもなく、若ものたちの社交性は、それが話題の選択をとおして、社会と成人男女の社交的集合とを連結するときに最善の状態になるといえる。このことは、日本の若ものたちのパーティーにもあてはまるとみてよい。

若ものたちの気晴らしのパーティーとはちがって、アメリカには、「知的な人びとのあいだで知的な接触を促進すること」を目標にした社交的組織が数多くある。メンサ（Mensa）もその一つである。メンサはその中心機関であるメンサ・インターナショナルと、そのローカル・グループである大学都市のメンサに分かれる。メンサ・インターナショナルには二つの機関がある。一つは、広告と宣伝活動をおこない、もう一つは、新会員の申込みを扱う。前者は、会員のために全国的な月刊の会報を発行しているとともに、新聞の特別欄やニュース・スポットでメンサを宣伝し、情報を提供して新会員を募集する。新会員の採用を決定するのが後者である。ローカル・グループは新会員を直接補充しない。新しく会員になったものは、会報に載った集会のリストをみて、自分が住んでいる場所からもっとも近いローカル・グループをみつけ、そこに参加していく。

実際に、ある大学都市のメンサに所属し、一年間参加観察をおこなったハワード・E・オールドリッチによると、メンサの職業構成と年齢構成は、つぎのとおりである。会員たちの二〇%は経営者か所有経営者である。しかし、ほとんどの会員はホワイト・カラーで、ほぼ五六%が専門職か技術職、一五%が事務員か販売員である。労働者や職人もわずかながらいる。年齢の範囲は一五から六九歳までと幅広く、平均年齢は三五歳。もちろん、娯楽や相手を求めている独身者もいれば、新たな余暇時間を楽しもうという既婚者もいる。

オールドリッチの観察では、職業の多様性が、社交性の民主主義的性格にたいする障壁をとり除いているだけでなく、会話にも大きく影響している。「今日の仕事はどうだったかね」といったやぼな話しはしない。ほかの話題をみつけようとする必要から、「会話を速やかにかえる性質とおのおのの主題がうけとる表面的な扱い」が生まれる。(3) 年齢とのかかわりでみれば、メンサにおける「社交性は、その主要な活動、つまり会話にたいしてどんな年齢の障壁も認めない」ほどである。

会話が職業と年齢をこえて活発な理由は、会員たちの教養の高さと関心の異質性にあるといえる。メンサは「知能テスト」をおこなっており、それにパスすれば、どんな人でも加入が許される。規則書によって、すべての会員が「主要な関心」をたずねられる。驚くことに、会員たちの関心領域は、エレクトロニクス、コンピュータ、数学、物理学、社会学、政治学、宗教、文学、芸術、水泳など、二二五以上におよぶ。「われわれは偉大な会話共同体である。われわれはどんな考えについても、どんな主題についても話す。」ある会員のこうした証言からすれば、メンサでの会話は歓談となりえているとみてまちがいない。教養の高さと関心の異質性は、会話を歓談にする重要な要因であるといえるだろう。

メンサでの体験をふまえて、オールドリッチは、つぎのようにいう。「メンサの集会で観察された社交的相互作用は、ジンメルによって論じられた社交性の六つの構成要素、つまり非個人性、社交性の閾の達成とそのなかでの抑制、民主主義的参加、人工的であること、会話の強調、そして表面性と密接に一致した。[4]」個々の構成要素が論証されていないとはいえ、ジンメルによって明らかにされた社交性の特徴が、メンサでは典型的にあらわれているのがわかる。

日本で伝統的な社交の場といえば、風流なところでは句会、歌会、茶会などがあり、庶民的なところでは碁会所、銭湯などがある。しかしそれらは、社交の場としては過去の遺物になりつつある。都市化や核家族化が進んだからであろう。たしかに日本は、社会人類学者の中根千枝がいうように、個人が職種などの資格によってではなく、地域や所属機関などの場あるいは枠によって集団を構成している「枠社会」である。ほかのものと区別する枠があるので、身うちのものとよそものという意識が強まり、人間関係も感情に左右されやすい。こうした枠社会では、集団への全面的な同調と依存が社会的安定をもたらし、仲間も知りつくしているから、「社交などというものの機能的存在価値はあまりない」のも事実である。(5) それでも今日では、地域や企業間の野球大会、バレーボール大会、サッカー大会などのように、枠をこえてスポーツをしながら社交を楽しむ傾向がみられる。また、カルチャー・センターが象徴しているように、各種の教養を志向した社交も活発である。

教養を志向した社交のよい例は、一九六九年から一九八二年までつづいた「清水研究室談話会」に見出される。学習院を退いた社会学者の清水幾太郎が卒業生や編集者のすすめで毎月開いていたもの。談話会は、各界から著名な専門家を招いて話しをうかがうという目的をもった「一種の勉強会」である。しかし清水は、「幹事や私などが談話会の成功のために定めた幾つかの方針と、それから参加者各自の内部に潜んでいる『社交本能』の作用のために、結果として、談話会が社交の場になり、サロンになった」(6) という。ここでいう方針とは、つぎの四つである。(一)、談話会内部のパーソナルな人間関係を重視する立場から、参加者は五〇人程度に制限する。(二)、スピーカーの話しはトピック本位のインフォーマルな話しとする。(三)、スピーカーの話しのまえに、参加者は簡単な自己紹介をおこなう。(四)、談話会における「全員の平等」。

スピーカーは大河内一男、犬養智子など超一流の知識人である。参加者は国会議員、主婦、大学教授、学生、元陸将や海将、現自衛隊員、大、中、小企業の社長とその社員など、多彩である。職業の多様性の点では、メンサとよく似ている。話題はトピック的なものから人物、歴史、戦後教育批判、国際情勢といったシリーズものへかわっていった。みずからも何回か話した清水によれば、スピーカーの話しがインフォーマルだと、参加者も気が楽になって質問し、さらに参加者同士で会話がはじまり、やがて会話は当日のテーマから離れた方向へ流れていく。清水は、「この自由な会話こそ、また、それを楽しむということこそ、社交の本質」だと強調する。かれによると、二尉や三尉の自衛隊員が元陸将や海将にたいして「卑屈な態度」に出ることもなかったし、国会議員が隣りのイスに座っている主婦や学生に「威張る」こともなかった。みんなが「平等に談笑」していたと報告されている(7)。

こうした談話会に類する教養を志向したクラブは、今日、もっとも広く普及している社交の様式である。新聞記者やバレーボールのコーチなどを招き、水割りを片手に話しを聞きながら知識を深め、語りあう。ねらいは「自己啓発」である。このようなクラブは、異なった企業の若手中堅の人びとや主婦のあいだにも浸透しており、東京、大阪などの大都市に数多くみられる。清水の談話会をもとにして、日本における社交性の問題点をあげておこう。

まず第一は、自由な相互作用と等価関係の不十分さである。メンサと清水の談話会の違いは、後者が専門家から話しをうかがう勉強会である点に求められる。専門家であるスピーカーにたいして、聞き手は全員平等の位置に立つ。しかし、話し手と聞き手のあいだには、その度合いはさまざまであれ、一様に距離がある。「インフォーマルにお話し下さい」と頼んでそのように話しが終わっても、この距離が潜在的に自由な相互作用を妨げてしまい、個人間の相互作用をどことなくぎこちないものにする。

二尉や三尉の自衛隊員が「卑屈な態度」に出なかったのは、平等という等価関係に敏感な「社交性本能」からではなく、日ごろそうした態度に出ないように訓練されてきたからであろう。国会議員が「威張る」こともなかったのは、「社交性本能」からではなく、権力と名声を敏感に計算する政治家としての本能からである。政治家が自分の理念と政策を訴え、共鳴をえるためにパーティーを開くのならまだしも、資金集めと勢力拡大にパーティーを利用する現状をみると、そうとしか考えようがない。

戦後の民主主義は個人の尊重を定着させはしたものの、社交性の根本原理である自由な相互作用と等価関係を尊重し、実践できるような個性豊かな個人をはぐくんできたとはいえない。日本人は、ワトソンのいう「独特な個人的資質」をうまく発揮し、充足できるような個人にまで成熟してはいないようである。そうした個人からなる談話会ならば、スピーカーなしでうまくいくだろうし、メンサのような「会話共同体」になりえるはずである。勉強会の形をとるのは、日本人がもともと自由な相互作用と等価関係に不慣れだからである。談話会は勉強会なのに、それを社交の場にしたかった清水の願望からは、みんなが「平等に談笑」しているようにみえたのだろう。

第二は、歓談の欠如である。参加者同士のテーマから離れた「自由な会話」が「談笑」ではあっても、歓談となっていたかどうかについては、疑問がないわけではない。中根が指摘するように、日本社会におけるほど、「極端に論理が無視され、感情が横行している日常生活はない」からである。彼女は、日本人の会話には、「スタイルとしての弁証法的発展」もなければ、「『会話を楽しむ』という、ゲーム的な対話」もじつに少ないという。(8) さきの表-2を用いていいかえれば、「脚色的」な話題の展開形式もなければ、「話すことが自己目的」となっているような会話もめったにみられないのが現実であろう。

歓談の社会学的基盤である「相互の非個人性」は、たがいに平等という名の仮面をつけることを意味する。しかし、無礼講といわれても、不平不満のはけ口の場になりやすいのが上下に厳しい日本社会での宴会であり、うわべだけでも対等になって話しをおもしろくできないのが日本人である。だから中根は、つぎのようにいう。「聞き手は、その『ワキ役』を演ずるのが普通で、対話者として同列にたつことはむずかしい。そして、ここにも例外なく登場するのは『タテ』の関係であり、話し手の役は普通上位の者（あるいは一座の人気者）が独占する。(9)」社会的ヒエラルヒーが会話のなかにまで貫徹され、相互の非個人性どころではない。話題の変換可能性についてみれば、談話会では、トピック的なものにせよシリーズものにせよ、話し手のテーマが設定されているのだから、「自由な会話」といっても、話題はおのずからテーマと関連した内容になっていたにちがいない。

歓談は客観的成果とは「無関係」である。この重要な規準を想起してほしい。清水の談話会では、一流のスピーカーから話しをうかがっただけではもったいないので、パンフレットをつくって広く配布してはどうかという提案が何度か出たそうである。しかし清水は、有益な話しを「私たちだけのものにしておこうという閉鎖的な意識」もあって、そうしないことが「ケチ」なようだが、「大事な点であった」という。[10] その清水がかれ自身の話しを中心にして、社交をすすめる本を出版したのは、社交性に富んだ知識人の歓談にたいする理解のなさをみずから披瀝しているようなものである。くり返すようであるが、歓談は、「歓談の外にある客観的成果」とは「無関係」であり、「関係以外の何ものであろうともしない関係」を満足させればそれでよい。論理の妙味を楽しむ歓談にはほど遠いのが、日本人の会話ではなかろうか。

とどまるところを知らない勢いで進展している情報化社会は、密度の濃い、豊かな情報を瞬時に提供してくれるので、たしかに便利である。しかし情報量の多さが、一方では、個人の的確な情報選択能力をにぶらせ、他方では、社交的相互作用と歓談を不要なものにさせてしまう。個人は情報の洪水のなかに浮かぶ木の葉のようなものであり、個人同士の対面的な横の結びつきは切断されがちである。それが現代社会である。かつてのイギリスやフランスで社交性が果たした役割を、現代の社交性に期待するのは無理であろう。それでも、現代の社交性の課題は、自由な相互作用と等価関係をもとに、歓談をとおして個人のあいだに親密な横糸を織りあげることにあるといえよう。

（1）D. Riesman, R. J. Potter, and J. Watson, Sociability, Permissiveness, and Equality. A Preliminary Formulation, in: *Psychiatry*, 23, 1960, p. 330.

（2）*Ibid.*, p. 340.

（3）H. E. Aldrich, The Sociable Organization: A Case Study of Mensa and Some Propositions, in: *Sociology and Social Research*, 55, 1971, p. 435. 参照。
（4）*Ibid*., p. 431.
（5）中根千枝『タテ社会の人間関係』講談社、一九六七、五二ページ参照。
（6）清水幾太郎『「社交学」ノート』ネスコ、一九八六、四〇ページ。
（7）清水、前掲書、四九ページ参照。
（8）中根、前掲書、一七六ページ参照。
（9）中根、前掲書、一七六—一七七ページ。
（10）清水、前掲書、二二四—二二五ページ参照。

第四章　貨幣の経済社会学

一　はじめに

ジンメルの『貨幣の哲学』（一九〇〇）は、全六章から構成されており、第三章までが分析篇、第四章以降が総合篇となっている。「序言」によると、分析篇は貨幣という歴史的現象を、その諸前提としての人間の、価値感情、事物にたいする実践、および「相互性の諸関係」から展開しようとする。これにたいし、総合篇は貨幣という歴史的現象を、内的世界にたいするその諸作用において、つまり諸個人の生の感情、かれらの運命の連鎖、一般的文化にたいする作用において追究する。換言すれば、前者は、「貨幣の本質を一般的生活の諸条件と諸関係から」理解させようとし、後者は逆に、「一般的生活の本質と形成を貨幣の活動から」理解させようとする。ジンメルは、貨幣の哲学のようなものが存在すべきだとするなら、それは、「貨幣にかんする経済科学の此岸および彼岸」にのみ存在しうるとみる。だから『貨幣の哲学』では、国民経済学が「ある一つの立場」から考察する交換と交換手段などの現象が、「ほかの立場」から検討されることになる。その立場とは、ジンメルに特有な認識方法、つまり諸要素の「相互性」（Gegenseitigkeit）ないし「相互作用」を重視する「相対主義」（Relativismus）をさす。

『貨幣の哲学』がめざす研究全体の意味と目的は、きわめて日常的で具体的な貨幣を題材としながら、経済的な出来事の表層から、すべての人間的なものの、究極的なもろもろの価値と意義のなかに「一本の基準線」を引くことだけである。それでも、方法の点では、『貨幣の哲学』の意図は壮大である。なぜならその意図は、経済的諸形態そのものがいっそう深い諸評価と諸潮流の結果であり、心理学的な、いやそれどころか形而上学的な諸前提の結果であると認識されるように、「史的唯物論」（historischer Materialismus）に「基礎工事をすること」におかれているからである。(1) ジンメルによると、そうした試みは認識の実践にとっては、終わりのない相互性のうちに展開されざるをえない。それというのも、経済的形象による観念的形象のすべての解釈に、経済的形象の側がいっそう観念的な深みからとらえられるべきだとする要求が結びつかねばならず、他方では、観念的な深みにたいして、ふたたび一般的な「経済的下部構造」（ökonomischer Unterbau）が見出されねばならないといったように、果てしなくなるからである。かれは、経済生活を精神文化の原因に数えることについては、史的唯物論の「説明価値」を認める。しかしかれは、その逆の関係、つまり観念的上部構造が「経済的下部構造」に影響をおよぼす側面を指摘して、いわば両者の相互性を強調し、マルクスの史的唯物論を補正しようとするねらいをもっていた。

ジンメルより六歳年少のマックス・ウェーバーは、三年半つづいた病気から回復したあと、かれの『貨幣の哲学』を読んだ。ちなみに、ウェーバーの妻マリアンネは、病気回復後の夫について、つぎのように記している。「かれはいまやコンラートの年鑑をも読み、その上、ジンメルの貨幣の哲学を読んでいます。」(2) おそらく一九〇一年のことだろう。それから数年後に、ウェーバーはつぎの二つの論文を発表した。一つは、一九〇四年の「社会科学的および社会政策的認識の『客観性』」（M. Weber, Die »Objektivität« sozialwissenschaftlicher und sozialpolitischer Erkenntnis, 1904）。

もう一つは、一九〇四－一九〇五年の「プロテスタンティズムの倫理と資本主義の『精神』」（Die protestantische Ethik und der „Geist" des Kapitalismus, 1904–1905）である。後者がジンメルの『貨幣の哲学』の意図に刺激されて書かれた論文であることは、すでに示したところから容易に推察されるであろう。しかし、前者についても、重要な点でジンメルの影響がみられる。『貨幣の哲学』がウェーバーの思考にあたえた影響については、改めてふれようとおもう。

一九八九年の東欧革命と一九九一年のソ連社会主義経済体制の消滅によって、ウェーバーが高く評価されているのに比べれば、かれにいろいろな点で思想上の養分を提供したジンメルにたいする評価はおよぶべくもない。それでも近時、ジンメルの『貨幣の哲学』にたいする再評価のきざしがあらわれている。それに先鞭をつけたのが、一九九三年のイェーフ・キンツェレとペーター・シュナイダー編による『ゲオルク・ジンメルの》貨幣の哲学《』（*Georg Simmels Philosophie des Geldes*, hg. von Jeff Kintzelé / Peter Schneider, 1993）である。『貨幣の哲学』出版一〇〇年を記念して、二〇〇〇年には、ユルゲン・G・バックハウスとハンス－ヨアヒム・シュターダーマン編による独文と英文の二冊の本『ゲオルク・ジンメルの貨幣の哲学』（*Georg Simmels Philosophie des Geldes. Einhundert Jahre danach*, hg. von Jürgen G. Backhaus und Hans-Joachim Stadermann, 2000. *Georg Simmel's Philosophy of Money: a Centenary Appraisal*, edited by Jürgen G. Backhaus and Hans-Joachim Stadermann, 2000）が出版された。さらに、二〇〇三年には、オットハイン・ラムシュテット編の『ゲオルク・ジンメルの》貨幣の哲学《』（*Georg Simmels*

Philosophie des Geldes. Aufsätze und Materialien, hg. von Otthein Rammstedt, 2003）が刊行されている。[3] こうしたなかで、現代の視点から『貨幣の哲学』にみられる経済社会学的な分析を再検討してみるのもむだではあるまい。[4]

（1）G. Simmel, *Philosophie des Geldes*, 1900, in: David P.Frisby und Klaus Christian Köhnke (Hg.), Georg Simmel, *Philosophie des Geldes*; *Georg Simmel · Gesamtausgabe*, hg. von Otthein Rammstedt, Band 6, 1989, S. 13. 参照。

（2）Marianne Weber, *Max Weber. Ein Lebensbild*, 1926, S. 266.

（3）ちなみに、二〇〇〇年一一月、ラムシュテット教授が慶應義塾大学で開かれた「ジンメル研究会」において、「ジンメルの『貨幣の哲学』—一〇〇年」（Otthein Rammstedt, Simmels "Philosophie des Geldes" – 100Jahre）と題して講演されたのは、記憶に新しいところである。

（4）『貨幣の哲学』が「すぐれて経済社会学的な研究」であるという指摘は、すでに、『貨幣の哲学』の訳者居安正によっておこなわれている。『ジンメル著作集』3 白水社、一九七八、三七九ページ参照。

二　距離と交換 ── 経済的価値の身体 ──

ジンメルによると、事物がわれわれの使用と享受に何らかの「抵抗」を示すときにはじめて、われわれはその事物を欲求する。その欲求の内容は、それがわれわれに対立するやいなや対象となる。しかも、たんに感じられた不可入性においてだけではなく、まだ享受していないという「距離」(Distanz) においてもそうなる。そのさい、距離の主体的側面が欲求と解される。この点かれは、カントの経験の可能性は経験の対象の可能性であるという認識にふれながら、「欲求の可能性は欲求の対象の可能性である」といいかえる。そしてかれは、客体は主体からの「隔たり」(Abstand)、つまり主体の欲求が固定するとともに克服しようと努める隔たりによって特徴づけられていると考え、そうした客体を「価値」とよぶ。したがって事物は、価値があるからそれを獲得するのがむずかしいのではない。そうではなくて、「それを獲得しようとするわれわれの欲求を妨害するような事物」が、われわれにとっては「価値がある」。こうして価値形成の過程は、享受者とその享受の原因とのあいだの「隔たりの成長」とともに実現されていく。

ジンメルにとって、事物の独自の意義を認識するために肝心なのは、何といっても「距離」であり、それは、事物とわれわれの受容とのあいだに形成される。この点をふまえて、かれは、つぎのようにいう。「ここに効果のある客体の規定がそのたんなる稀少性 (Seltenheit) ── それへの被欲求性とは相対的に ── のうちにだけあるにせよ、あるいは積極的な占有の努力にあるにせよ、いずれにしても、それによってはじめて客体は、自己とわれわれとのあいだに例の距離をおくのであり、結局のところ、この距離が客体に、それがたんに享受されること以上の価値を付与するのを許す。」[1]ここには、「距離」が客体に「価値」をあたえるとみるジンメルに特有の立場が示されている。この立場がマルクス主義経済学や国民経済学の立場とはまったく異なっているのはいうまでもない。かれからみれば、主体と客体とのあいだの「距離」ないし「隔たり」が、その成長とともに「価値」、少なくとも経済的意味における価値を成立させる。おなじく「価値の客観化」が成立するのも、この「距離」との関係においてである。

「距離」の反対概念は「接近」（Annäherung）である。ジンメルは距離を動き、つまり「距離化」（Distanzierung）と表現し、「接近」との対比で貨幣の意味を明らかにしている。かれによると、「距離化」と「接近」は相互概念であって、それぞれがほかを前提としあいながら、両者は事物にたいする関係の側面を形づくっている。そしてこれを、主体的にはわれわれの欲求とよび、客体的には事物の価値とよぶ。享受された対象をふたたび欲求するには、これを遠ざけねばならない。しかしこの欲求は、遠くにある対象にたいする「接近の第一段階」であり、それにたいする最初の観念上の関係である。欲求のこうした二重の意味、すなわち欲求は、それが克服しようと努力する事物にたいする「距離」においてのみ成立しうるということ、それにもかかわらず、一般に距離の存在が感じられるためには、事物とわれわれのあいだに何らかの「近接」（Nahesein）がすでに前提されているということ、この二重性がとりわけ重要である。それというのも、ジンメルにとっては、

「経済」（Wirtschaft）は「（努力、断念、犠牲による）距離化とその同時的な克服」にほかならないからである。そのさい貨幣は、「距離化しながら、しかも同時にその距離を克服する対象」としてとらえられる。すなわち一方では、貨幣は客体を主体の消費に委ね、それを客観的に経済的な世界から遠ざけるのだから、主観的なものと客観的なものをその根源的な統一から分離させたその隔たりが、貨幣においてはいわば具象化されている。しかし他方では、貨幣の意味は、「距離と近さ（Nähe）の相関関係」と忠実に、「いつもなら到達しえないものをわれわれに近づけること」にある。(2) 貨幣の哲学的意義についてはすぐにふれるけれども、かれは「距離」とならんで、「交換」（Tausch）を価値の形成契機として重視しているので、これについてみておきたい。

ジンメルからすれば、人間相互の諸関係の多くは交換とみなしうる。それというのも、交換はもっとも純粋な、しかも同時にもっとも高められた「相互作用」だからである。しかしかれは、演説家、教師、ジャーナリストが受動的な大衆の規定的かつ指導的な反作用を感じるように、一見たんに一方的におよぼされた作用の多くが事実上、相互作用を含んでいるのを見逃してはならないと注意をうながす。相互作用をすべて交換とみなすかれは、「もちろん相互作用はいっそう広い概念であり、交換はいっそう狭い概念である」という。しかし、人間の諸関係においては、相互作用はまったく圧倒的に、交換とみなしてよい形式においてあらわれる。かれにとっては、「すべて経済は相互作用であり、しかも犠牲的な交換（aufopfernder Tausch）という特殊な意味においてそうである」(3)。そのさい決定的なことは、つぎの四つに求められる。㈠、経済的な、実践的に有効な価値は、価値一般ではなく、その本質と概念からみて「一定の価値量」である。㈡、この価値量は一般に、「二つの欲求の強さの相互的な測定」によってのみ成立しうる。㈢、この測定が経済の内部でおこなわれる形式は、犠牲と獲得との「相互的交換」（Austausch）の形式である。㈣、したがって、「経済的対象」は外面的にはそれにたいする被欲求性に絶対的な価値契機をもつようにみえるが、そうではなくて、この被欲求性が、もっぱら――現実的あるいは観念的な――相互的交換の基礎あるいは素材として、対象に価値をえさせる。これらのうち、後二者は交換を考慮した重要な点であろう。

交換とのかかわりで、ジンメルはまず、あらゆる価値におけるほんらいの価値契機がそれらのなかに対象化された「社会的に必要な労働時間」であるとするマルクスの考えをとり上げる。そして、「統一的な価値基準」の事実は、それなら労働力（Arbeitskraft）がどのようにして価値あるものになったのかをまったく未決定のままにしていると批判する。なぜなら、もし労働力がさまざまな材料において働き、さまざまな生産物をつくり出し、それによって、交換の可能性が結果として生じたのでないならば、あるいは、もし労働力の行使がその成果の獲得のために捧げられた犠牲として感じられたのでないならば、労働力が価値あるものとなるのはむずかしいからである。だから、「労働力もまた、交換の可能性と現実性によってはじめて、価値カテゴリーのなかに入れられるのであって、そのあとで労働力がこのカテゴリーの内部でそのほかの諸内容にたいする基準の役割を演じるかもしれないといった事情にはまったく関係がない」[4]。ジンメルからみれば、労働力はすべての価値の内容であるとしても、労働力が価値性格をえるのは、「交換の可能性と現実性」によるほかない。

このことは労働力に限らず、財の「有用性」(Brauchbarkeit)と「稀少性」についてもあてはまる。交換とは、財の不足から生じる不都合を改善しようとする、すなわち、一定の貯えの分配様式をとおして、可能なかぎり主観的な欠乏量を減少させようとする「個人間の試み」以外の何ものでもない。交換において実現される欲求相互の関係こそ、欲求の諸対象を「経済的価値」(ökonomischer Wert)にする。多くの価値理論の一つの誤りは、有用性と稀少性があたえられるときに、これらの価値理論が経済的価値、つまり交換運動を何か自明のものとして、概念的に必然的な結果として想定してしまうところにある。しかし逆であって、「交換そのものがはじめて稀少性を価値契機にする」(5)。だからジンメルからすれば、そうした価値理論はその点にかんしては正しくない。要するに交換は、「一つの独特の社会学的形象」(ein soziologisches Gebilde sui generis)であり、「個人間の生活の原初的な形式と機能」であって、そうした機能は、けっして有用性と稀少性とよばれる事物の質的かつ量的な性質から論理的帰結として生じるのではない。むしろ逆に、「有用性と稀少性は、交換を前提とすることによってはじめて、それらの価値形成的な意義を発生させる」(6)。交換が価値の形成契機であることが、ここから読みとれるはずである。

以上のように、ジンメルのばあい、価値の形成契機は「距離」と「交換」に求められる。「距離」の視点が哲学的だとすれば、「交換」のそれはまことに社会学的であるといってよい。経済的価値の概念が明らかにされるのは、そうした社会学的な「交換」との関係においてである。「社会」の概念についてはほかの機会にふれたので、[7]ここではその詳細を省略するけれども、かれは、交換が社会にたいしてもつ意義から経済的価値をとらえる。

社会とは超個体的な形象であるにもかかわらず、抽象的ではないものである。そうした社会によって、歴史的生活は、たんなる諸個人にそくして経過するのか、それとも抽象的な普遍性のうちに経過するのかという二者択一をまぬがれる。なぜなら社会は、普遍的なものであり、同時に具体的な「生動性」（Lebendigkeit）をもった普遍的なものだからである。ここから、事物の相対性の経済史的な現実化としての「交換」が社会にたいしてもっている、つぎのような比類のない意義が明らかとなる。すなわち、「交換は、個々の事物と個々の人間にたいするその意義とをその単一性から高めるが、しかし抽象的なものの領域へではなく、相互作用の生動性へと高めるのであって、相互作用はいわば経済的価値の身体（der Körper des wirtschaftlichen Wertes）である」[8]。たとえ対象を、それが単独でもっている諸規定について、どれほど厳密に調べようと、経済的価値は見出されないであろう。それというのも、「経済的価値はもっぱら、相互関係（*Wechselverhältnis*）のなかに存する」[9]からである。そのさい、そうした相互関係とは、それぞれがほかの対象を制約しあい、しかもほかの対象からうけとる意義をこれに返しながら、対象の諸規定にもとづいて、いっそう多くの対象のあいだにつくり出されるものである。このようにジンメルは、「相互作用」が「経済的価値の身体」であり、「経済的価値」は「相互関係」のなかにあるとみた。それでは、貨幣とは一体何なのだろうか。

（1）Simmel, *Philosophie des Geldes*, S. 43.
（2）*Ibid.*, S. 136. 参照。
（3）*Ibid.*, S. 61.
（4）*Ibid.*, S. 83.
（5）*Ibid.*, S. 84.
（6）*Ibid.*, S. 90.
（7）本書の第一章「社会科学としての社会学」参照。
（8）Simmel, *op. cit.*, S. 91.
（9）*Ibid.*, S. 92.

三　貨幣の哲学的意義と社会学的性格

ジンメルに特有な認識方法は、すでにふれたように、「相対主義」である。相対主義的な認識原理（relativistisches Erkenntnisprinzip）は、あらゆる「絶対者」を一つの「関係」に解消しようとし、この新たな関係の根拠としてあらわれる絶対者にたいしても、ふたたびおなじような態度をとる。だからそれは、休止を知らない一つの過程である。相対主義的な認識原理の結果である「発見的方法」（Heuristik）は、こうして絶対者を否認するかそれとも承認するかといった二者択一を止揚してしまう。要するに、相対主義的なものの見方とは、あらゆる孤立した存在を「もろもろの相互作用」へと、あるいは諸事物を「諸関係と諸過程」へと無限に解消していく思考方法にほかならない。

具体的な無限性のようなものは、たとえば、つぎのような仕方で考えられる。ある要素がほかの要素におよぼす作用は、後者にとっては最初のものにたいして作用を反射すべき原因となるけれども、そのように投げ返された作用そのものが、ふたたび反作用の原因となって新たに動きを開始させるとするなら、これによって、「活動の現実的な無限性の図式」があたえられる。ジンメルによると、さきの「経済的価値」の説明も、こうした相対主義的なものの見方によってもっとも広い連関のうちに組み入れられる。あらゆる認識可能な存在の根本特徴、つまり現に存在しているあらゆるものの「相互依存と相互作用」が経済的価値をうけ入れ、そしてその質料にこうした「生の原理」をあたえることによってはじめて、「貨幣の内的本質」が理解できるようになる。それというのも、「諸事物の価値は、貨幣において、諸事物の経済的相互作用と解される、そのもっとも純粋な表現と頂点を見出している」[1]からである。

それでは、貨幣の哲学的意義はどこにあるのだろうか。ジンメルは、貨幣の特徴をいくつかあげながらそれを明らかにしているので、この点をみておこう。そのさい、貨幣の素材、つまり貨幣の実体的な担い手はいっさい無視される。

まず第一に、目にみえる対象としては、貨幣は「価値ある諸対象そのものから抽象された経済的価値を身につけた身体」である。それは、語音（Wortlaut）と比較できる。語音は音響学的－生理学的な事象だが、その意味は、語音が担い、象徴する内的な表象のなかにのみあるからである。諸客体の経済的価値は、それらの客体が交換可能なものとしてとり結ぶ相互的関係のなかにあるとするなら、貨幣は、この関係が「自立へと達した表現」である。第二に、貨幣は「もっぱら『通用する』もの（das »Geltende«）」である。経済的な通用（Gelten）とは、「あるもの」に通用すること、つまりほかのあるものと相互に交換できることを意味している。ほかのすべての事物はある一定の内容をもち、それゆえに通用する。しかし、「貨幣は逆に、通用することによってその内容をもつのであって、それは、実体へと凝固した通用であり、事物そのものをもたない事物の通用である」[2]。このように貨幣は、諸事物の相対性が昇華したものなので、それ自身は相対性をまぬがれているようにみえる。

第三に、最終的に評価されるのはたんなる価値表現である貨幣ではなくて、諸対象のはずだから、価格変動は、諸対象相互の関係の変位を意味している。貨幣の純粋な機能からみれば、貨幣それ自体はかわっていないのであり、貨幣の多さあるいは少なさは、諸対象相互の関係の変位そのものがそれらの担い手から抽象され、自立的な表現へと形づくられるようになったものにすぎない。貨幣のこうした地位は明らかに、内的性質とみなされた貨幣の「無性質性」（Qualitätslosigkeit）あるいは「無個性性」（Unindividualität）とよばれるものとおなじである。貨幣は、個性的に規定された諸事物のあいだで、すべての事物にたいして、内容上はひとしい関係に立つ。だからそれは、それ自体完全に無関心（indifferent）でなくてはならない。

最後に、交換可能性との関連でいえば、経済的価値は、交換可能性によってその客観的な相互存在を獲得する。したがって、交換可能性がそもそもはじめて経済的価値を生み出す。しかも交換可能性は、交換に出されるものの「遠隔化」（Entfernung）と交換で入手されるものの接近とを一つの作用（Akt）に結合する。そうした交換可能性は、貨幣のなかに「その技術的にもっとも完成された手段」をえるだけでなく、経済的価値のすべての意義をみずからのなかに集中する固有の具体的存在をえる。それゆえ、貨幣は「交換可能性の純粋な形式」（die reine Form der Tauschbarkeit）にほかならず、それは、諸事物における要素を、あるいは諸事物がそれによって経済的となる機能を具体化しているわけである。

こうした貨幣の諸特徴をふまえて、ジンメルは、つぎのようにいう。「貨幣とは、諸事物がその意味をたがいに接しあって見出し、しかも諸事物がそのなかで浮動する関係の相互性がそれらの存在とあり方を形成するといった、普遍的な存在の公式の、実践的世界の内部におけるもっとも決定的な可視性であり、もっとも明瞭な現実性である。」(3) ここには、貨幣の哲学的意義がはっきり示されている。かれによると、たんなる関係を貨幣のような「特殊な形象」に投影させることは、「精神の偉大な業績の一つ」である。

以上からわかるように、貨幣の哲学的意義は、諸事物の「関係の相互性」を重要視する相対主義の立場からとらえられている。「貨幣の社会学的性格」(der soziologische Charakter des Geldes) も、たしかにおなじ立場からとらえられてはいる。しかし、そのばあいの視座は、「個人間の相互作用」、あるいは「もっとも純粋な社会学的事象としての、すなわちもっとも完全な相互作用としての交換」におかれる。この点に留意しながら、「貨幣の社会学的性格」を明らかにしてみよう。

ジンメルの基本的な考えによれば、あらゆる社会的形態の出発点としては、「個人にたいする個人の相互作用」だけをおもい浮かべることができるにすぎない。今日でもなお、社会的な新たな組織はこのもっとも単純で直接的な関係を基礎にして形成される。しかし、いっそう広い発展は、この相互作用する諸力の直接性を「より高次の超人格的な諸形象」の創造とおきかえる。そしてそうした諸形象は、相互作用する諸力の独立の担い手としてあらわれ、諸個人相互の関係をみずからすみずみまで支配し、しかも媒介するようになる。たとえば、慣習、法、道徳などがここでいう諸形象であって、それらは、人間がつくり出した「理念的な産物」であるにもかかわらず、逆に個人の意欲と行為から完全に超越して、いわばそれらから分離した「純粋な諸形式」としてわれわれの思考を象徴するようになる。こうしたとらえ方のうちには、生の哲学の完成へと向かうジンメルの思索の歩みが予示されている。

社会的統一を生み出す根本的な諸要素、つまり諸個人のあいだの相互作用自体は、これらのすべての諸要素がそれらの上に、あるいはそれらのあいだにある機関と関係することとおきかえられてしまう。ジンメルからみるなら、貨幣はこうした「実体化された社会的諸機能」というカテゴリーに属する。だからかれは、「交換の機能、直接的な個人間の相互作用は、貨幣とともに一つのそれ自体で存在する形象へと結晶化されている」[4]という。そのさい交換は、上位と下位、連帯、模倣などとともに、「社会化の諸形式」の一つとみなされる。それというのも、交換は「人間の社会化のもっとも純粋な、しかももっとも素朴な諸形式の一つ」であって、たんなる諸個人の並存からその内的結合、つまり社会を成立させる諸機能の一つだからである。

ところで、交換機能が商人の身分と貨幣を導くようになると、商人が交換する主体のあいだに立つのとまったく同様に、貨幣は交換客体のあいだに立つ。交換客体の等価性が直接効力をもち、交換客体の運動が客体のあいだでおこなわれていたのに代わって、いまや、交換客体のそれぞれが貨幣との「等式関係と相互交換関係」に入るようになる。商人が相互交換の具体化された機能であるとするなら、貨幣は「交換されるものの具体化された機能」である。したがって貨幣は、すでにみたところからもわかるように、「諸事物の、実体化されたたんなる相互関係」にすぎない。しかし、経済の領域では、諸事物のあいだの関係は人間たちのあいだの関係である。だから貨幣とは、「活動としての個人間の交換」が具体化し、それ自体で存在し、いわば凝固した形式にほかならない。貨幣の二重性は、たしかにきわめて具体的な実体で、しかもそのようなものとして評価された実体ではあるが、運動と機能への完全な解消のなかにのみ、その意味をもつところに見出される。そうした貨幣の二重性は、「貨幣が人間間の交換という一つの純粋な機能の具体化にすぎず、いわば化身にすぎない」[5]ということに立脚している。このようにとらえるジンメルは、貨幣の社会学的性格を「人間間の交換」から明らかにしているといってよい。

　人間をほかの動物から分離するさまざまな特殊な差異が求められてきた。すなわち、政治的な動物、道具をつくる動物、目的を設定する動物、位階的な動物、誇大妄想にとりつかれた動物などがそれである。しかしジンメルは、「おそらくこれらの系列に、人間は交換する動物（das *tauschende* Tier）であるということをつけたすことができる」[6]と強調する。それというのも、交換は「所有変更を公平（Gerechtigkeit）と結びつける最高の手段、しかもその単純性においてまことに驚くべき手段」だからである。それにしても、貨幣への道は物々交換（Naturaltausch）からはじまる。しかし、物々交換においては、客体間の価値の公平は実現されにくい。それでも、物々交換の内部で、ある単一の客体がほかの単一の客体とではなく、ほかの多数と交換されるときにはじめて、貨幣への方向が進められるとジンメルはみる。

　たとえば、ひとりの奴隷の代わりに一頭の牡牛が、一つの武器の代わりに一艘の小舟があたえられたりするばあいには、価値秤量の過程はそれぞれの客体を公分母に還元せずにおこなわれる。しかしそうした段階から、一軒の家の代わりに一群の羊が、一つの装身具の代わりに一〇本の切られた角材がうけとられるようになれば、後二者はいずれも共通の尺度となりうる。そして値段のかけ引きがおこなわれるようになるやいなや、たとえば装身具も、「一本の角材の価値」によって測定され、その価値を角材の倍数によって合成しうるようになる。これによって、二つの交換対象の価値は相互に比較できるようになる。ジンメルによると、貨幣との交換においては、この組みあわせがその最高の形式にもたらされているだけである。それゆえ貨幣とは、その単位が分割できないそれぞれの交換客体の価値にたいしても、比較できることが証明されるような、「分割可能な交換客体」(teilbares Tauschobjekt)であるとみなされる。

ジンメルからみれば、貨幣には交換をもっとも完全なものとして出現させる二つの特性がある。一つは、いまふれた「分割可能性」(Teilbarkeit)であり、もう一つは、「無制限な利用可能性」(unbeschränkte Verwertbarkeit)である。一般的に給付と反対給付とのあいだの客観的な等価がおこりうるのは、貨幣の前者の特性によってである。しかし、貨幣の後者の特性とそれから生じる時期を問わない被願望性とが、あらゆる交換を双方にとってひとしく有利にする。すなわち、一方が現物をうけとるのは、かれがいままさにそれを必要としているからであり、他方が貨幣をうけとるのも、かれが一般にあらゆる瞬間にそれを必要とするので、まさにいまそれを必要とするからである。これによって、貨幣をめぐる交換は、双方の当事者にかれらの満足の水準の上昇をもたらす。

現物交換のばあいは、しばしば一方のみが客体の獲得ないし売却への特殊な関心をもつにすぎない。たしかに交換は、所有変更の一方的な利益をこえてあらわれる「重大な文化問題の解決」のための、これまでにもっとも完全な形式である。すなわち、客観的にあたえられた価値量はその担い手のたんなる変更によって、主観的に感じられた価値のいっそう高い量へと形成される。これは、価値の本源的な創造とならんで、「社会的な合目的性」にとっては、明らかに課題そのものである。その点ジンメルは、貨幣がこの課題の解決に役立つのを知るばあい、貨幣が演じる「技術的役割」が示されているとみる。そうした貨幣の役割は、交換がこの課題を解決させるための「本質的な社会的様式」であり、「交換そのものが貨幣のなかに身体をあたえられている」ことにもとづく。(7)

人間を「交換する動物」と考えるジンメルは、物々交換から貨幣への道をさぐるとともに、交換が貨幣によって完全になる根拠を社会学的に解明しているといってよい。それというのも、かれは交換を「もっとも純粋な社会学的事象」、つまり個人間の相互作用とみなし、貨幣による交換が双方の当事者の満足の水準を上昇させるのに寄与するとみているからである。貨幣についていえば、経済学はそれを価値尺度、交換ないし支払手段、価値貯蔵手段ととらえて自明のものと前提し、それがもつ人間社会における根本的な意味を問おうとはしない。これにたいして、ジンメルのばあいは、貨幣も相対主義の立場からとらえ直され、「人間間の相互作用の一つの形式」、それゆえに「完全に一つの社会学的現象」として把握される。「要するに、貨幣は人間たちの関係、相互依存性の表現であり、しかも手段なのである。(8)」このように述べるかれの貨幣にかんする洞察は、交換理論に基礎づけられた経済社会学的な分析であるといえる。(9)

（1）Simmel, *Philosophie des Geldes*, S. 121.
（2）*Ibid.*, S. 124.
（3）*Ibid.*, S. 136.
（4）*Ibid.*, S. 209.
（5）*Ibid.*, S. 212.
（6）*Ibid.*, S. 385.
（7）*Ibid.*, S. 389. 参照。
（8）*Ibid.*, S. 179.
（9）B・マリノフスキー、M・モス、ジョージ・C・ホーマンズ、ピーター・P・エケ、ピーター・M・ブラウ、アルヴィン・W・グールドナーなどをとり上げながら、社会学の立場から「ジンメルが交換理論の先駆者であった」ことを明らかにした論文としては、Yoshio Atoji, An Unnoticed Exchange Theory, 1984, in: David Frisby (ed.), *Georg Simmel : Critical Assessments*, Vol. II, 1994, pp. 297–316. 参照。

四　社会主義への原理的な予審

東洋人にみられた純粋な金と銀の蓄積にたいする臣民の情熱は、貨幣鋳造特権を税源として利用した君主の国庫至上主義にたいする必然的な対応物であった。これにたいし、西洋の中央集権的－専制国家においては、たしかに政府の関心はなお大量の貨幣実体をとり込むことに向けられてはいた。とはいえ、貨幣の獲得の最終目的が貨幣の実体的な所有のなかにではなく、産業の繁栄などのための、貨幣の生産的な利用のなかに求められていたのは、国家団体の首長と構成員とのあいだの相互作用、国家存在そのものの活気と対応している。ジンメルによると、そのあとで、自由主義的な諸傾向が国家生活をますます自由な流れ、ますます何の束縛もうけない柔軟性、ますます不安定な諸要素の均衡へと導いたときに、アダム・スミスの理論にたいする実質的な基礎があたえられた。すなわちその理論とは、金と銀はたんなる道具であり、炊事道具にほかならないこと、しかも、炊事道具をふやしてみても食糧がふえるわけでもないのとおなじように、金銀の輸入はそれ自体としては、国々の豊かさを高めるわけではないというものである。ジンメルは、こうした「アダム・スミスの見解をもって、本書で主張されている貨幣理論への方向が進められている」[1]と告白している。『貨幣の哲学』のなかで、かれが「分業」についてしばしばふれているのも、スミスの影響とみてよい。

それにしても、無政府主義的な理想を可能にするほど、古い諸秩序が解体したとき、スミスのこうした貨幣理論の方向も、無政府主義的な理想のなかで、当然その極端に達した。プルードンは、あらゆる堅固な国家形態を廃止して、諸個人の自由な直接的相互作用を社会生活の比類のない正しい形式として高く評価し、貨幣一般の使用と戦った。そうした極端な見解は、ジンメルにとっては承服しえなかったにちがいない。なぜならかれは、「貨幣はおそらく、人間が『道具をつくる』動物であるということのもっとも決定的な証拠であり、しかも表現である」(2)とみているからである。しかしかれは、マルクスのいわゆる「労働価値説」(Arbeitstheorie des Wertes / Arbeitswerttheorie)と、「社会主義的な計画のなかで姿をあらわす『労働貨幣』(»Arbeitsgeld«)の概念」については、「原理的な問題」のレヴェルから批判を展開している。この点を明らかにするに先立って、ジンメルが社会主義をどのようにとらえていたのかをはっきりさせておこう。

かれからすれば、おそらく社会主義的な理想の力は、一部は「貨幣の完全な無情性(Herzlosigkeit)」にたいする反動に由来する。それというのも、その理想は、貨幣制度に戦いを宣告することによって、集団にたいする個人の孤立化を廃止し、しかも同時に、集団にたいする親密な、かつ熱狂的なすべての感情に訴え、個人のなかに集団をよみがえらせようとするからである。もちろん社会主義は、生活の合理化をめざし、偶然的で比類のない生活の諸要素を悟性の合法則性と計算によって支配しようとする。それにもかかわらず、社会主義は同時に、はるか昔の時代の遺産としてなお心の片隅に眠っているような、「おぼろげな共産主義的本能」と親和的である。ジンメルは、心理的な所在地がたがいに両極的に対立しているこうした動機の二重性に、つまり、一方では「合理主義的な貨幣経済のもっとも表面的な発展の所産」としてあらわれ、他方では「もっとも未分化な本能と感情生活との具体化」としてあらわれる動機の二重性に、社会主義の魅力の特性をみぬいた。だからかれは、「社会主義は合理主義であり、しかも合理主義への反動である」[3]という。社会主義にひそむ動機の二重性から、かれは社会主義の本質をとらえていた[4]。

ジンメルのみるところでは、「労働価値説」は、肉体労働（Muskelarbeit）にも精神労働（geistige Arbeit）にも平等に妥当する労働概念を求め、そのさい事実上は、すべての労働一般の基準として妥当すべき第一義的な価値あるいは価値生産者としての肉体労働にたどりつく。労働への精神の関与については、何よりもまず、つぎのように説かれる。精神はまったく「消費」ではないのであって、それは、消費のためにいかなる補充も必要とせず、それゆえ生産物の費用を高めない。だから交換価値（Tauschwert）を基礎づけるものとしては、ただ肉体労働だけが残されている。こうした主張にたいして、ジンメルはそもそも価値と消費としての肉体労働が何にもとづいて妥当するかに注視するなら、肉体労働はけっして純粋に肉体的な力仕事ではないことが明らかになると反論する。すなわち、「肉体労働は、その価値と貴重さの全体的な音調を心的なエネルギーの消費によってのみえる」[5]のである。このようにとらえるならば、すべての労働価値を肉体労働の価値に還元することは、その粗野な、しかも平民的な性格を奪われざるをえない。価値にかんしては、「肉体労働は心的な労働（psychische Arbeit）である」というのがジンメルの考えの要点である。

精神労働についていえば、心的な活動はきわめて多くの有機的な力を消費する。この力の補充は、肉体労働者が必要とするたんなる多量な生活手段だけによっては達成されえない。なぜならジンメルは、身体の受容能力は養分の量にかんしてはかなり狭く限定されており、おおむね精神労働のばあいには、高められるよりも、むしろ低められるとみているからである。それゆえ力の補充は、一般にはただ生活維持と一般的生活諸条件との集中化、洗練化、個人的順応によってのみおこなわれうる。かれによると、精神労働が肉体労働よりも、その必要条件をはるかに多く生活の全体のなかに広げ、はるかに広大な周辺の間接的関係によってとり囲まれているといった状態は、いっそう本質的であるけれども、あまり知られていない。

以上のような前提に立つなら、補われるべき価値の側面からみると、精神労働と肉体労働のあいだの相違は、心的性質と物的性質のあいだの相違ではなくなる。むしろ、肉体労働のばあいにおいても、結局は労働の内面、苦労の不快、意志力の集中にもとづいてのみ、報酬が要求できるにすぎない。そうした精神性は、労働の「内的価値」(Binnenwert)をなすもので、けっして知的ではなく、「感情と意志」のうちにある。

ここからジンメルは、労働の内的価値は精神労働の内的価値と同等ではなく、精神労働をも基礎づけると推論する。なぜなら、もともと精神労働についても報酬の要求をつくり出すのは、精神的過程の客観的内容、人格から解放されたその結果ではなく、意志に導かれた、精神労働の内的価値を担う主観的機能、例の精神的内容の生産に必要とされる労働の苦労、エネルギーの消費だからである。「こうして、たんにうけとる人の側からだけでなく、あたえる人の側からもまた、価値の原点として心の行為（Tun der *Seele*）が姿をあらわすことによって、肉体労働と『精神』労働は、一つの共通の、――道徳的ともいいうる――価値を基礎づけている下部構造を含むのであって、この下部構造によって、労働価値一般の肉体労働への還元は、俗物的な、しかも容赦なく唯物論的なその外観を失う。」[6] マルクスの用語法では、「下部構造」といえば、社会の経済的な土台、つまり生産力を支える生産諸関係をさす。しかし、ジンメルはそれを逆手にとって、肉体労働と精神労働の価値を基礎づける共通の「下部構造」として「心の行為」を強調し、労働価値一般を肉体労働へと還元しようとしたマルクスの労働価値説を批判しているわけである。まして、労働の有用性には相違があるのだから、かれは、「すべての価値は労働である」という倫理的にはおそらく根拠づけうる公準が、「すべての労働は価値、つまりおなじ価値である」という命題に逆転されるならば、それは誤った結論であるとみなす。

　社会主義と労働貨幣を検討するさい、ジンメルはまず、マルクスが『資本論』第三巻でくわしく説いた、「あらゆる価値の条件は労働理論のばあいでも使用価値（Gebrauchswert）である」という点をとり上げる。しかしかれからみれば、それは、それぞれの生産物には、その有用性の意義との関係で、その生産物に生じるのとまさにおなじ大きさの社会的総労働時間の諸部分が使用されていることを意味している。それゆえ、いわば「社会の質的に統一的な総需要」が想定されており、それぞれの生産領域で、その領域によって限定された総需要の一部が正確にまかなわれるだけの労働がおこなわれてはじめて、「あらゆる労働の有用性の同等性」が達成される。たしかにこうした前提のもとでは、もちろんいかなる労働もほかの労働とおなじように有用であろう。なぜなら、たとえばピアノ演奏が機関車製造よりも有用性の少ない労働だと考えられるなら、それはただ、現実の需要に応じるよりもいっそう多くの時間がそのために使われているからである。ピアノ演奏が現実の需要によって指示される程度に制限されるのであれば、それは、機関車製造と正確におなじ価値をもつだろう。機関車製造についても、事情はおなじであって、それにたいする需要よりも多くの時間が使われれば、有用ではなくなる。

こうした例をあげながら、ジンメルはマルクスの仮定にそくして考えれば、「原理的にはいかなる使用価値の相違もまったく存在しない」[7]ことになると力説する。それというのも、ある生産物がほかの生産物よりも一時的に少ない使用価値をもつとすれば、人は、たんにその生産物のカテゴリーにおける労働を、つまりその生産の量を、それに向けられた需要がほかの対象に向けられた需要とまったくおなじ強さになるまで引き下げればよいからである。ただそうした条件のもとでのみ、「労働は生産物の価値量を正確に表現することができる」ようになる。労働貨幣が成立しうるのも、この延長線上においてであるにちがいない。

このような考察をふまえて、ジンメルは、「あらゆる貨幣の本質」がその無条件的な「代替可能性」(Fungibilität) にあるとした上で、労働貨幣が存在するためには、労働にこの代替可能性があたえられなければならないと主張する。そしてそれは、たったいま述べた仕方でのみ、すなわち労働につねにおなじ有用性の度合いがあたえられるといった仕方でのみ生じうる。しかもそれはふたたび、それぞれの生産部門のための労働を、この労働にたいする需要をほかのそれぞれの労働にたいする需要と正確におなじ大きさになる程度まで引き下げることによってのみ達成できるようになる。そのさい、実際の労働時間がいっそう高く評価されたり、いっそう低く評価されたりするであろうが、人は、つぎの点を確信するだろう。すなわち、いっそう高い価値は生産物のいっそう高い有用性に由来し、時間あたりにして比例的に濃縮された労働量を示すということ、あるいは逆に、労働の濃縮化にもとづいて一時間にいっそう高い価値があたえられるやいなや、時間もまたいっそう高い有用性の量を含むということである。

ところが、ジンメルからみると、そうした確信が実現されるには、「すべての生産物にたいする需要と労働要求とについての絶対的な知識のもとで、すべての労働が計画的におこなわれるような、完全に合理化された、しかも神の摂理による経済秩序」を、したがって社会主義がえようとするような秩序を前提とせざるをえない。しかしかれは、「こうした完全にユートピア的な状態への接近は、直接に不可欠なもの（das unmittelbar Unentbehrliche）だけが、まったく問題なく生活に属するもの（das ganz indiskutabel zum Leben Gehörige）だけが一般に生産されることによって、技術的には可能であるにすぎないようにおもわれる」(8)という。かりにそれが技術的に可能となれば、たしかにすべての労働はほかの労働とまさにおなじように必要となり、有用となるだろう。

しかし、一方では需要と有用性評価が不可避的に「いっそう個人的」となり、他方では労働の強度を確定するのが「いっそう困難」になるような、より高い領域へと上昇するやいなや、生産量のいかなる規制によっても、需要と使用される労働とのあいだの関係がどんなばあいでもおなじであるといった状態は生じえなくなる。こうしてジンメルは、「この点において、社会主義にかんするすべての熟考の糸が錯綜する」と断言する。社会主義においては、労働貨幣による文化の危機は、たいていの人びとが判断するほどけっして「直接的」ではなく、むしろ文化の危機は、事物の評価根拠としての事物の有用性を、その価値の担い手としての労働との関係で恒常的に維持することの「技術的な困難」に起因する。

ジンメルの予見したところでは、「この困難は生産物の文化的高さに比例して増大し、しかも、その回避はもちろん生産を、もっとも原始的な、もっとも不可避的な、もっとも平均的な客体へとおし下げるにちがいない」[9]。かりに労働貨幣に拘泥しないとしても、ジンメルのこうした洞察は、社会主義経済が冷戦構造のなかで軍需生産を優先させ、肝心な生活必需品の生産と文化の面で停滞し、消滅せざるをえなかった事実をみれば、今日改めて注目されてよい。ソ連社会主義経済は、かれの指摘よりもさらに悲惨な状態、つまりいつ手に入るかどうかもわからない食糧や生産物をじっとまたざるをえないほど末期的な状態に陥っていた。労働貨幣は現実には採用されなかったけれども、それは、あらゆる貨幣の特性、つまり単位性、代替可能性、どこでも拒否されない通用性をもつにちがいないので、これまでの貨幣よりも、「生の諸内容の分化と人格的発展」にとって「いっそう危険になるだろう」というのがジンメルの警鐘であった。

ところで、マルクスは初期の著作一八四四年の「経済学‐哲学草稿」のなかで、ゲーテの『ファウスト』とシェイクスピアの『アテネのタイモン』から貨幣にかんする叙述を引用している。そのさい、かれは後者によりながら、貨幣をつぎのように特徴づけた。すなわちそれは、「諸個性を反対のものにかえたり、それらの特性に矛盾する特性をあたえたりするような、諸個性の一般的な逆転」であり、個人と社会的な絆に敵対して、「逆のものにかえる力」としてあらわれる。「こいつがこんなにたくさんあれば、黒を白に、醜を美に、邪を正に、老を若に、怯を勇に、賤を貴にする」といったシェイクスピアをうけて、マルクスは、貨幣が愛を憎しみに、憎しみを愛に、徳を悪徳に、悪徳を徳にかえてしまうと嘆く。しかしかれは、「人間を人間として、しかも世界にたいする人間の関係を人間的な関係として前提してみよ。そうすれば、あなたは愛を愛とのみ、信頼を信頼などとのみ交換できる」(10)と情熱的に述べている。若きマルクスは、貨幣のない世界を渇望していたとみてよいだろう。

一方、『資本論』に目を転じれば、そこでも貨幣にたいする懐疑的な見解がみられる。たとえば、貨幣の外観からは、それに転化した商品がどんな種類のものかはわからず、商品の貨幣形態においては、どれもこれもまさにおなじにみえるとした上で、マルクスは、つぎのようにいう。「それゆえ、汚物は貨幣ではないが、貨幣は汚物であるかもしれない。」(11)また、つぎのような個所も見落としてはならない。「貨幣がオジエのいうように、『ほおに生来の血のあざをつけて生まれる』とするならば、資本は頭からつまさきまで、すべての毛穴から血と汚物をしたたらせながら生まれる。」(12)資本にかんする部分は、剰余労働の搾取と解すれば、理解できなくはない。しかし、オジエを引用しているとはいえ、貨幣にかんする個所からわかるように、あれほど論理的な思考を展開したマルクスも、こと貨幣にかんしては、否定的な感情を吐露してはばからない。この点、『資本論』を熟知していたジンメルは、貨幣には「血がくっついている」とか、呪いがこびりついているといった考えは「感傷」にすぎないと手厳しい(13)。

ジンメルは、イギリスの個人主義的な社会形式が貨幣制度の発展において大きくなったのにたいして、貨幣制度が社会主義的な諸形式の先駆者としてあらわれるのは、貨幣制度が弁証法的な過程によって、その否定としての社会主義的な諸形式へと転化するという意味においてだけではないとみる。「われわれが多くの個所でみたように、特殊貨幣経済的な状況は、社会主義によって求められた略図ないしは典型の役をまったく直接に演じるのである。(14)」ここからわかるように、かれは、「貨幣経済的な状況」が社会主義にもそのまま貫徹されると予測していたわけである。貨幣経済はそれを否定しようとしても、「社会主義的な状態にたいするその形式的な関係において」、みずからを示さざるをえない。そうかれはみていた。「生活の様式にたいする貨幣の意義」は、「廃棄されるのではなく、高められ、論破されるのではなく、実証される」のである(15)。社会主義の歴史そのものがこの事実を証明したのだから、一九〇〇年に下されたジンメルの経済社会学的な予審は、きわめて注目に値するものであり、再評価されてよいだろう。

では、ジンメルはどのような点に貨幣の積極的な意義を見出していたのだろうか。これについて、総合篇を中心としながら明らかにしてみたい。

（1）Simmel, *Philosophie des Geldes*, S. 208.

（2）*Ibid.*, S. 264.

（3）*Ibid.*, S. 469.

（4）ジンメルの社会主義への言及ないし批判は、『社会学の根本問題』のほかに、G. Simmel, *Die Probleme der Geschichtsphilosophie*, 1892, 4. Aufl., 1922. G. Simmel, Soziologische Ästhetik, 1896, in: Michael Landmann (Hg.), Georg Simmel, *Brücke und Tür*, 1957. などのうちにもみられる。

（5）Simmel, *op. cit.*, S. 582.

（6）*Ibid.*, S. 585f.

（7）*Ibid.*, S. 588.

（8）*Ibid.*, S. 589.

（9）*Loc. cit.*

（10）K. Marx, Ökonomisch-philosophische Manuskripte, 1844, in: *Karl Marx·Friedrich Engels Werke*, Ergänzungsband, *Schriften · Manuskripte · Briefe bis 1844*, Erster Teil, 1968, S. 567.

（11）K. Marx, *Das Kapital*, Band I, 1867, 1968, S. 124.

(12) *Ibid.*, S. 788.

(13) Simmel, *op. cit.*, S. 609. 参照。

(14) *Ibid.*, S. 692.

(15) *Ibid.*, S. 654. 参照。

五　社会学的相関関係と貨幣

ジンメルは『貨幣の哲学』分析篇第三章「目的系列における貨幣」(Das Geld in den Zweckreihen) のなかで、近世前期のドイツの工匠歌人ハンス・ザックスが一般的な意見の代弁者に、つぎのような結論を引き出させている点に着目する。「貨幣はこの世では地上の神である。」ジンメルによると、こうした意見のすべての広がりは、貨幣が「絶対的な手段」であり、まさにそれゆえに、「絶対的な目的」にまで高まるという貨幣の地位にかんする根本動機へとさかのぼる。唯一の絶対的なものは、「諸事物の相対性」であるといわれてきたけれども、貨幣は、そうした相対性の「もっとも強力かつもっとも直接的な象徴 (Symbol)」である。なぜなら貨幣は、実体における経済的諸価値の相対性、つまり「諸事物の価値関係の機械的な反映」として、すべての個々の価値の意義なのであり、この意義を、貨幣はほかの価値の獲得のための手段としてもつからである。しかし現実には、手段としてのこのたんなる意義は、その個々の具体的な担い手からは解放されている。「しかし、まさにそれゆえに、貨幣は、心理学的には一つの絶対的な価値になることができる。」[1]なぜなら貨幣は、相対的なものへの解消を恐れる必要がないからである。このようにかれは、「道具のもっとも純粋な形式」である貨幣が「絶対的な手段」から「絶対的な目的」、つまり「究極目的」へと成長していく秘密を解き明かした。

ジンメルが貨幣の積極的な意義について論じたのは、この第三章につづく総合篇第四章「個人的自由」（Die individuelle Freiheit）と、第六章「生活の様式」（Der Stil des Lebens）においてである。ここでは、第四章を中心として、どんなところに貨幣の積極的な意義があると考えられたのかについて、みておきたいとおもう。

自由がたんなる関係の欠如ではないとみなすジンメルは、自由を、「他者にたいするまったく特定の関係」として把握する。そうした他者は、かれらがどうでもよいものでありうるためにも、何よりもまずそこに存在し、知覚されなくてはならない。だから「個人的自由とは、けっして孤立した主体の、純粋に内的な性質ではなく、むしろ、いかなる担い手もそこにいないのならばその意味を失う相関現象（Korrelationserscheinung）なのである」[2]。かれは、個人的自由をこのように社会学的にとらえながら、貨幣経済がたんに相互依存を解消するだけでなく、「特殊な種類の相互依存」をも可能にし、そうした相互依存が、同時に発生する最大の自由に余地をあたえるとみる。貨幣はどうかといえば、それは、一方ではその無限の柔軟性と分割可能性とによって、「経済的依存関係」（ökonomische Abhängigkeiten）の多くをもたらし、他方ではその無差別で客観的な本質によって、人間間の関係から「人格的な要素をとり除くこと」を助長する。

ジンメルによると、経済もまた、仕事の人格的な側面と物的な側面とが未分離の状態からはじまる。そうした無差別はやがてしだいに分裂し、生産、生産物、販売などから人格的な要素がますます後退していく。しかし、この過程が個人的自由をはぐくむ。自然がわれわれにとっていっそう客観的に、いっそう事実的に、いっそう固有－合法則的になるにつれて、個人的自由も発展する。それとおなじように、個人的自由は、経済的宇宙の客観化と脱人格化とともに高まる。経済がその完全な拡大、複雑化、内的な相互効果にまで発展することによってはじめて、人間相互の例の依存が成立する。この依存は、人格的な要素を締め出すので、完全に関係の欠如がなしうるよりも、個人にいっそう強く自己にもどるよう命じ、かれの自由を積極的に意識させる。したがってジンメルは、「貨幣はこのような関係の、絶対にふさわしい担い手である」[3]という。それというのも、貨幣は、人間のあいだに関係をつくり出すが、人間を関係の外部に放置するからである。経済の発展と同様に、貨幣もまた、人格的な要素を極力排除する方向に働く。けれどもジンメルは、逆に、現物納付から貨幣弁済への移行などを例にあげながら、貨幣がつくり出す人格的な要素をぬきにした依存関係こそが、個人にとっては、人格と自由が羽ばたくための背景だと考えた。

すでにジンメルは、一八九〇年の『社会的分化論』のなかで、つぎのようにとらえていた。労働者にとって、かれの顧客圏が人格的によく知られ、親しいものであればあるほど、労働者は、かれの人柄と倫理的関心を労働のなかにいっそう多く投入するようになる。しかし、それはまさにいっそう小さな状況においてだけおこりうる。「労働者がそのために働く集団の大きさが増大し、かれがそれによってこの集団に対抗できるにすぎない無関心が増大するにつれて、経済的な利己主義(wirtschaftlicher Egoismus)を制限していた多種多様な要因はなくなる。」[4]つまり、集団の拡大と無関心の増大が、「経済的な利己主義」を生むわけである。そのさい、貨幣の積極的な意義については論じられていないけれども、見逃してはならないのは、集団の拡大が一定の範囲をこえれば、個人をいっそう自己自身に立ち返らせ、個性を発達させるとするジンメルの洞察である。この卓見は、『貨幣の哲学』のなかで、貨幣と関連づけてさらに展開されているだけでなく、そこから貨幣の積極的な意義が導き出されているので、とくに留意されてよい。

『貨幣の哲学』第四章の後半で、ジンメルは、「人間と事物のあいだの分離過程」が人間の内部の分化としても示されるとした上で、貨幣が人格の全体から経済的業績を分離させるかぎり、貨幣の作用は「個々の人格の原子化、人格の内部で進行する個別化」にあるとする。しかしこれは、個人のなかへ継続された社会全体の傾向にすぎない。貨幣は、個体の諸要素にたいしてとおなじく、とりわけ社会の諸要素、つまり諸個人にたいしても影響をおよぼす。貨幣は他者の業績への指示だからである。貨幣経済以前の時代には、個人は、かれの集団が直接の頼りであったし、奉仕の相互的交換は、各人を緊密に全体と結びつけていた。これにたいして、貨幣経済のもとでは、各人は貨幣というわば「圧縮された、潜在的な形式」によって、他者の業績にたいするかれの欲求をもち歩く。かれは、それをいつどこで効果あるものとするかの選択をおこない、それによって、以前の相互交換形式が生み出した関係の直接性を打破してしまう。「直接的な集団利益にたいして、個人に新たな自立（Selbständigkeit）をあたえるこうした貨幣のきわめて重要な力は、けっして自然経済と貨幣経済とのあいだの根本的な対立のさいだけでなく、貨幣経済の内部においてもあらわれる。」(5) ここからわかるように、ジンメルは、貨幣の意義が「集団利益にたいして、個人に新たな自立をあたえる」ところにあるとみている。もうすこし視野を広げて表現すれば、貨幣の意義は、「集団一般にたいする諸個人の関係」を独立させる点にある。

しかしそれにとどまらず、貨幣が集団にたいする個人の新たな結合様式をもたらすのも事実である。貨幣経済は無数の結社（Assoziationen）を可能にするけれども、それらの結社は、その成員に貨幣での寄与を要求するだけか、あるいはたんなる貨幣への関心を目ざめさせるにすぎない。株式会社（Aktiengesellschaft）がその最たるもので、ここでは、株主の結合点はもっぱら配当への関心にある。会社が何を生産していようと、それは、おそらくそれぞれの個人にとってはどうでもよい。この事例にもとづいて、ジンメルは、つぎのような「もっとも影響の大きい文化的形成」があたえられると指摘する。個人は結社に参加して、その客観的な目的を要求ないし享受するが、その結社は、人格にたいしては何らの束縛ももたらさないという可能性である。こうした可能性が現実のものとなったのも、貨幣によってである。かれによれば、「貨幣は、人が人格的な自由と遠慮を何ら放棄する必要なしに、他者と結合しうるようになるということを生じさせた」。(6) かれはここに、「中世的な統合形式」との根本的な相違を求めるとともに、貨幣の積極的な意義を見出している。そのさい、自由とのかかわりで貨幣の意義がとらえられているのを忘れてはならない。

集団の拡大との関連でみれば、貨幣の積極的な意義はどこにあるのだろうか。ジンメルが「もっとも包括的かつもっとも徹底的な社会学的規範の一つ」としてあげているのは、「集団の拡大がその個々の成員の個性化および自立化と手をたずさえて進む」という事態である。(7) すなわち、社会の進化は比較的小さな集団とともにはじまるのがつねであって、その集団は、その諸個人を厳格な束縛と同質性において保持するが、それが比較的大きな集団へと移行すると、その大きな集団は、その諸個人に自由、独立存在、相互の分化を許すようになる。家族形態と宗教団体の歴史、経済団体と政党の発展が、いたるところでこうした類型をあらわしているとかれは指摘する。「それゆえに、個性の発達にたいする貨幣の意義は、貨幣が社会諸集団の拡大にたいしてもつ意義ともっとも密接な関係にある。」(8) 人間たちがたがいに関係しあうことが多ければ多いほど、かれらの「交換手段」は、「それだけいっそう抽象的かついっそう普遍妥当的でなければならない」。(9) そして逆に、そのような交換手段が一度つくり出されると、その交換手段は、通常なら近づきがたい遠方との意思疎通を可能にし、もっとも多種多様な人格をおなじ行為へと引き入れる。さらにそれは、かれらの空間的、社会的、人格的、そしてそのほかの関心の隔たりのゆえに、ほかのどんな集団化へももたらされなかった人びととの相互作用と、それによる統一化を許す。(10)

ジンメルは、貨幣経済、個性化、および社会圏の拡大（Vergrößerung des sozialen Kreises）がいかに密接な相関関係にあるかを示しているのは「商業（Handelsgewerbe）の性格」だという。商業は、一方では貨幣経済の浸透と、他方では関係の拡大、つまり原始時代の狭い、自足的な集団をこえる広がりと明白な関連をもつ。商業は、「個人的な性格」を強くもっており、手工業ほど複雑な技術や農業ほど伝統的に確定された技術をまったく必要としない。だから商業従事者は、ほかの生業類型に妥当するのとおなじ程度には、指導、個人的かつ客観的な伝統、相続などに依存しなくてすむ。「商業の技術」は、さまざまな集団の境界を突破する行商人に、貨幣経済の開拓者に、ほかの職業との協定と融合から遠ざかり、かれの個人的な能力と賭けを頼りにすることを容易にさせる。

このように商業を評価するジンメルからみると、貨幣は、「交換の絶対的な担い手かつ具体化」として、経済の拡大の「媒体」（Vehikel）である。貨幣はまた、「その絶対的な可動性（Beweglich-keit）」によって、圏のもっとも大きな拡張を人格の自立化と結びつける紐帯としても機能する。小さな圏が「同等性と統一性」によって保持されるのにたいして、大きな圏は「個性化と分業」によって保持される。そのさい貨幣は、抽象的な形象としては、相対的に大きな圏の「経済的相互作用」からつくり出される。しかし他方では、貨幣は、そのたんなる量的性格によって、すべての個別要求、すべての個人的業績の価値、すべての人格的な傾向を、もっとも正確に、しかも機械的に表現するので、「経済的なものにおいてはじめて、集団の拡大と個性の発達とのあいだの、例の普遍的な社会学的相関関係（soziologische Korrelation）を完成する」[11]。すでにふれたように、ジンメルは『社会的分化論』において、集団の拡大が個性を発達させることについては論証ずみであった。それをふまえてかれは、『貨幣の哲学』第四章では、貨幣の積極的な意義が「集団の拡大と個性の発達」とのあいだの「社会学的相関関係」を完成させるところにあるとみた。

（1）Simmel, *Philosophie des Geldes*, S. 307.
（2）*Ibid.*, S. 397.
（3）*Ibid.*, S. 404.
（4）G. Simmel, *Über sociale Differenzierung*, 1890, in: Heinz-Jürgen Dahme (Hg.), Georg Simmel, *Aufsätze 1887 bis 1890. Über sociale Differenzierung. Die Probleme der Geschichtsphilosophie (1892)*; *Georg Simmel · Gesamtausgabe*, hg. von Otthein Rammstedt, Band 2, 1989, S. 186.
（5）Simmel, *Philosophie des Geldes*, S. 463.
（6）*Ibid.*, S. 465.
（7）*Ibid.*, S. 469. 参照。
（8）*Ibid.*, S. 469f.
（9）*Ibid.*, S. 470.

(10) 以上のようなジンメルの見解は、奇しくもほぼ一世紀をへて、その正しさが実証されたといえるのではなかろうか。それというのも、一方で、一部例外はあるものの、二〇〇二年一月一日から「ユーロ」が欧州市民のあいだで流通しはじめ、他方で、欧州連合の「社会統合」が話題をよんでいるからである。

(11) *Ibid.*, S. 476. 参照。

六　生活と貨幣 ――象徴としての貨幣――

『貨幣の哲学』をみるかぎり、ジンメルは、貨幣の否定的な作用についてはほとんど述べていない。かれは終始、貨幣の有効な機能に注視し、その積極的な意義を明らかにしようと努めている。第六章「生活の様式」についても、それがあてはまる。とりわけその第三節では、生活の様式にとっての貨幣の意義が、つぎの三つの「類推」によって鮮明にされている。すなわち、「距離」、「リズム」（*Rhythmus*）、「速度」（*Tempo*）がそれである。

まず、距離との類推をとり上げてみよう。ジンメルによると、環境にたいする近代人（moderner Mensch）の関係は、かれがかれのもっとも近い圏をいっそう遠くへおしやり、いっそう遠くの圏により接近するといったようにして発展する。家族関係の増大する弛緩にみられるように、近代人は、もっとも近くにあるものへの距離をいっそう広げ、もっとも距離あるものへいっそう近づいていく。こうした二重の過程において貨幣が果たす役割は、「距離の克服」（*Überwindung der Distanz*）にあるとかれは強調する。

たしかに、価値の貨幣形式への翻訳のみが、利害関係者の空間的距離をまったく問題にしない利害の結びつきを可能にする。しかし、近代の生活のいっそう広範な一定の形式は、「貨幣取引による距離化」にもとづいている。何よりも、貨幣取引は人びとのあいだに障害をおく。二人の当事者の一方のみが、かれの欲したものを獲得し、かれの特殊な感情を満たすが、他方は、ただ貨幣のみをえて、第三者においてかれのほんらい欲するものを求めなくてはならない。両者のそれぞれがまったく異なった種類の利害をもって取引に入ることは、利害の対立がはじめから引き起こしていた敵対に「新しい疎遠さ（Fremdheit）」をつけ加える。貨幣が必然的に取引の首尾一貫した客観化を、すべての人格的な色彩と方向との排除を伴うという事実は、ほかの事実、つまり貨幣をめざす関係の数がたえず増大し、人間の人間にとっての意義が貨幣的な利害へとますます後退していく事実と結びついて、おなじような意味において作用する。

こうして、人びとのあいだに「内的な限界」が成立するけれども、この限界のみが、「近代の生活形式」を可能にする。それというのも、大都市の交流の相互の雑踏と多様な混雑とは、「心理的な距離化」がなければまったく耐えられないだろうからである。ジンメルが、つぎのように述べるのも、そうした状況をふまえているからである。「明白なものか、数千の姿に粉飾されたものか、そのいずれか一方の、関係の貨幣的性格（Geldhaftigkeit der Beziehungen）は、人間たちのあいだに目にみえない機能的な距離をすべり込ませ、この距離が、われわれの文化生活（Kulturleben）のあまりにも窮屈な近さと摩擦にたいする内的な防御と調整になる。」[1]「文化生活」をも射程にすえて、貨幣の意義を距離との類推で明らかにしているこの一文からは、微視社会学者としてのジンメルの鋭い視線が感じられよう。

ジンメルの信じるところでは、生存の全意味をとらえきれない「ひそかな不安」は、現代の人間を社会主義からニーチェへ、ベックリーンから印象主義へ、ヘーゲルからショーペンハウアーへ、そしてふたたび逆へとかり立てる。この傾向は、たんに現代生活の外面的なあわただしさと興奮に由来するだけでなく、むしろ逆に、これらのあわただしさと興奮が、しばしば例のもっとも内面的な状況の表現であり、現象であり、爆発なのである。心の中心における最終決定の欠乏は、新たな刺激とセンセーションと外的な活動に、「瞬間的な満足」を求めるよう追い立てる。それゆえ、この欠乏がまずわれわれを「混乱した不安定な状態と落ち着きのない状態」に巻き込み、この状態が、ときには大都市の騒ぎとして、ときには旅行狂として、ときには競争の激しい追求として、ときには種々の領域における特殊近代的な不誠実としてあらわれる。

このような生活状態にとっての貨幣の意義は明白だとみて、ジンメルは、「貨幣の二重の役割」に言及するにとどめている。すなわち、貨幣は文化のすべての手段と道具にならび立っている。そのさい、そうした手段と道具は、内的な究極目的のまえに進み出てこれを覆いかくし、排除する。一部は貨幣にたいする熱望の情熱のゆえに、一部は貨幣に特有な空虚さとたんなる流通的性格のゆえに、貨幣においては、目的論的転移の無意味さと結果とがもっとも顕著にあらわれる。ところがしかし、貨幣は、手段と道具が究極目的を排除するといった現象の、等級上最高のものであるにすぎないかぎり、「われわれとわれわれの目的とのあいだの距離化の機能」を、ほかの技術的な中間法廷よりもいっそう純粋に、しかもいっそう完全に実行する。だからジンメルは、「ここでも貨幣は、孤立したものとしてではなく、諸現象の等級のなかで、貨幣の下方においてもあらわれる諸傾向のもっとも完全な表現として示されるにすぎない」[2]という。貨幣は「手段の手段」として、「外的生活のもっとも一般的な技術（die allgemeinste Technik）」として、個々の目的系列を編みあわせるのであって、かれが指摘するように、この「もっとも一般的な技術」がなければ、われわれの文化の個々の技術も未成立のままであろう。また貨幣がなければ、さきの「ひそかな不安」からくる種々の衝動も満たされないであろうし、われわれとわれわれの目的とのあいだの距離も克服できないはずである。

一九〇三年に出た論文「大都市と精神生活」（G. Simmel, Die Großstädte und das Geistesleben, 1903）に依拠していえば、貨幣が事物とわれわれとのあいだの距離を解消しうるのは、「それがもっとも恐ろしい平準者（Nivellierer）となる」ことができるからである。[3]貨幣がそうした「平準者」となれるのは、貨幣が事物のあらゆる多様性を平等に相殺し、事物のあいだのあらゆる質的な相違を「いかほどか」という量的な相違によって表現してしまうからであり、しかも貨幣がその無色性と無差別性によって、あらゆる価値の「公分母」(Generalnenner) となりうるからである。貨幣は、事物の核心、その特性、その特殊な価値、その無比性を、救いようがないほど空洞化させる。事物は、すべておなじ特殊な比重で、たえず流動している貨幣の流れのなかに浮かび、すべておなじ平面に横たわり、それを埋めあわせる断片の大きさによって区別されるにすぎない。だからこそ貨幣は、事物とわれわれとのあいだにある距離をなくす。

つぎに、リズムに目を向ければ、それは、「生活の第二の様式規定」と解されている。距離化が空間的な類推によって特徴づけられるとすれば、リズムは、いわば時間的な類推によって特徴づけられる。ジンメルは、「生内容が出現し、後退するリズム」、つまりさまざまな文化時期一般がどこまで生内容の展開におけるリズム性を助長ないしは破壊するか、そして、貨幣がたんにその固有の運動においてリズム性に関与するだけでなく、生活の周期性の優勢あるいは下降にどのような影響をおよぼすかについて検討する。

かれによると、人間がまだ農作物や狩猟の収穫に直接依存し、さらに行商人の到着や定期的な市に依存しているばあい、生活は、拡張と収縮のリズムにしたがって、きわめて多くの方向へ運動せざるをえない。ほんらいの周期性が存在しないときでさえ、やはり原始経済は、消費にかんする自己需要については、少なくとも周期性の契機を示す。すなわち、欠乏から過剰へ、過剰から欠乏へといった相互の対照の、突然の急変である。このばあい、文化がいかに調整を意味しているかは明らかである。文化は、一年中必要なすべての生活手段がほぼおなじ量で提供されるように配慮するだけでなく、貨幣によって浪費的な消費をも低下させる。なぜならいまや、一時的な過剰は貨幣にかえられ、それによって、生活手段の享受は一年中規則的かつ持続的におこなわれるようになるからである。

そこでジンメルは、経済的かつ一般的な文化生活についてふれ、つぎのように記している。「リズムは個人の感情の動きと刺激を満足させる可能性によって、それらを超個人的な周期性にしたがわせていたが、人が貨幣によってすべてのものをいつでも買うことができ、しかもそれゆえに、個人の感情の動きと刺激がもはやリズムに頼る必要がなくなっていらい、文化生活は全般的な一律化（durchgängige Vergleichmäßigung）にとらえられているようにおもわれる。」(4) 貨幣の意義は、リズムが強制する「超個人的な周期性」から生活を解放し、文化生活を「全般的な一律化」へと導いた点に求められている。別のいい方をすれば、貨幣は、われわれを超個人的に強制する生活条件のリズムを、調整のとれた動揺のない状態へと移行させるための、「それ自体完全に無差別であるがゆえに、もっとも徹底的な手段」にほかならないわけである。

最後に、「貨幣が生活の内容を助けて、その形式と秩序を規定する第三の影響」にかかわるものとして「速度」が考察されているので、それについてみておこう。ジンメルは、所与の時代の生活速度におよぼす貨幣の意義は「生活速度の変化」にたいして「貨幣状態の変化」が示す結果から明らかになると考える。貨幣の増加が経済的‐心理的過程の経過にあたえる「加速化の作用」は、悪質な紙幣の流通にあらわれる。不安定で基礎づけのない貨幣の流入は、まずはじめに、すべての価格の、内的な規制を欠いた突然の上昇を引き起こす。信頼のおけない紙幣が発行されるたびに、第二の発行が引き起こされ、そしてこの第二の発行によってそれ以上の発行が引き起こされる。こうして紙幣の供給過剰による「価格革命」(Preisrevolutionen)が投機をもたらし、投機は紙幣の供給過剰を処理するために、ますます増加した貨幣準備を要求する。貨幣の増加による社会生活の速度の加速化は、何らの実質価値をもたない、純機能的な意義からみた貨幣が問題となるばあいに、もっとも明白にあらわれるとみて、ジンメルは、つぎのようにいう。「過度の紙幣発行のあとで、恐慌がそれに比例して経済生活をおくらせ、しかも麻痺させることは、まさに生活の速度にたいする貨幣の特殊な意義を証明する。」(5) 恐慌とはいえないまでも、バブル経済の崩壊と平成不況の経験からみれば、ジンメルのこの指摘には、十分首肯しうるものがある。ジンメルの時代とは異なり、投機筋によってある国の通貨がほかの国の通貨と日々交換されているのが現代である。各国の経済活動を加速させたり、遅滞させたりする国際経済の鍵は、外国為替市場が掌握している。これをみても、貨幣が生活の速度におよぼす影響を理解できるのではなかろうか。

ジンメルからみれば、貨幣が生活の速度をはなはだしく増大させるのは明らかであった。ある個人の手中にではないとしても、多くの人が合流するような、局地的に狭く限定された中心に貨幣が蓄積されるといった傾向は、諸個人の関心と、それゆえかれら自身をその中心に集めさせ、かれらをある共通の地盤で接触させるので、きわめて多種多様なものを——それが貨幣で表現された価値形式においてであるとしても――きわめて小さな範囲に集中させる。「貨幣のこうした傾向と能力は、生活の華やかさと豊かさ、したがってつまりは、生活の速度を増大させるといった精神的な効果をもつ。」[6]かれによると、ドイツで資本主義があらわれるとともに――一五世紀に一方では世界商業が、他方では金融の中心が安っぽい貨幣の急速な取引によって成立したとき――、「時間の近代的概念」が価値として浸透した。当時、時計塔の時計は一五分ごとに鳴りはじめ、そしてセバスティアン・フランクは、もっとも早く貨幣の革命的な意義を洞察して、はじめて時間を「貴重な財宝」（teures Gut）とよんだ。

そのさいジンメルは、貨幣と時間のこうした完全な相関関係のもっとも決定的な象徴を「取引所」（Börse）に見出す。そこでは、経済的な価値と関心がそれらの貨幣表現へと還元され、それらとそれらの担い手との、もっとも狭い局地的な結合へ到達し、それによってそれらのもっとも迅速な調整、分割、均衡を獲得した。貨幣形式への価値の凝縮と、取引所形式への貨幣流通の凝縮といった、この二重の凝縮は、価値が最短の時間で、最多数の手によってたえず求められるようにする。だから取引所においては、「生活速度の極端な増大」と「生活速度の変更の激しい動揺と密集」がみられ、「精神的生活の経過にあたえる貨幣の特殊な影響」がもっとも顕著にあらわれている。

以上のように、ジンメルは、貨幣が距離、リズム、速度の三つの次元で生活の様式を規定する側面を明らかにし、生活にたいする貨幣の積極的な意義を強調した。かれ自身が説明したように、総合篇が「一般的生活の本質と形成を貨幣の活動から」とらえようとしたものであってみれば、すでにふれた第四章と第六章第三節は、とりわけ経済社会学的な分析の典型をなす。「貨幣の活動」という観点から人間の生活を解明したジンメルは、経済社会学の先駆者であるといえよう。

ところで、ジンメルにとって、そもそも貨幣とは何だったのだろうか。かれの貨幣にたいする関心は早くからみられるもので、一九〇〇年の『貨幣の哲学』に先立って、かれは一八八九年には、「貨幣の心理学のために」（G. Simmel, Zur Psychologie des Geldes, 1889）を発表している。これは、グスタフ・フォン・シュモラーが主催していた国家学セミナーでおこなわれた講演をもとにして書かれた論文である。やや時期をおいて、一八九六年には、「近代文化における貨幣」（G. Simmel, Das Geld in der modernen Cultur, 1896）、翌年には、「生活の速度にとっての貨幣の意義」（G. Simmel, Die Bedeutung des Geldes für das Tempo des Lebens, 1897）が公にされた。一八九八年には、「『貨幣の哲学』からの断章」という副題をもつ「両性の関係における貨幣の役割」（G. Simmel, Die Rolle des Geldes in den Beziehungen der Geschlechter, 1898）と、「『貨幣の哲学』からの断章（「貨幣と個人的自由」の章から）」（G. Simmel, Fragment aus einer »Philosophie des Geldes« (Aus dem Kapitel: »Das Geld und die individuelle Freiheit«), 1898）が公表されている。さらに、『貨幣の哲学』が出版される前年にも、「『貨幣の哲学』からの断章」（G. Simmel, Fragment aus einer »Philosophie des Geldes«, 1899）とだけ題した論文が発表されている。これらの論文をみると、ジンメルの『貨幣の哲学』には前史があったことがわかる[7]。

最後の論文は、『貨幣の哲学』の第二章「貨幣の実体価値」（Der Substanzwert des Geldes）の

第三節に収められている。一八九八年の論文のうち、前者は第五章「人格的価値の貨幣等価物」（Das Geldäquivalent personaler Werte）の第一節のなかに、後者は第四章「個人的自由」の第二節のなかに収録されている。これらの一連の論文がそれぞれの節の全体を構成しているわけではなく、若干修正されたり、新たに加筆されたりしていることはいうまでもない。

ジンメルにとって、貨幣とは何であったのかを知る上で、もっとも示唆に富む論文は、一八九七年の「生活の速度にとっての貨幣の意義」であるようにおもわれる。この論文の内容は、すでにみた速度にかんする個所から十分推察しうるであろう。貨幣が、相対主義的な立場からとらえられ、実体における経済的諸価値の相対性という意味で「象徴」とみなされている点については、さきにふれた。これとの関連でみれば、この論文ではすでに、世界の絶対的な運動の性格にとって、「たしかに貨幣ほどいっそう明白な象徴はない」(8)と断言されている。貨幣の意義は、それがあたえられつづけることのなかにある。貨幣は使用されなくなるやいなや、もはや貨幣ではない。それがばあいによっては使われていない状態においておよぼす作用は、それがさらに運動するという予想のなかにある。貨幣は「運動の担い手」（Träger einer Bewegung）以外の何ものでもなく、この担い手のなかで、まさに運動ではないあらゆるものが完全に消え去るのであって、それはいわば、「純粋な活動」（*actus purus*）である。それは、所与のすべての点からの持続的な自己外化のなかに生き、それゆえに、すべての独立存在の対極と直接的な否定とをなす。

貨幣をこのように「象徴」とみなしたジンメルは、いま述べた部分を、イタリックの個所をローマン体に直しただけで、そのまま『貨幣の哲学』のなかに収録している。しかしかれは、そこでパラグラフを改行して、つぎのような記述からはじまるかなりながい主張をつけ加えた。「しかしおそらく貨幣は、現実を定式化するための、例の反対の様式にたいしても、少なくとも象徴という姿をみせる。」(9) たしかに、個々の貨幣量はその本質からみて、たえまない運動のなかにある。しかし、これはまさにただ、貨幣によって表現される価値と個々の価値対象との関係が、普遍的な法則とそれが実現される具体的な形態との関係とおなじだからにすぎない。かれによると、貨幣は、事物が経済的であるかぎり、「事物の普遍概念」なのである。事物は、かならずしも経済的である必要はない。しかし、事物が経済的であるべきだとするなら、事物はただ、貨幣のなかに圧縮されている「価値－生成の法則」(Gesetz des Wert-Werdens) にしたがってはじめて、経済的であることができる。このような経済社会学的な分析から判断すれば、ジンメルは貨幣を「象徴」として、事物の価値を定式化する「象徴」として把握しているとみてまちがいない。

現代ドイツの女流社会学者ビルギタ・ネーデルマンは、論文「貨幣と生活様式。ゲオルク・ジンメル―疎外の理論家か」(B. Nedelmann, Geld und Lebensstil. Georg Simmel – ein Entfremdungs-theoretiker?, 1993) のなかで、ジンメルを疎外の理論家とみなそうとする傾向に異議を申し立て、つぎのように述べている。ジンメルの論証にとっては、貨幣はたんに「例証的、象徴的な意味」をもっているにすぎない。「かれが例として貨幣を選び出すのは、それが近代のもっとも純粋な象徴 (das reinste Symbol der Moderne) だからである。」(10) ネーデルマンのこの指摘は、ジンメルの貨幣の位置づけにかんする核心をついているといえる。それでも、ジンメルが貨幣を「近代のもっとも純粋な象徴」とみなしえたのは、つぎのような視座にもとづく認識があったからであろう。

まず、ジンメルに特有な生の哲学の立場からするとらえ方である。貨幣が「価値宇宙の経済的な抽出物」であってみれば、それがあらゆる一面性にたいするその彼岸性によってすべての一面性のものとなりうるとともに、あらゆる一面性の固有な部分のものともなりうることが、「生の様式にとっての貨幣の意義」である。それゆえかれからすれば、貨幣は「言葉にあらわせないような存在の統一性の、親密なものと経験的なものにおける象徴[11]」にほかならず、この統一性から世界のエネルギーと現実性とがその完全な広がりとすべての相違においてほとばしる。第二に、かれの社会哲学的な視点があげられる。かれは、生のすべての事実内容のうち、具体化されるべきでない残余はそれだけいっそう人格的となり、自我のいっそう議論の余地がないような自分のものとなるとみて、この運動の特徴を示す事例としてタイプライターをあげたのち、つぎのように貨幣をとらえた。「貨幣は、一般に無差別化され、外面化されるあらゆるものの、無差別化と外面化（Vergleichgültigung und Veräußerlichung）の原因であるのとまったくおなじように、象徴であるがゆえに、それはやはりまた、いまやもっとも固有な限界のなかで仕上げられうるもっとも内面的なものの門衛ともなる。[12]」現代ならタイプライターはワードに相当するけれども、貨幣は、それと同じ平面でとらえられ、「無差別化と外面化」の「象徴」と解されている。

第三に、文化社会学的な観点が指摘されてよい。ジンメルは、貨幣を「文化の潮流」のなかへ配列し、生活が本質的に知性にもとづき、知性がもっとも価値ありと認められることは貨幣経済の浸透と手をたずさえて進むと考える。そしてかれは、つぎのようにいう。「知的な、抽象化する能力の上昇は、貨幣がますます純粋な象徴となり、その固有価値と無関係となる時代を特徴づける。」[13] これは、文化論的なとらえ方でもある。以上のように、相対主義と経済社会学にとどまらず、生の哲学、社会哲学、文化社会学の見地からみても、ジンメルのばあい、貨幣は「象徴」以外の何ものでもなかった。

ジンメルが生きた時代とは異なり、現代はコンピュータを駆使する情報化社会である。たしかに貨幣はなくならないとしても、カード一枚で買いものができる時代である。しかし、さらに一歩進んで、貨幣価値そのものを電子情報にする「電子マネー」によって、パソコン操作で決済できる時代に突入しつつある。インターネットやパソコン通信上にもうけられた電子銀行に自分の口座をつくり、あらかじめ現金と引き換えに入手した電子マネーを預金しておく。インターネット上の電子商店街での買いものは、代金分の電子マネーを口座から移動させるだけで支払いが完了してしまう。これが普及すれば、貨幣は、交換機能の数的な「象徴」であるにとどまらず、売り手と買い手の関係を結ぶたんなる信頼の「象徴」にすぎなくなる。貨幣を「象徴」とみたジンメルの洞察は、情報化がいっそう進みつつある今日においてこそ、とりわけ高く評価されてよい。

（1） Simmel, *Philosophie des Geldes*, S. 665.

（2）*Ibid.*, S. 676.

（3）G. Simmel, Die Großstädte und das Geistesleben, 1903, in: Michael Landmann（Hg.）, Georg Simmel, *Brücke und Tür*, 1957, S. 233. 参照。

（4）Simmel, *Philosophie des Geldes*, S. 680.

（5）*Ibid.*, S. 699f.

（6）*Ibid.*, S. 707.

（7）このうち、一八八九年と一八九六年の論文を『貨幣の哲学』との関連で論じたものとしては、大鐘武「ジンメル社会学の課題とその意義」（大鐘武編訳『ジンメル初期社会学論集』恒星社厚生閣、一九八六、所収）がある。

（8）G. Simmel, Die Bedeutung des Geldes für das Tempo des Lebens, 1897, in: Heinz-Jürgen Dahme und David P. Frisby (Hg.), *Aufsätze und Abhandlungen 1894–1900; Georg Simmel · Gesamtausgabe*, hg. von Otthein Rammstedt, Band 5, 1992, S. 234.

（9）Simmel, *Philosophie des Geldes*, S. 714.

（10）B. Nedelmann, Geld und Lebensstil. Georg Simmel–ein Entfremdungstheoretiker?, in: Jeff Kintzelé und Peter Schneider（Hg.）, *Georg Simmels Philosophie des Geldes*, 1993, S. 415.

（11）Simmel, *Philosophie des Geldes*, S. 695.

（12） *Ibid.*, S. 653.
（13） *Ibid.*, S. 171f.

七　結び ——ウェーバーへの影響——

はじめに示唆したように、ウェーバーの二つの論文は、重要な点でジンメルの『貨幣の哲学』から影響をうけている。ここで結びにかえて、そうした影響の痕跡にかんする若干の論拠を示しておこう。

ジンメルは、すでに明らかにしたように、史的唯物論の「説明価値」を認めながらも、観念的上部構造と「経済的下部構造」が終わりのない相互性のうちに展開されざるをえないとみて、両者の相互性を強調した。かれは、史的唯物論をとり上げたさい、それが「社会主義的理論の証明根拠」とされるならば、「体系的な上部構造は創造的な思考過程とは逆の道を進む」とみて、つぎのようにつづけた。「人は独立に確定された史的唯物論から社会主義的理論を論理的に基礎づけたのではなくて、実践的に確定されている社会主義的 - 共産主義的な傾向が、それのみに可能な、つまり経済的利害をほかのあらゆる利害の流出点および公分母として宣言する下部構造をあとからはじめてつくり出した。」[1]この一文は、史的唯物論を絶対視したマルクスの思考の弱点を痛烈に批判しているといえる。方法的相対主義の立場に立って、ジンメルはさらに、「史的唯物論でさえ、一つの心理学的な仮説（eine psychologische Hypothese）にほかならない」[2]といってはばからない。

ウェーバーは、ジンメルのこうした柔軟なとらえ方に同調し、史的唯物論にたいして、おなじような批判的態度を表明した。ちなみにかれは、「世界諸宗教の経済倫理」（M. Weber, Die Wirtschaftsethik der Weltreligionen, in: M. Weber, *Gesammelte Aufsätze zur Religionssoziologie*, 3 Bde., 1920–1921）の「序論」で、つぎのように書いている。「人間の行為を直接に支配するのは（物質的かつ観念的な）利害であって、理念（Ideen）ではない。しかし、『理念』によってつくり出された『世界像』は、きわめてしばしば転轍手として軌道を決定してきたし、その軌道にそって利害のダイナミックスが行為を推進した。」[3]これをみれば、ジンメルの史的唯物論にたいする論理的な批判の論調が、ウェーバーの歴史認識の仕方にあたえた影響の一端がうかがえる。

ウェーバーは客観性にかんする論文のなかで、つぎのような見解を示した。文化諸現象の全体が『物質的な』利害状況の産物あるいは関数」として演繹されるという古めかしい信仰とはかかわりなく、かれ自身の信じるところによれば、社会現象と文化事象を「それらの経済的な制約性と影響」という特殊な観点から分析することは、創造的な効果をもつ「一つの科学的な原理」であったし、慎重に利用し、独断的な偏見にとらわれなければ、今後もいつまでもそうであろう。しかしそのさいかれは、『世界観』としての、あるいは歴史的現実の因果的な説明の公分母としての、いわゆる

『唯物史観』(»materialistische Geschichtsauffassung«)は、断固として拒否すべきである」[4]と力説した。「唯物史観」にたいするウェーバーのこうした強い反対の姿勢は、「史的唯物論」を厳しく批判し、それを「一つの心理学的な仮説」とまでいいきったジンメルの方法的相対主義に裏打ちされていたにちがいない。たしかにウェーバーは、ジンメルの『歴史哲学の諸問題』(G. Simmel, *Die Probleme der Geschichtsphilosophie*, 1892)からも刺激をうけている。しかし、病気回復後にウェーバーが手にしたかれの『貨幣の哲学』は、ウェーバーが歴史的現実を因果的に説明しようとするばあいの基本線を決定的に刻印づけた。

なるほどウェーバーは、「世界諸宗教の経済倫理」を含む『宗教社会学論集』の「緒言」のなかで、ジンメルの『貨幣の哲学』においては、「〈貨幣経済〉と〈資本主義〉がしばしばまったく同一視され、即物的な説明をそこなうにいたっている」と批判している[5]。それでもかれは、『貨幣の哲学』の総合篇が近代の社会現象と文化事象を「それらの経済的な制約性と影響」という特殊な観点から分析した優れた叙述であると認めざるをえなかったようである。かれはプロテスタンティズムの倫理にかんする論文で、「資本主義の精神」という概念はベンジャミン・フランクリンにみられるような、「倫理的に色彩づけられた生活態度の格率」といったような意味で使われると述べている。そのさいかれは、その個所に注をつけ、注のなかでゾンバルトに言及しながら、ジンメルの『貨幣の哲学』にもふれた。ゾンバルトのばあい、資本主義的企業家の「倫理的側面」が「資本主義によってもたらされたもの」とみなされているのにたいし、ウェーバーは、それとは反対の仮説を立てておかなくてはならないと主張する。そしてウェーバーは、「このばあい、かれの思考過程はジンメルの『貨幣の哲学』（の最後の章）のすばらしい描写と結びついている」[6]と書いた。ここからわかるように、ウェーバーは『貨幣の哲学』の総合篇のなかでも、第六章「生活の様式」をとりわけ高く評価していた。

ジンメルは『貨幣の哲学』第六章第一節で、法と知性と貨幣の三つがすべて、「個人的な特異性にたいする無関心」によって特徴づけられるとしながら、「現代の貨幣的本質」を明らかにしようと試みている。そのなかでかれは、「貨幣経済がはじめて実践生活のなかへ――しかも理論生活においてもそうでないかどうかをだれが知ろう――数的計算可能性（zahlenmäßige Berechenbarkeit）の理想をもたらした」[7]と述べた。「計算可能性」という言葉は、ウェーバーが「特殊近代西洋の資本主義」や「近代的官僚制」を特徴づけたさいの重要な術語である。このほかにも、第一節のなかには、ウェーバーによって用いられた「合理主義」（Rationalismus）、「生活態度」（Lebensführung）などの用語が散在している。第二節においても、「文化価値」（Kulturwert）、「労働手段からの労働者の分離」など、おなじくウェーバーによって使用された言葉がみられる。こうした両者の用語上の共通点をも含めて、かれらの理論を比較した文献としては、阿閉吉男と居安正のすぐれた論考がある。[8]

「プロテスタンティズムの倫理と資本主義の『精神』」との関連からみて、きわめて興味深いのは、第六章の第一節と第三節である。ジンメルは第一節で、自然民族における目的論的な系列の短さについてふれ、「いっそう高い文化においては、統一的に生活をつらぬく『職業』(„Beruf“)によって諸要素の凝集性(Kohäsion der Elemente)がつくり出されるが、かれらの生活労働は、こうした凝集性をもっておらず、むしろ単純な関心系列から成り立っており、そうした関心系列は、かれらがその目標を一般的に達成するばあい、相対的にわずかな手段でそうする」[9]と書いた。ジンメルは食料獲得のための苦労の直接性を例に出しているけれども、この苦労は、いっそう高い文化状態においては、多岐にわたる目的系列に席を譲るというわけである。

ウェーバーは、ジンメルの「統一的に生活をつらぬく『職業』」という表現に目を奪われたのではないかとおもわれる。ウェーバーは「ルターの職業観念」を検討するさい、つぎのように強調している。「なるほどドイツ語の『ベルーフ』においてと同様に、おそらくなおいっそう明瞭には、英語の『コーリング』(„calling“)においても、ある宗教的な観念——つまり神からあたえられた使命(Aufgabe)という観念——が少なくとももに響いており、しかもわれわれが具体的なばあいにこの言葉に力点をおいて強調すればするほど、いっそう目立ってくるのは明白である。」[10]かれは、Berufとcallingには、世俗的な「職業」という意味のほかに、神の召命・使命などの観念が「ともに」含まれていて、この言葉に力を込めるほど、後者が目立ってくるといいたいのである。プロテスタンティズムの倫理にかんする論文では、考察がもっぱら職業観念に向けられ、ルター、カルヴィニズム、プロテスタント諸派、カルヴァン派から発生したイギリスのピューリタニズムなどの職業観念へとおよんでいく。そうであれば、ジンメルの『貨幣の哲学』第六章第一節は、ウェーバーの分析視角の中心を決定づけるような影響をおよぼしたと推断してよいだろう。

第三節についてみれば、すでにふれたように、ジンメルはそこで、ドイツで資本主義があらわれるとともに、「時間の近代的概念」が価値として浸透したし、フランクがはじめて時間を「貴重な財宝」とよんだことを明らかにした。さらにジンメルは、その節のほぼ終わりの部分で、つぎのような報告をおこなっている。「十八世紀において、ペンシルベニア州は、私的所有地に抵当権をあたえ、しかもその個々の断片を紙幣として流通させた。すなわち、これについてフランクリンは、この証書は実際には鋳造された土地であると書いた。[11]」フランクとフランクリンにかかわるこれら二つの叙述は、一八九七年の論文「生活の速度にとっての貨幣の意義」のなかにはみあたらず、この論文が『貨幣の哲学』に収録されるさいに加筆され、挿入されたものである。

もちろんフランクリンは、プロテスタンティズムの倫理にかんする論文の第一章第二節「資本主義の『精神』」の冒頭に登場してくる人物である。フランクが時間を「貴重な財宝」とよんだとすれば、フランクリンは、ウェーバー自身がかれの言葉を引用しているように、「時間は貨幣だということを忘れてはならない」といった人である。ジンメルは、フランクが時間を「貴重な財宝」とみなしたのはドイツで資本主義が台頭した結果だと考えた。しかし、逆にウェーバーは、フランクリンにみられるような「独特のエートス」、つまり「職業義務」（Berufspflicht）の観念が資本主義の結果ではなく、プロテスタンティズムの「禁欲的エートス」から生まれたのではないかと疑った。もしそうだとすれば、かれは、ゾンバルトとジンメルから一線を画し、唯物史観を「断固として拒否」して、「ある『経済信念』の、つまり『エートス』の成立や、ある経済形態の成立が特定の宗教的信仰内容によって制約されていることを、しかも近代の経済エートスと禁欲的プロテスタンティズムの合理的倫理との関連という例について」究明してみようと企図したのではなかろうか[12]。

ウェーバーは、若いときから歴史認識にたいする強い志向をもっていた。病気から回復したかれが、「ジンメルの『貨幣の哲学』（の最後の章）のすばらしい描写」、つまり貨幣ないし貨幣経済が生活の様式におよぼす影響を読んだとき、かれは、そこに当時の卓越した社会認識を見出したにちがいない。ウェーバーは、ジンメルが示した社会認識から多くの養分を吸収し、それによって、歴史の因果的分析をめざす研究活動をふたたび開始させた。そうした意味で、ジンメルの『貨幣の哲学』は、ウェーバーのプロテスタンティズムの倫理にかんする論文に大きな刺激をあたえた。

東欧およびソ連の社会主義が崩壊してしまった現代からみて、ジンメルの『貨幣の哲学』はどのような点で再評価できるのだろうか。最後に、これについて考察しておきたい。

周知のように、ウェーバーは、官僚制が社会主義のなかにも貫徹すると主張した。かれの『経済と社会』（M. Weber, *Wirtschaft und Gesellschaft*, 1921–1922）第一部第三章「支配の諸類型」（Die Typen der Herrschaft）によると、官僚制的な行政が優越性をえた大きな手段は、「専門知識」である。専門知識の不可欠性は、財貨調達の近代的技術と効果的運営とによって条件づけられている。この事態は、財貨調達が資本主義的に組織されていようと、社会主義的に組織されていようと、まったくおなじである。そのさい、社会主義的な組織は、「同一の技術的成果がめざされるかぎり、専門官僚制の意義を途方もなく高めることを意味するだけである」と強調されている。(13) 恒常的で厳格で集約的で計算可能な行政への要求は、たしかに資本主義が歴史的につくり出したものだけれども、「あらゆる合理的社会主義」は、この要求をそのまま引き継がざるをえず、しかも高めていくであろう。こうした要求こそ、「あらゆる大量行政の核心としての官僚制の宿命性」を条件づけている。だからウェーバーは、合理的行政はまさに社会主義的秩序にとっては、「資本主義的秩序よりもいっそう堅固な形式的諸規則にしたがった、厳密に官僚制的な行政」を意味するようになるはずだと予見できた。

一方ジンメルは、『貨幣の哲学』第四章「個人的自由」において、無政府主義と社会主義とのかかわりで、「上位と下位にもとづく社会秩序」について論じた。それによると、無政府主義の動機は人間間の上位と下位を忌避しようとするところにある。そして社会主義の内部においては、こうしたいわば形式的な動機がいっそう実質的な動機にとって代わられるとすれば、一方がただちに命令し、他方がただちに服従しなければならないような人間の状態の相違を除去しようとするのは、やはりまた「社会主義の根本的傾向」の一つでもある。ジンメルは、自由の程度を同時にあらゆる社会的必要の程度であると考える思考方法にとっては、上位と下位の除去がいかにそれ自体によって基礎づけられた要求であるとしても、「上位と下位にもとづく社会秩序は、圧迫と苦悩と品位剝奪の例の感情と結びつかなければ、やはりそれ自体としては、完全な平等の制度よりも悪くはないであろう」[14]とさえいう。

これまでのすべての経験は、上位と下位がいかに「まったく不可欠な組織手段」であるかを示しているると指摘した上で、ジンメルは、つぎのようにいう。「あらゆる可能な形態における上位と下位は、いまでは社会がその目的を達成するための技術的条件である。」[15]たしかに、「社会的位階制」(soziale Hierarchie)の外面的で合目的的なものが個人の人格的 - 主体的なものと緊密に結びついているところでは、人びとは苦悩感のためにそうした位階制一般の除去を求めて叫ぶかもしれない。ところが、ジンメルは、上位と下位が「たんなる外面的な制度的技術」となり、それが「個人的な地位と発達」に光も影も投じなくなれば、苦悩感も消滅するだろうと提言した。そうなれば、仕事とその組織的な諸条件とのこうした客観化によって、「位階制のすべての技術的長所」が保たれ、無政府主義と、部分的には社会主義の源泉ともなっている、「位階制による主体性と自由との軽視」が回避されるはずである。かれからするなら、それこそ、「貨幣経済が道を開く文化の方向」なのである。

ジンメルのいう「上位と下位にもとづく社会秩序」、「社会的位階制」は、ウェーバーのいう「専門官僚制」、「官僚制的な行政」とほぼおなじである。ジンメルが上位と下位を「まったく不可欠な組織手段」ととらえて、それを「社会がその目的を達成するための技術的条件」とみたかぎり、かれは、ウェーバーとおなじように官僚制が社会主義にも浸透せざるをえないと予測していた。この点では、両者はまったく一致している。しかし、ジンメルは第一に、ウェーバーに先立ってそうした洞察を示していた。しかしかれは第二に、阿閉吉男が指摘しているように[16]、上位と下位が「たんなる外面的な制度的技術」となるばあいの有効性を説いていた。これらの二つの点は、ジンメルが評価されてよいところである。東欧およびソ連の社会主義が崩壊したのは、官僚制がジンメルのいう意味での技術とはなりえず、それが「個人的な地位と発達」に直接連動し、個人的自由を圧殺してしまったからだとすれば、『貨幣の哲学』のなかにみられる第二の見解は、今日きわめて高く再評価されなくてはならない。

ジンメルは一九一六年に公刊した『レンブラント』（G. Simmel, *Rembrandt*, 1916）の「序文」のなかで、つぎのように記した。「わたしにとって、以前から哲学の本質的課題とおもわれたものは、直接個々のものから、単純にあたえられたものから、究極の精神的意義をもつ層に測量錘をたれることである。」[17] ここでいう「個々のもの」、「単純にあたえられたもの」が貨幣だと仮定してみよう。そうすると、ジンメルがあたかも貨幣になりすましたかのようにして、貨幣の「究極の精神的意義」を究明しているかぎりで、『貨幣の哲学』は、かれにとって「哲学の本質的課題」を達成した労作であったにちがいない。このことはとりわけ、生の哲学の立場から貨幣を考察している個所についてよくあてはまる。ここでは、哲学的な側面にはあまりふれず、現代の視点から『貨幣の哲学』にみられる経済社会学的な分析を再検討してきたけれども、『ゲオルク・ジンメル全集』の代表編者オットハイン・ラムシュテットが、つぎのように述べているのは注目に値する。「ジンメルはおそらく、社会諸科学のなかで、貨幣の価値の社会的制約性（soziale Bedingtheit）を強調した最初の人である。」[18] すでに明らかにしたように、ジンメルは「相互作用」を「経済的価値の身体」とみなし、貨幣の社会学的性格を「人間間の交換」から説明した。それを想起すれば、ラムシュテットの指摘は十分納得がいく。

(1) Simmel, *Philosophie des Geldes*, S. 569.
(2) *Ibid.*, S. 641.
(3) M. Weber, *Gesammelte Aufsätze zur Religionssoziologie*, Band I, 1920, S. 252. この文章は、「古代ユダヤ教」が書き上げられたあとで、「序論」のなかに挿入された。この点については、拙著『マックス・ウェーバーとエートス』文化書房博文社、一九九〇、一〇四—一〇五ページおよび一五三ページ参照。
(4) M. Weber, *Gesammelte Aufsätze zur Wissenschaftslehre*, 1922, 3. Aufl., 1968, S. 166f.
(5) Weber, *Gesammelte Aufsätze zur Religionssoziologie*, Band I, S. 5. 参照。
(6) *Ibid.*, S. 34.
(7) Simmel, *op. cit.*, S. 614.
(8) 阿閉吉男「ジンメルとウェーバー」、阿閉吉男『ジンメルとウェーバー』御茶の水書房、一九八一。居安正「G・ジンメルとM・ウェーバー —— わが国の社会学界への受容について ——」、日本社会学史学会『社会学史研究』第一八号、一九九六、参照。

(9) G. Simmel, *Philosophie des Geldes*, 1900, S. 457. わたしは本書の初版と第二刷で、ジンメルが大都市の委託売買業者などをあげながら、「職業」の意味について補足説明しているつぎの個所がウェーバーに有益な示唆をあたえたであろうと書いた。「これらの『職業』(»Berufe«) ――それらにはまさに『神から使命をあたえられた存在』(»Berufensein«)、すなわち人格と生活内容とのあいだの揺るぎない観念的な線が欠如している――へと傾くのは、もちろん一般に拠り所を失った人間たちである。」(Simmel, *op. cit.*, 1989, S. 597) ところが、廳茂の報告「G・ジンメルにおける第3アプリオリ論―その思想的意味」とそのレジュメ(ジンメル研究会大会、二〇〇九)によって、この個所を含む一節が一九〇七年の『貨幣の哲学』第二版で挿入されたものであることを知った。この点を『ゲオルク・ジンメル全集』第六巻の Varianten, S. 777. および初版でも確認し、「統一的に生活をつらぬく『職業』」についてふれている初版の個所とさしかえた。なお、さしかえるにいたった経緯や Beruf の概念をめぐる二人の影響関係などについては、拙稿「ウェーバーとジンメル――二つの作品の一断面――」、『名古屋学院大学論集(人文・自然科学篇)』第四八巻第二号、二〇一二、参照。

(10) M. Weber, Die protestantische Ethik und der „Geist" des Kapitalismus, in: *Archiv für Sozialwissenschaft und Sozialpolitik*, 20. Band, 1905, S. 35f.

(11) Simmel, *op. cit.*, 1989, S. 710.

(12) Weber, *Gesammelte Aufsätze zur Religionssoziologie*, Band I, S. 12. 参照。

(13) M. Weber, *Wirtschaft und Gesellschaft*, 1921-1922, S. 128. 参照。

(14) Simmel, *op. cit.*, S. 453.

(15) *Ibid.*, S. 455.

(16) 阿閉、前掲書、四二一四三ページ参照。

(17) G. Simmel, *Rembrandt*, 1916, S. V.

(18) O. Rammstedt, Simmels *Philosophie des Geldes*, in: Jeff Kintzelé und Peter Schneider (Hg.), *Georg Simmels Philosophie des Geldes*, 1993, S. 15.

第五章　ジンメルの宗教観

――二一世紀における魂の救済――

一　二つの課題

これまでに、著名な哲学者や社会科学者たちが宗教について論じてきた。ゲオルク・ジンメルもその例外ではない。ユダヤ人を両親とするかれは、プロテスタンティズム（ルター派）の洗礼をうけた。父は若くしてカトリックに、母は娘時代にプロテスタンティズムに改宗していたから、母の意向によるものだったのだろう。ユダヤ人の系譜を背負いながら、プロテスタントとして生きたジンメル。そうしたマージナル・マンとしての生き方が、かれに特有な相対主義的思考方法をはぐくんだばかりか、かれの宗教観と生の哲学に強い影響をおよぼしたようである。ジンメルは、一九世紀末から二〇世紀への「世紀の転回期」に活躍し、「生の超越」を本質とする独自の生の哲学を開示するとともに、「形式社会学」を提唱して社会学の確立に貢献した。

ジンメルが本格的に宗教をとり上げたのは、一八九八年の論文「宗教の社会学のために」（G. Simmel, Zur Soziologie der Religion, 1898）であった。すでにかれは、その四年前の論文「社会学の問題」で、「人間相互の関係形式にかんする科学としての社会学」[1]を提唱していた。「宗教の社会学のために」は、それとおなじ発想の延長線上で、「人間相互の諸関係」、つまり社会のなかに宗教的な本質の手掛りを見出そうとした試みである。マルクスは、宗教を「民衆のあへん（*Opium*）」と断定して、それを否定的にとらえた。[2] しかしジンメルからすれば、マルクスの「唯物史観」は、歴史的な生活の総体的な内容を「経済の諸形式」から推論した一例にすぎない。そうであるなら、宗教を「社会的な関係の諸形式」から分析して、宗教をむしろ肯定的にとらえるのも可能なはずである。これが、ジンメルの宗教にかんする研究をつらぬく動機の一つになっていた。

「宗教の社会学のために」は、「社会的な関係の諸形式」が宗教的な表象世界へと「濃縮ないし精神化する」側面を明らかにしている。別の角度からみれば、特別な感情内容も、「個人間の相互作用の形式」において成立したのに、超越的な理念への関係へと移っていく諸局面が解明されている。ジンメルは「社会的な関係の諸形式」として、「信頼」（Glaube）、「社会的な統一」などをあげ、これらが宗教的な表象世界へと投影されていく姿を素描した。信頼についてみると、かれは、「それがなければ、社会は崩壊するほどに確実である」とみなして、人間への信頼を固持することは「人間の社会を結束させるもっとも強固な紐帯の一つ」であると強調した[3]。たしかに信頼は、宗教的な性格をおびている。しかし、かれにとって肝要なのは、宗教が存在すれば、社会学的な関係は宗教的な性格を宗教から借りるのではなく、宗教的な性格は「純粋に個人間の心理学的な関係形式」として成立し、この関係形式が宗教的な信仰のなかに「まったく純粋に、しかも抽象的に表現される」ところにある。

一九〇六年の『宗教』では、Glaubeがもつ二つの意味（信仰、信頼）に注意を喚起した上で、信頼は、「社会学的な力」（soziologische Macht）としてほかのさまざまな結合力と結びつく一方、それのみで作用する純粋な姿において、「神への信仰」のなかに表現されるとみなされている。ジンメルはこれを「拡大化と絶対化」と表現し、つぎのようにいう。「『だれかへの信頼』の過程は、こうした神への信仰において、社会的な担い手への結合から離れて、その客体をも内容にしたがって自己からつくり出した。(4)」神への信仰を形成する契機として、信頼がいかに重要であるかが示されている。

「宗教の社会学のために」を発表した翌年に、ジンメルは「『貨幣の哲学』からの断章」とだけ題する論文を公表した。一九〇〇年の『貨幣の哲学』第二章「貨幣の実体価値」に収められることになるこの論文でも、かれは、人間たちのあいだの信頼がなければ、そもそも社会が崩壊してしまうように、「信頼がなければ、貨幣流通は壊滅してしまうだろう(5)」と述べ、信頼の重要性を指摘した。かれからするなら、信頼は、社会を成立させ、持続させる絆にほかならず、宗教にとっても貨幣にとっても不可欠な社会学的前提だったにちがいない(6)。

ジンメルが「宗教の社会学のために」で、マルクスを意識してもっともいいたかったことは、つぎの二つのようにおもわれる。一つは、宗教が信頼などの「社会的な関係の諸形式」において成立し、そうした諸形式が「宗教の経験的な諸内容から解放されて、宗教のなかに独立化し、しかも特有な実体へと投射される(7)」点である。もう一つは、「宗教のこうした独立化と実体化とがまず生じれば、宗教はみずから人間相互の直接的、心的な諸関係に反作用をおよぼし(8)」、そのような諸関係に「宗教心」(Religiosität) という色調をあたえる側面である。しかし、宗教が社会的な関係の諸形式において成立し、そうした諸形式が宗教へ独立化し、投射されるのを立証するのは、はなはだむずかしい。まして、宗教の「反作用」となれば、それを証明してみせなければならない。この二つの課題を解決するには、さきの『宗教』をまたねばならなかった。

『貨幣の哲学』を世に問うた翌年と一九〇二年に、ジンメルは、つぎの二つの論文を発表している。「宗教の認識論によせて」(G. Simmel, Beiträge zur Erkenntnistheorie der Religion, 1901)と「魂の救済について」(G. Simmel, Vom Heil der Seele, 1902)がそれである。かれが前者を書いたのは、宗教を認識するさいの前提を明確にしておきたかったからであろう。「宗教の社会学のために」では、宗教は「生き生きした過程」と抽象的にとらえられていた。それにたいし、この論文では、宗教が「人間の主観的態度」にすぎないとされ、宗教の本質を学問的に分析するには、客観的に存在している宗教的な内容を「主観的 - 人間的な諸過程としての宗教」から区別しなくてはならないと力説されている。なぜなら、この区別によって、「宗教心」は広範な認識論的視点のもとにおかれるようになるからである。そのばあい、宗教心は、事物の意味の多様な把握を可能にする「われわれの内的な生の偉大な諸カテゴリー」、とりわけ「基礎的な、しかしそれだからこそ純粋に形式的なカテゴリー」として理解され[9]、生の哲学の一端が示される。こうした考察の仕方から、宗教心は「魂の統一的かつ基礎的な状態[10]」として認識される。そうであれば、この論文は、『宗教』において生の哲学が導入されてくるのを予示しているわけである。一九〇二年の論文は、その重要な部分が補筆されて『宗教』に収録される。魂の救済についてはのちにふれるので、ここでは、ジンメルがやはり生との関連で魂の救済を論じていた点だけを指摘しておきたい。

では、生の哲学者であり、社会学者でもあったジンメルは、『宗教』のなかで、どのように宗教をとらえたのだろうか。一九〇六年の『宗教』は、生の哲学と自己の社会学体系の完成へいたる二つの研究方向への分岐点に位置している。だからそこでは、生の哲学と社会学的思考が交錯ないし融合していると想定してよい。この点にも目を向け、さきの二つの課題がいかに解明されているかに留意しながら、かれの宗教観を明らかにし、二一世紀の宗教へのメッセージを解読してみよう。

(1) G. Simmel, Das Problem der Sociologie, in: *Jahrbuch für Gesetzgebung, Verwaltung und Volkswirtschaft im Deutschen Reich*, XVIII, 1894, S. 1305.

(2) K. Marx, Zur Kritik der Hegelschen Rechtsphilosophie. Einleitung, 1844, in: *Karl Marx · Friedrich Engels Werke*, Band 1, 1969, S. 378. 参照。

(3) G. Simmel, Zur Soziologie der Religion, 1898, in: Heinz-Jürgen Dahme und David P. Frisby (Hg.), Georg Simmel, *Aufsätze und Abhandlungen 1894 bis 1900*; *Georg Simmel · Gesamtausgabe*, hg. von Otthein Rammstedt, Band 5, 1992, S. 275. 参照。

(4) G. Simmel, *Die Religion*, 1906, S. 39. この著作は、マルティン・ブーバー編による「社会心理学論集」という副題をもつ『社会』(全二五巻)の第二巻として刊行された。その後、一九一二年に、第二版にあたる改訂・増補版が出ている。ちなみに、この論集の第一巻はW・ゾンバルトの『プロレタリアート』(W. Sombart, *Das Proletariat*, 1906)であり、F・テンニエスの『慣習』(F. Tönnies, *Die Sitte*, 1909)もこの論集の一つである。

（5）G. Simmel, Fragment aus einer »Philosophie des Geldes«, 1899, in: *Georg Simmel · Gesamtausgabe*, Band 5, S. 495.

（6）信頼の重要性については、居安正によるすぐれた指摘がある（居安正訳、ジンメル『社会分化論　宗教社会学』現代社会学大系1、青木書店、一九九八、三五八ページ）。ほかに、居安正『ジンメルの社会学』いなほ書房、二〇〇〇、一九ページ、六三ページ、一一〇ページ、浜日出夫「神と貨幣――ジンメルにおける社会学の形成――」、居安正、副田義也、岩崎信彦編『ゲオルク・ジンメルと社会学』世界思想社、二〇〇一、一七五―一八一ページ参照。

（7）Simmel, Zur Soziologie der Religion, in: *Georg Simmel · Gesamtausgabe*, Band 5, S. 278f.

（8）*Ibid.*, S. 272.

（9）G. Simmel, Beiträge zur Erkenntnistheorie der Religion, 1901, in: Rüdiger Kramme, Angela Rammstedt und Otthein Rammstedt (Hg.), Georg Simmel, *Aufsätze und Abhandlungen 1901–1908*, Band I; *Georg Simmel·Gesamtausgabe*, hg. von Otthein Rammstedt, Band 7, 1995, S. 10, S. 14. 参照。

（10）*Ibid.*, S. 11f.

二　生と社会から宗教へ

すでに示唆したように、ジンメルは『宗教』の最初の部分で、生の哲学の視点から、生がさまざまな要素から成り立っているのを認める。科学を求める生もあれば、芸術や享楽、あるいは商業を求める生もある。それらとならんで、「宗教的な生」（das religiöse Leben）もある。はじめは、宗教的な生がほかの生の諸要素と調和しようとはせず、生の諸要素のあいだで「矛盾と闘争」がおきる。しかし、宗教が生にとって絶対的なものとなるやいなや、新しい基礎の上に「新しい生」が生まれ、生の個々の要素は全体にたいする正しい関係を獲得するようになる。なるほど宗教は、「魂の要求と衝動から生じる」のだろう。そのばあいジンメルにとって、「宗教的なものとは、その特殊な本質において、あらゆる『事物』から自由な、その純粋な存在において生なのである」[1]。だから「宗教的な人間」は、「たんにかれにのみ固有な一定の仕方で生きるもの」と規定される。

芸術は現実の素材としての「内容」に、現実の要求とは異なる「形式」をあたえることによって芸術となる。それとおなじように、宗教的な人間の「宗教心」は、「宗教的カテゴリー」、つまり「生存し、世界を体験するための心的な様式」によって、生が知的、実際的、芸術的に整序するそのおなじ「内容」を貫流しながら、それを新しい「形式」において超越的なものへ引き上げる。このようにジンメルは、生の哲学の立場から、「もっとも内的な生の状態」としての宗教心が世界内容をその体験様式によって色づけ、「宗教的世界」を成立させると説いた。没年に出版された『生の直観』（G. Simmel, *Lebensanschauung. Vier metaphysische Kapitel*, 1918）にみられる端的な表現を引用すれば、宗教は「人間の一つの態度」[2]であって、「生は、生の諸形式の一つとして有機的に宗教を生み出した」[3]。『宗教』でもすでに、宗教が「慣習、法、個人の自由な人倫」などとならぶ社会生活の「諸形式」に属するもので、それらの「規準化様式」（Normierungsarten）の変化は、「おなじ実践的な生内容の形式的な転移にすぎない」とみなされている[4]。

それにしても、「もっとも内的な生の状態」としての宗教心から生み出される宗教は、なぜ「社会的な関係の諸形式」において成立し、そうした諸形式がさらに宗教へと独立化し、投射されていくのだろうか。その理由としては、つぎの二つの論拠があげられよう。

「一定の社会学的な諸関係のなかには、それらを宗教的な形式への受容へと予定する感情緊張と意義とが横たわっている。[5]」

「人間界にたいする人間の諸関係」のなかに作用している「力と重要性」は、宗教的な色彩を宗教の担い手の「生情調」（Lebensstimmung）として自己のなかにもち、「逆に、精神的－客観的な形象としての宗教を自己から発展させる」[6]。

ジンメルは『宗教』のなかで、存在するのは「社会的な諸関係、人間相互の諸関係」であるとの前提に立ち、「依存の感情」を重視しながら、特定の社会的態度が宗教的態度と「類似」していることを明らかにしている。そのさい、社会的態度としては、献身（Hingeben）と受容、贈与（Schenken）と受領、義務（Pflicht）、敬虔（Frömmigkeit）がとり上げられる。このうち、社会的態度と宗教的態度が統一されているのが、献身と受容、贈与と受領である。たしかに、これらに含まれている宗教的な契機は、「社会学的な出来事」としては、宗教とは何の関係もない。しかしかれは、前二者が宗教における「犠牲契機」（Opfer moment）と親和性をもっているように、後二者も、「供物」の観念と類似を示すとみる。総体にたいする個人の関係が「神にたいする義務」に配列されるのは、よくみられる現象である。しかし、「社会的なものと宗教的なものとの関係」が分離し、「社会的な義務と宗教的な義務が相関関係をもたない」ばあいもある。その例を仏教に求めて、ジンメルは、「仏教は社会的な規範を含んでもいなければ、宗教でもない」(7)と断言してはばからない。この指摘は小乗仏教にはあてはまっても、大乗仏教にはかならずしも妥当しないといえよう。

ついでジンメルは、両親にたいする子供の関係、祖国にたいする愛国者の、あるいは人類にたいするコスモポリタンの関係などを列挙し、そこにみられる共通の音調を「宗教的」とよんで、とりわけ「敬虔」に注視した。一定の社会的な関係のなかで人間が見出す宗教心の諸対象は、「かれの敬虔の所産」にほかならないからである。そのさいジンメルが、つぎのようにとらえているのを見逃してはならない。心的に特徴づけられた「社会学的な諸関係」は、「それ自体宗教的である生過程によってのみ支えられる」やいなや、「真の宗教的な現象」であり、こうした性格づけのなかで活動する諸機能が、自己の生命を獲得し、みずからの客体としての「神々」を創造した(8)。そうだとすれば、「社会的な関係の諸形式」が宗教へと独立化し、投射されるには、さきの二つの論拠に加えて、社会学的な関係そのものが「宗教的である生過程」によって担われなくてはならないといった基本的な構図が鮮明になってくる。その構図からは、ジンメルの宗教観が生の哲学にもとづいているだけでなく、形而上学的な傾向さえもっているのを確認できるはずである。

ジンメルは、社会的な形態が宗教的な色彩へと手はずを整え、後者が前者の「象徴と絶対化」としてあらわれる現象を二つの例によって明らかにしている。「信頼」についてはすでにふれたので、もう一つの例である「統一」、つまり社会集団の統一についてみておこう。かれによると、キリスト教のばあい、統一形式をローマ帝政時代の後期を支配していた「仲間精神」（Genossenschafts-geist）からうけとり、統一動機を「新しい神の人格性の様式」に求めたことが、「すべてを包括しているにもかかわらず、同時に人格である神」を創造した。これにたいし、マホメットのばあい、「部族原理の排除」が課題だったので、統一的な神は、分裂を克服すべき「形而上学的な団結」であり、「社会学的な統一体の象徴」としてあらわれた。このようにジンメルは、神の概念によって一つにまとめられている宗教的な統一のなかに、集団の統一の独特な形式が「反映ないし昇華している」ととらえる。

ジンメルからみれば、キリスト教以前の時代における神は社会的な統一体の「表現」だったので、神は、つぎのような「奇妙に複雑な社会学的地位」を示した。すなわち、神は圏の成員でありながら、成員たちにたいして頂点に立ち、かれらを統一体へ包括するが、しかし独立した、しかもかけがえのない力としてこの統一体にたいしてある意味で対立するといった地位である。それゆえジンメルの推定では、古代の人びとにとっては、超越的な存在者は神ではなかった。共同体にたいする何らかの規制された関係が発展してはじめて、「生き生きした、しかも活動的な神」が成長した。かれはこの視点から、共同体の統合原理との関連で、古代世界の神々を考察し、「社会生活の個人間の諸形式がしばしば宗教的な表象にその内容をあたえる」[9]側面を明確にしようとした。しかし、そうした意図にもかかわらず、ジンメルはキリスト教やイスラーム教をも含めて、社会集団の統一という観点から、神の社会学的な比較分析を試みているのである。この点は、マックス・ウェーバーの宗教社会学と基調をおなじくしているので、きわめて興味深い。

周知のように、「個人と社会」の問題は、ジンメルにとって社会学上の根本問題であった。かれは、社会と個人とのあいだの葛藤が宗教的世界において、神と人間の自由の問題となってあらわれる局面をとり上げている。社会学的な関係のばあい、社会と個人とのあいだの葛藤は、社会的存在と自我の衝突として個人自身のなかで展開される。そのさい概念的に考えると、自由と拘束との葛藤は両者の「変化する量」の問題として解決しうるし、全体と諸要素の抗争も「諸要素の変形」によって調停させうるだろう。「全体の特別な生」が「個人的な生」とどれほど対立しようと、社会は、成員の内容的に規定された「性質と行為」に関心をもつだけで、これらが社会の生存の「統一と完成」に役立つばあい、成員が自由な「全体的生存」を生み出すことにたいしては、いかなる異議をさしはさむはずもないからである。

これにたいし、宗教的なばあいは、事態が深刻になる。それというのも、宗教の深層には、神の意志が自由も責任ももてないほどに人間をも規定しているのか、あるいは神にたいしては、内的本質の独立がわれわれのものとなり、この独立が自由と責任とをあたえるのかという問題が含まれているからである。この問題は、「自己の生の意味」を自己のなかにのみ見出そうとする願望と、神から導き出そうとする願望との衝突にほかならない。この点ジンメルは、「自我の生感情」(das Lebensgefühl des Ich) が社会的な疑問とともに、宗教的な疑問にかんしてもおなじ問題に直面していると解して、この問題を、「われわれの魂とわれわれの運命とをその究極の根底から規定している二元対立の二つの形成、表現にすぎない」とみなす[10]。

たしかに宗教のばあいも、「自由と拘束との調和」が成り立つかもしれない。しかし、神にたいしては、神の意志にたいするわれわれの行為の一致や対立だけが重要なのではなく、「自由と独立存在との原理一般、しかもその純粋に内的な意義におけるそれ」が重要なのである。ここでの問題は、人間が自己責任を負うのか、それとも神が無私の機関とおなじように人間をつらぬいて作用するのか、自己の中心と関係する意志が宗教的に正当とされるのか、それとも神の世界計画への配列が生の唯一の動機であるはずもないのかである。だからジンメルは、宗教的な秩序における関係のなかにも、社会的な関係の「高昇と絶対化」を見出す。全体と部分、自由と拘束とのあいだの葛藤は、社会の内部においては、結局のところ「外面的なもの」にすぎず、「技術的に解決不可能なもの」にすぎない。「しかし、世界を満たしている神的な存在にたいしては、その葛藤は原理的、内面的な矛盾となり、しかもその根底からして和解できない矛盾となる。」[11] 葛藤が社会よりも、宗教的世界において厳しくあらわれる様相がみごとにとらえられている。ジンメルのこの鋭い洞察は、「自我の生感情」を軸にすえた、社会学的な分析と生の哲学との融合にもとづく複眼的な認識であるといってよい。

（1）G. Simmel, *Die Religion*, 2., veränderte und vermehrte Aufl., 1912, S. 15.
（2）G. Simmel, *Lebensanschauung*, 1918, S. 85f.
（3）*Ibid.*, S. 87.
（4）Simmel, *Die Religion*, 1912, S. 29. 参照。
（5）*Ibid.*, S. 30.
（6）*Ibid.*, S. 24.
（7）*Ibid.*, S. 35.
（8）*Ibid.*, S. 38. 参照。
（9）*Ibid.*, S. 62.
（10）*Ibid.*, S. 66. 参照。
（11）*Ibid.*, S. 70.

三　宗教から社会へ

宗教は、人間相互の心的な関係に、あるいは社会にどのような形で「反作用」をおよぼすのだろうか。この問題については、ジンメルは、「個人の一面化」をもたらす「分業」が宗教的な次元に「独特の屈折角」で反射される側面を分析したさいに直接ふれており、また、キリスト教の神を論じたところでも示唆している。

ジンメルの考えでは、宗教が「魂の救済への道」だとすれば、宗教が魂の上に放射する平等は、「各人の絶対者との直接的な結合」において成り立つ[1]。宗教的な関係のこうした類型は、「すべての原理的な分化」を拒否する。なぜなら、ここでの全体の完成は、社会における分業のように諸個人の多種多様な活動にではなく、「諸個人の同種の活動」に依存し、各人の完成は、他者の完成による補いを必要としないからである。キリスト教についていえば、一方における「みえざる教会の思想」と、他方における神を父とするキリスト教徒相互の「兄弟姉妹関係」は、分化の手段なしに統一に達するための雄大な試みであった。キリスト教の人格感情は「人間の分化した独立存在」をまったく拒否した。要するに、キリスト教の内的な「社会化」にとっては、統一体は「有機的なもの」にすぎず、その特殊性は、社会的な組織という統一化手段の断念、つまり分化の断念にあったはずである。ジンメルはこのようにとらえて、宗教的な領域におけるもっとも決定的な分業の現象、つまり「祭司層」(Priestertum)を考察した。

初期キリスト教のばあい、各人が「キリストの分肢」(„Glied Christi")だったので、役職者が分化することはなかった。しかしジンメルは、教区の膨張とそれによる成員の質の相違によって、組織が中央集権化と、最高の役職者の上昇する支配力とを必要とするようになったとみる。この「社会学的な必要性」が最高の役職者を支配者とし、かれにたいして、「平信徒」は権利のない、宗教的な意味で寄るべなきものとなってしまった。ジンメルがつぎのようにいうのも、こうした文脈においてである。「分業的な形象としての祭司層において、宗教は独特の昇華に、実践的‐社会的諸現象の形成的な諸力の抽象的な総合に到達した。」(2) しかしそれとともに、内面的な宗教的生活もかわらざるをえなくなる。だからかれは、宗教的な内面性は祭司層といった「社会学的な形象」さえも創造し、これが「宗教的な本質という心的な状態に規定的に反作用をおよぼす」と指摘した。(3)宗教的な要求はあくまでも救済の獲得にある。しかし宗教は、魂の救済を祭司に依存する人びとにとっては、かれが直接神に依存するばあいとはまったく異なった内的な意味をもたざるをえない。ここからわかるように、ジンメルは社会学的な視点から、分業の結果としての祭司層を媒介として、宗教が「心的な状態」に「規定的に反作用をおよぼす」と分析していた。マルクスの「唯物史観」にたいする反証が、ここにはっきり提示されている。

ジンメルは『宗教』の最後の個所で、「相互作用」としての「存在の統一」を重視し、その観点から神をとり上げたとき、ふたたびキリスト教の神に言及している。それによると、古代と非キリスト教世界においては、神々は「集団統一の超越的な表現」であるのにたいし、キリスト教の神は

「個人の神」（der Gott des Individuums）であり、個人から神へいたる線は「集団という中間法廷」へ広がってはいない。個人は「完全な自己責任」においてかれの神のまえに立つ。集団のような「純粋に社会学的な媒介は、キリスト教徒の神概念にとってはあまりにも狭すぎるし、あまりにも広すぎる」[4]。こうした事情から、ジンメルは、キリスト教がつねに特殊的である「社会的な統一体との神の連帯」にたいして「途方もない変革」をもたらしたと評価する。キリスト教は、その神以外のほかの神々をたんに自己からだけでなく、あらゆる世界一般から拒否する。キリスト教の神は、キリスト教の信者の神であるだけでなく、存在一般の神でもある。だからその神には、神の所有の排他性と嫉妬が欠けているばかりか、逆に、キリスト教は首尾一貫したやり方で、その神を「すべての魂一般」に承認させようとする。なぜなら、この神はこれらの魂の神でもあり、魂がキリスト教を信じるようになるのは、ジンメルにとっては、すでに存在している事実の確認にすぎないからである。こうしてかれは、「わたしの味方でないものは、わたしに反対するものである」というイエスの言葉を引用し、この言葉が「宗教の社会学（Soziologie der Religion）におけるもっとも偉大な世界史的転換の一つ」[5]であったと称賛した。

特定の社会集団と密接に結びついて、特殊主義的‐社会学的な仕方で成立した神的な存在の統一は、ジンメルからするなら、キリスト教において獲得された絶対的な統一の「前段階」であるのかもしれない。しかしかれは、キリスト教の神にしてはじめて、その領域をその神を信じる人びとをこえて、それを信じない人びとにまで広げたとみて、つぎのようにいう。「キリスト教の神はすべての超理論的な生命力によって、はじめて社会集団の排他性を打破した。」[6] 統一理念は「社会学的な制約性」、つまり部族などの社会集団のなかで高まったけれども、キリスト教の神の超越性は、そうした制限を粉砕してしまったわけである。ジンメルのこうした認識は、キリスト教の神が「社会集団の排他性」を打破した事実を強調して、宗教が社会に「規定的に反作用をおよぼす」側面を社会学的に明らかにしているといえる。そうであれば、ここにも、「唯物史観」にたいする反証を読みとれるであろう。

（1） Simmel, *Die Religion*, 1912, S. 72. 参照。
（2） *Ibid.*, S. 76.
（3） *Ibid.*, S. 75. 参照。
（4） *Ibid.*, S. 90.
（5） *Ibid.*, S. 91.
（6） *Loc. cit.*

四　二一世紀へのメッセージ

ジンメルは、宗教が「もっとも内的な生の状態」としての宗教心から生み出される一方、「社会学的な諸関係」が「宗教的である生過程」に担われて、「社会的な関係の諸形式」が宗教へと転化していく諸局面を詳細に描いた。社会的な関係の次元における献身や贈与、信頼や社会集団の統一、社会と個人とのあいだの葛藤や分業などが、宗教的な次元に投射されて顕在化する様相が鮮明にされている。しかし逆に、宗教が「心的な状態」や社会におよぼす影響も明らかにされている。そうした考察自体のうちに、ジンメル独自の宗教観が表出していることはいうまでもない。たしかにかれの宗教観には、形而上学的な傾向が強くみられる。それでも、かれが生の哲学と社会学的な分析を駆使し、あるいは両者を融合させて、個人と社会にとっての宗教の意義を積極的にとらえた点は、高く評価されてよい。

『生の直観』のなかで、ジンメルは、神の「積極的な規定のもっとも慎重な試みでさえ、われわれの思考の権能をふみこえる」(1)と述べて、神にたいする自己自身の謙虚さを告白した。一方かれは、一九一一年の論文「宗教的状況の問題」（G. Simmel, Das Problem der religiösen Lage, 1911）において、カラー写真が芸術的な肖像画にとって代わりえないように、科学によって証明できる「真理」が存在するとしても、宗教がそれによって不必要なものとはならないだろうと確信している。この論文でかれは、樹木がたえずくり返されたその果実の採取に耐えて生き残ってきたように、

「これまで、宗教というものは、さまざまな宗教が滅んだあとでも、いまだに生き残ってきた」と書き、つぎのようにつづけた。「今日の状況の異常な深刻さは、あれこれの教義ではなく、超越的な信仰内容そのものが原理的に幻想的性格（Illusionscharakter）に見舞われていることにある。」[2]たしかに、いろいろな宗教があらわれては消えていった。ロシア正教のように、旧ソ連社会主義の崩壊直前に復活したような宗教もある。なるほど、「宗教というもの」はなくならないのだろう。旧ユーゴの紛争と分裂の背景には、民族対立とともに、カトリック、イスラーム教、セルビア正教の三つどもえの確執があった。二〇〇〇年三月のローマ法王の聖地訪問で、ユダヤ教、キリスト教、イスラーム教の和解と対話が実現するかどうかは、前途多難としかいえない。ジンメルは紛争の原因として宗教をとらえることには力を入れなかったけれども、一九九五年三月の東京地下鉄サリン事件、二〇〇一年三月のイスラーム原理主義勢力タリバーンによるバーミヤンの大仏破壊などをみれば、信仰内容そのものが「幻想的性格」に冒されているというかれの警鐘は、現代にもそのままあてはまる。宗教上の愚行が多発すれば、二一世紀は宗教戦争の世紀へとおもむく。

ところで、ジンメルは、一八九〇年のデビュー作『社会的分化論』において、天国にたいする信者の関係を媒介するカトリック教会の祭司身分（Priesterstand）が分業の結果にすぎないとみて、つぎのようにとらえていた。「宗教改革はこの分化を破棄した。つまりそれは、神にたいする個人の関係を個人に返した。」[3]この認識の上に立って、かれは『宗教』で、「魂の救済の個人主義的な形式」について力説した。それによると、魂の救済とは、「魂の究極的なあこがれの満足」である。

それはまた「魂のもっとも内面的な完成の獲得」でもあるから、「魂は、この完成を自己自身とその神によってのみ解決しなければならない」[4]。この理想にとって重要なのは、魂の救済が「ある意味でわれわれが内面的にすでにそうであるもの」の発展ないしその外的な実現にすぎない点である。ジンメルからみるなら、魂の救済のこうした理想はキリスト教において暗示されているものの、この理想にとって固有なのは、「われわれのもっとも深い人格性の彫琢」、自我の法則にしたがって「自己を十分に生かすこと（Sich-Ausleben）」であって、これが同時に、「神の意志」への服従を意味しているのである。かれは『宗教』の改訂・増補版で、律法学者メイルによって語られた物語を挿入したけれども、「メイルよ、なぜおまえはメイルにならなかったのか」という主の問いほど、ジンメルの救済概念の核心をいいあてているものはない。

ジンメルは、人びとがキリスト教の救済概念の「完全な個人主義」を誤認し、すべてのものに統一的な理想を求めることによって、「各人が自分の才能を生かすべきである」ことを誤解したと嘆く。こうしてかれは、イエスが「人間の素質の相違」をいかに尊重するかを知っていたとみて、「魂の相違はまさにけっして否定されえない」[5]と強調する。すべての魂はその真の本質性において、「ほかのいかなるものとも比較できない、おそらくは唯一のもの」として、ほかのすべての魂とおなじように、おなじ救済の候補者として神のまえに立つ。したがって、ジンメルのいう魂の救済概念は、「宗教的な性質の無限な多様性」、つまり「宗教的な分化」（religiöse Differenzierung）をさしている。この分化が分業でないのは明らかである。なぜなら、それぞれの個人が独自のやり方においてであるにせよ、「ひとりだけで」完全な救済を獲得できるはずだからである。かれは、こうした宗教的な意味での「個人的な分化」を、「社会的な分化」の純粋な、完成された「対応物」とみた。

魂の救済にかんするジンメルの個人主義的な理想はかれのいう「質的個人主義」と共振しあうものだけれども、それは、客観的な宗教に個人の魂の宗教心がとって代わることを意味している。だからその理想には、ラントマンの言葉を借りれば、「プロテスタント的な、しかしむしろ神秘主義的な特徴」さえあらわれている。[6] たしかにそうだとしても、「宗教的な分化」、すなわちそれぞれの魂がその内面的な完成を「自己自身とその神によってのみ解決しなければならない」というジンメルの理想は、さまざまな宗教や宗派の違いをこえて、二一世紀においてこそ実践されなくてはならないメッセージのように聞こえてくる。これとの関連でいえば、ホルスト・ミュラーがジンメルの生の哲学と宗教について論じたさい、「橋と扉としての宗教哲学」を提起したことは、今日改めて評価されてよいのではなかろうか。[7]

かつてヘーゲルは、「外化」（Entäußerung）をとおして「絶対知」へいたる精神の過程を『精神現象学』（G. W. F. Hegel, *Phänomenologie des Geistes*, 1807）のなかで詳述した。ジンメルは、宗教のとらえ方がヘーゲルの弁証法と似ているとおもったのだろう。つぎのように書いている。「質的、心的な存在としての宗教心、宗教的な生過程（der religiöse Lebensprozeß）は、ほぼヘーゲルの弁証法的図式をおもい出させる独特な運命、自己の外なるものによって、それでも対象性の形式においてたんに自己自身のみであるような形象を獲得するために、自己から外へ出なければならない運命をもつ。」[8] しかし、ジンメルはヘーゲルとは異なり、宗教的な生過程が「客観的な宗教」へ高まったとしても、「完全な宗教」になるわけではないとみる。芸術は「つねに目標に達している」というショーペンハウアーの言葉を引きあいに出し、ジンメルは、「宗教はますます純粋な宗教になることができるにすぎない」と解して、自己の宗教観を際立たせている。

ウェーバーは、「諸宗教の心理的かつ実際的な諸連関のうちに基礎づけられている、行為への実践的起動力」に着目し、[9]「資本主義的エートス」の形成に焦点をあてて、世界宗教の歴史社会学的な比較分析を試みた。それにたいしてジンメルは、宗教心を「はじめから一次的な、それ以上に起源を求めることのできない性質」[10] と前提して、生と「社会的な関係の諸形式」、ないし「社会学的な諸関係」の視座から、宗教の心理学、いっそう適切には、宗教の現象学的社会学を展開した。かれの社会学体系からすれば、『宗教』は、一般社会学に該当するであろう。ウェーバーとジンメルは、研究方向において大きく異なっていた。それでも、研究の意図、つまり「唯物史観」にたいする批判の点では、両者は共通している。ウェーバーは、遺稿「パリサイびと」のなかで、パリサイ派とイエスとの関係、キリスト教エルサレム教団とパウロとの関係からキリスト教の生成過程を分析した。[11] 関係を重視する手法はジンメルの専売特許であるのに、その手法がうまく生かされているのに驚く。ラントマンもいうように、「マックス・ウェーバーでさえも、かれから『宗教社会学』という新しい学問分野を引き継いだ」[12]。「宗教の社会学のために」は、ジンメルが宗教社会学の創始者であることを証明している。また『宗教』は、かれを現象学的社会学の先駆者とみなすのにも十分な証拠を提供していよう。

ジンメルの形式社会学は、「相互作用ないし社会化の諸形式」を生み出す衝動、関心、目的などの社会の「内容」を無視したとして、その不毛性が酷評されてきた。しかしジンメルは、『宗教』のなかで宗教心を最重要視しているので、社会の内容をまったく捨象したとはいえない。その意味で、形式社会学に限定した従来の否定的なジンメル像は、修正される必要がある。二一世紀における新しい宗教の成立と特徴をとらえようとするなら、ジンメルの『宗教』にみられる「社会学的な諸関係」を現代の視点から再検討する作業が求められるにちがいない。

（1）Simmel, *Lebensanschauung*, S. 109.

（2）G. Simmel, *Philosophische Kultur*, 1911, 3. Aufl., 1923, S. 219.

（3）G. Simmel, *Über sociale Differenzierung*, 1890, in: Heinz-Jürgen Dahme (Hg.), Georg Simmel, *Aufsätze 1887 bis 1890. Über sociale Differenzierung. Die Probleme der Geschichtsphilosophie (1892)*; *Georg Simmel · Gesamtausgabe*, hg. von Ottheim Rammstedt, Band 2, 1989, S. 273.

（4）Simmel, *Die Religion*, 1912, S. 78.

（5）*Ibid.*, S. 83.

(6) M. Landmann, Einleitung, in: Michael Landmann (Hg.), Georg Simmel, *Brücke und Tür*, 1957; S. XXII. 参照。

(7) H. Müller, *Lebensphilosophie und Religion bei Georg Simmel*, 1960, S. 150–153. 参照。

(8) Simmel, *Die Religion*, S. 97.

(9) M. Weber, *Gesammelte Aufsätze zur Religionssoziologie*, Band I, 1920, S. 238. 参照。

(10) Simmel, *Die Religion*, S. 100.

(11) この点については、拙著『マックス・ウェーバーとエートス』文化書房博文社、一九九〇、一七二―一七九ページ参照。

(12) Landmann, *op. cit.*, S. XIII.

第六章　ジンメルの生の哲学

——その生成と現代的な可能性——

一　はじめに

生の哲学は、アルトゥル・ショーペンハウアー（一七八八－一八六〇）、フリードリヒ・ニーチェ（一八四四－一九〇〇）、アンリ・ベルクソン（一八五九－一九四一）らによって代表される哲学の一潮流である。その特徴は、観念論哲学における実在との不毛な対決をさけ、実在の本質を流動的・創造的な生（Leben）に求めて、近代文明の科学万能主義や機械的合理主義を批判したところにある。思考の原点がきわめてとらえにくい生におかれたので、生の哲学はどうしても非合理主義にならざるをえなかった。社会学者でもあったジンメルも、かれらとならぶ生の哲学者として自己の生の哲学を展開させた。ジンメルにとって、生とはどのようなものであったのだろうか。かれが自己の生の哲学を完成させるまでの思考の道程をさぐりながら、かれの生の哲学の核心とその現代的な可能性、さらには生の哲学と社会学の関係などを明らかにしてみたい。

ジンメルが自己の生の哲学を完成させる上で大きな影響をうけたのは、ショーペンハウアーとニーチェであった。「連続講演」という副題をもつ一九〇七年の『ショーペンハウアーとニーチェ』（G. Simmel, *Schopenhauer und Nietzsche. Ein Vortragszyklus*, 1907）は、そうした影響の証左といえよう。それによると、ショーペンハウアーの業績の本質的なものと独創的なものは、つぎのような哲学的世界像の内部における二つの大きな強調の移動と結びついている。その第一は、ストア派の人びとの「世界理性」からカントの「実践理性」にいたるまで、現存在の主観的かつ客観的な担い手とみなされるのをつねとした「理性」に代わって、意志（Wille）が魂と世界の根源点におかれるということ、そして第二は、現実の楽天的な美化にたいして、世界の苦悩（Leiden）がその最初の真に原理的な表現を見出したということである。

後者は、ショーペンハウアーのペシミズムにかかわるものである。前者についてみれば、ジンメルは、ショーペンハウアーが「現存在を解釈するための、ある新たな可能性の発見者のひとり」になったという。なぜならショーペンハウアーは、理性が生の中心をなしており、人間のもっとも深い存在の根底をなしているとする教義を打ち砕いたからである。そのさいジンメルは、ショーペンハウアー的な意志が理性に反対して立っているのではなく、理性の外部に、それゆえまた理性の反対者の外部に立っているだけだととらえて、ショーペンハウアーの意志の形而上学のうちに、つぎのような「人間の概念における軸の転回」を認める。すなわち、理性はもはや人間のもっとも深い実在性をなしているのではなく、たんに一つの内容、あるいは一つの形式にすぎないのであって、これは、「ほんらい実在する生」によって、「われわれの存在の生産過程」によって、はじめて二次的にうけ入れられたり、拒絶されたりするものであるといった転回である。[(1)] このようにジンメルは、ショーペンハウアーがすべての意識と知性を「意志のたんなる生産物」、「意志がその諸目的のために準備する道具」とみなして意志を最重要視し、「理性的存在としての人間観」を打破してしまったところに、かれの哲学の意義を見出す。

しかしジンメルからみれば、ショーペンハウアーのばあい、生はそれ自身において意志であるがゆえに、最終審においては、無価値と無意味を宣告されている。つまり、生は「まったく存在すべきではなかったもの」なのである。ジンメルは、人間の生にかんするショーペンハウアーの叙述や評価から、現実の苦痛だけでなく、退屈（Langeweile）や単調さこそ、かれのペシミズムのもっとも深い本質であるかのような印象をうけると指摘した上で、「退屈という事実はかれに生の無意味さを証明する」[2]と断言する。生はいわばうしろ向きに回転され、自己を死の軌道へと導く指令においてのみ一つの意味をえるようになる。ここからジンメルは、『歴史』にたいするショーペンハウアーの反感が理解しうるようになる[3]とさえいう。ニーチェのばあいにいたるところで出現してくるもの、つまり「生の祝祭にたいする感情」が、ショーペンハウアーには完全に欠けている。では、ジンメルはニーチェから何を自己の生の哲学のために学びとるのだろうか。

ジンメルは、ショーペンハウアーとニーチェとのあいだにはダーウィンがおり、ニーチェはかれの進化の思想から、つぎのような「まったく新しい生の概念」をとり出してきたとみる。すなわち生とは、おのずから、そのもっとも固有で、もっとも内面的な本質からして、「上昇」、「増大」であり、周囲の世界諸力が主体に向かってたえず成長する「集中化」である。生のなかに直接すえられた、増進、豊富化、価値完成のこうした衝動と保証とによって、ショーペンハウアーとは対照的に、「生そのものが生の目的となりうる」。そしてこれによって、「生の純粋かつ自然に経過する過程」の彼岸にあるような究極目的にたいする問いから解放される。

ニーチェにあっては、生は「生過程（Lebensprozeß）そのものの上昇、集中化、活動の増大へとおのずから向けられている、もろもろの力や可能性のみわたしにくい総体」[4]としてあらわれる。それゆえ現実の生は、多かれ少なかれ「発展」(››Entwicklung‹‹)にほかならない。人類の現存在のそれぞれの段階は、その目的を絶対者と最終状態のなかにではなく、すぐつぎのいっそう高い段階のなかに見出す。したがってジンメルは、「だからそこでは、生はいっそう充実して、いっそう豊かになっており、そこには、より以上の生(mehr Leben)がある」[5]と解する。生は、それ自身のなかに、つまりそれぞれの段階がいっそう充実した、しかもいっそう発展した段階によって「超克されること」(Überwundenwerden)のなかに、その固有価値をもっている。それを表現しているのが、ニーチェのいう超人である。

生の内容は、ここでは「生の神秘的に統一的な過程」の諸側面ないし諸現象にすぎないが、その生が、生に固有な最終審となった。そしてそれは、「生が発展であり、連続的な流動である」ことを意味する。「生はその固有の意味にしたがって、しかもそのもっとも内面的なエネルギーのうちに、より完全な諸形式と自己自身のより以上をめざし、あらゆるいまをふみこえて進んでいく可能性、努力、保証をもつ。」[6]これこそ、ニーチェがあたえた慰めであり、ともしびでもあるとして、ジンメルは、ショーペンハウアーと比べて、ニーチェが「現代の生感情」をかなり適切に表現しているようにおもわれると診断した。ここからわかるように、ジンメルは、ショーペンハウアーよりもニーチェを高く評価し、後者から生が「より以上の生」であるとともに、「より完全な諸形式と自己自身のより以上」をめざす「発展」であり、「連続的な流動」であることを学んだ。

（1） G. Simmel, *Schopenhauer und Nietzsche*, 1907, 3. Aufl., 1923, S. 29. 参照。
（2） *Ibid.*, S. 7.
（3） *Ibid.*, S. 142.
（4） *Ibid.*, S. 4.
（5） *Ibid.*, S. 5.
（6） *Ibid.*, S. 11.

二　ニーチェとキリスト教

すでにジンメルは、一九〇六年の『宗教』で、魂の救済が「魂のもっとも内面的な完成の獲得」にあるとみて、キリスト教の救済概念の本質を明らかにしていた。[1] かれが、神は存在しえないと宣言したニーチェの思考とキリスト教を比較したのも、そうした経緯があったからだろう。ジンメルによると、ニーチェは超越的な天性のもちぬしではなく、「生、歴史そして道徳の上に立つ」天性のもちぬしだった。だからニーチェには、自己の評価とキリスト教のそれとのある本質的な基準が

「同一の上位諸概念」に入れられるべきだということは隠されたままであった。しかしジンメルの視座からすれば、両者にとっては、もっぱら「個人の存在諸性質」が重要なのである。それらは、ニーチェにとっては、生の概念においてその頂点あるいはその表現を獲得するのにたいし、キリスト教においては、一つのいっそう高次な、神的秩序の諸要素として獲得される。この点ジンメルは、「ニーチェはキリスト教的な価値感情を、もっぱら利他主義のなかへおきかえることによって、キリスト教における魂の固有価値への、こうした先鋭化を完全に見逃してしまう」[2]と酷評する。富める若ものはかれの財産を貧しいものたちに贈りものとしてあげてしまうべきだといわれるとき、それは、ほどこしものをあたえることへの指令ではなく、「魂の完成と解放の、一つの手段かつ目じるし」にほかならない。

ジンメルは、カルヴァン派の言説を引用しながら、キリスト者にとって重要なのは無私、献身、卑下そのものではなく、「自己のなかに眠っている人格の質」であるとみる。ニーチェはただこれを誤認してしまった。ジンメルは、その理由を、ニーチェのまなざしが内容的かつ文書上の相違をこえて、「キリスト教的な価値設定の究極の意味」にまで到達しなかったところに求める。キリスト教的な利他主義は、ニーチェの力の理想と発展の理想からどれほど遠く隔たっていようと、狭義におけるたんに道徳的かつ社会的な、すべての理想形成にたいする対立をニーチェと共有している。すなわち、利他主義的な行為そのものにではなく、「魂の内面を形成している魂の聖化と至福」のなかに、最終的な価値が横たわっている。高貴性の理想についてはのちにふれるけれども、ジンメルのみるところでは、要するにニーチェは、かれがキリスト教と共有しあっている最重要な核心部分に気づいていなかった。

さらにいえば、キリスト教は「永遠性（Ewigkeit）にたいするその途方もない諸決定」によって、ほかのいかなる宗教にもまして危険のしるしのなかに立っているのに、ニーチェは、これをみなかった。それというのも、ジンメルからすれば、「かれは、キリスト教をただそれの現世的なものに向けられた側面からだけしか感じなかったからである」(3)。だからジンメルは、ニーチェが「キリスト教の超越（Transzendenz）」を理解できなかったことが「かれの教説とキリスト教のそれとのあいだの類似」にたいして、かれを盲目にしてしまう結果をまねいたと批判する。

キリスト教にとってもニーチェにとっても、世界の内部における絶対的な価値の担い手である「完成された人格性」が問題である。ジンメルによると、キリスト教は、これを、魂が此岸においても彼岸においても属している「神の国の理念」によって達成し、ニーチェは、「ますます完全になっていく諸個人によって、つまりそれらの個人において、それらの個人として」、その発展がおこなわれるような「人類の理念」によって達成する。ただしニーチェのばあい、「諸個人」といっても、それは、自由主義が欲するような、他者たちと先天的に同等であるような個別者たちではなく、まさに先天的に不等であるような「特定の個別者たちだけ」を意味する。すなわち、人間という種の類型が、これまでに到達したよりもいっそう高い段階を、かれらの価値のさまざまな質によって獲得するような、そうした個別者たちにほかならない。「ひとりの個人そのものの質、何らかの特別な点に到達した人類発展の高さ」こそ、ニーチェにとっては「現存在の絶対的な価値」である。したがって、「キリスト教にたいするニーチェの憎悪」は、神のまえにおける平等の思想に向けられざるをえない。これについてジンメルは、つぎのようにいう。「どんなあわれな盗賊の魂、どんなとるにたりないルンペンと愚かものの魂が、ミケランジェロとベートーヴェンの魂と同一の形而上学的な価値をもつべきであるということ――これが二つの世界観の分岐点である。」(4) ニーチェの思考とキリスト教の決定的な違いがみごとにとらえられているといえよう。

「隣人愛」(»Nächstenliebe«)にかんするニーチェのとらえ方についても、ジンメルは手厳しく批判する。ニーチェが「隣人愛」を非難するばあい、ジンメルは、かれがそれを「へたに扮装された自己愛」とみなすからであるという。「隣人への愛よりも高いのは、もっとも遠いものと未来のものへの愛である――君たちの隣人への愛を支払うのは、いっそう遠いものたちである。」ニーチェのこの言葉を引きあいに出した上で、ジンメルは、つぎのように率直に批評する。「そのさいわたしは、それでもやはり、こうした遠人愛(Fernstenliebe)はキリスト教的な隣人愛の、たんなる拡大あるいは視野を広げた技巧とみなすことができるという論評をおさえたいとはおもわない。」(5) ジンメルは、キリスト教の隣人愛にたいするニーチェの理解のなさを皮肉っているといえなくもない。

以上のように、ジンメルは、ニーチェのキリスト教解釈については、一貫して批判的な姿勢を示している。「個人主義者」であり、「発展の熱狂者」でもあったニーチェ。とくにかれの「特定の個別者たちだけ」とか、「人類発展の高さ」といった考えには、ジンメルは同調できなかったにちがいない。それというのも、かれは、各人の個性の開花を尊重する自由主義的、個人主義的な立場に立っていたし、発展史観あるいは「発展史的世界観」にたいしては、きわめて懐疑的であったからである。(6) それにもかかわらず、かれは、生をどのように解釈すべきかについては、ニーチェから多くのものを吸収している。その一端についてはすでにふれたけれども、ニーチェから何を本質的なものとして学びとったのだろうか。

（1） G. Simmel, *Die Religion*, 1906, S. 62–64. 参照。
（2） Simmel, *Schopenhauer und Nietzsche*, S. 146.
（3） *Ibid*., S. 148.
（4） *Ibid*., S. 157.
（5） *Ibid*., S. 178.
（6） 本書の第一章「社会科学としての社会学」参照。

三　生の概念への模索

ジンメルは「ニーチェの信念」を、つぎのように要約している。すなわち生の高揚は、不可避的に環境に向けられ、それを十分に利用し、自己のなかに引き入れ、支配するような「諸力の不断の高揚」を意味する。逆に、力のこうした集積、つまり支配され、足もとにふみにじられたほかの存在者たちの上でのみおこりうるこうした飛躍は、まさに人格のもつ力と気品、意義と強度の個性的な質の担い手である。上昇する生の、これまではいわば外的な条件、距離化の動機にすぎなかったもの、つまり多数者、凡庸者および弱者が先駆者、天才、生まれつきの指導者たちとおなじような歩調で上方へ発展できないのは、これによって、その積極的かつ内的な根拠をえる。大衆や社会主義社会の水準は、停滞するかもしれないし、高まるかもしれないが、その本性上、つねにただ「他者をこえて」頂点へと上昇していく、集中化された生の諸価値をもちえない。

このように「ニーチェの信念」をとらえて、ジンメルは、「生は不可避的に、いわばその形式上、諸力の集積であり、闘争と勝利であり、食いつくし、かつ消費する力であり、それがより以上の生である程度に応じて、この力の意志は高まる」と述べ、つぎのように書いた。「もしもこの概念を、ひと目で例証するような野蛮な適用をこえて、それが幾度となく隠されて、しかも断片的に働いている、いっそう繊細な、しかもたえまなく遊動している生過程の解釈のために役立てるならば、その深い意味を否定することはできなくなるだろう。」[1] ニーチェにとっては、生とは「より以上の生」

の形式を満たす。

を意味し、それによってはじめて、生はそのもっとも深い意味からして「発展」としてのみずから

しかしジンメルは、いま引用したところから推察されるように、ニーチェの生の概念からいっそう本質的なことを直観的に摂取している。すなわち、生が「幾度となく隠されて、しかも断片的に働いている、いっそう繊細な、しかもたえまなく遊動している生過程」として解釈できるのではないかといった可能性である。はじめの個所でもふれておいたように、生は「生過程」としてとらえられるにしても、それは、「生の純粋かつ自然に経過する過程」といわれたり、「生の神秘的に統一的な過程」と表現されたりしている。この点ジンメルは、「生過程」に言及したさい、「しかし、これを分析によって記述することは不可能である。なぜならそれは、その統一性において、われわれ自身のもっとももとらえにくい根本現象をなしているからである(2)」と素直に告白している。

それにもかかわらず、ジンメルはニーチェとのかかわりで、つぎのような「生の形而上学的な概念」を練り上げている。すなわち生は、その最大の価値をピラミッドの形成のさいに獲得するような「一つの統一」、自己の諸力を「一つの先頭」のうちに流入させるときに、もっとも完全に形成し終えるような「一つの統一」として把握されなくてはならないというものである。ここでは、個々人は、それをとおして、あるいはそれにおいて「生全体の唯一の本質的な過程」が実現される、それ自身無意味な容器もしくは形式にすぎない。したがって「そのばあい、生は形而上学的な権利をもって、自己の形成および価値完成の理想を自己のうちに担い、この理想の内部では、生の個々

の担い手のいかなる特殊な要求も正当とはみなされなくなるだろう」[3]。こうした「生の形而上学的な概念」のうちには、ジンメルに特有な生の哲学の構築に向けた着想が秘められている。

ニーチェとの格闘のなかで、ジンメルはたしかに、生が「より以上の生」であると知った。しかしそれ以上に、かれは、生が微細な活動としての「生過程」であることを感じとった。それでもかれは、その「生過程」を明確に概念規定できないもどかしさに終始苦しんでいる。その意味で、『ショーペンハウアーとニーチェ』は、ジンメルが自己の生の概念と生の哲学を完成させるための工房にほかならなかった。

ところで、さきの『宗教』に目を転じれば、一九〇六年の初版には、「生過程」という言葉はみあたらない。二四ページほど増えて、第二版にあたる改訂・増補版が一九一二年に出ると、補筆された重要な個所に、この言葉が登場してくる。その最初と最後の個所だけを引用してみよう。

「人間の宗教的な情調は、かれの生過程の特徴的な経過様式として、この過程がおこるあらゆる可能な領域を、宗教的な領域として体験させる。」[4]

「質的、心的な存在としての宗教心、宗教的な生過程は、ほぼヘーゲルの弁証法的図式をおもい出させる独特な運命、自己の外なるものによって、それでも対象性の形式においてたんに自己自身のみであるような形象を獲得するために、自己から外へ出なければならない運命をもつ。」[5]

後者は第五章においても引用したけれども、ここでは、生の一要素としての「宗教心」が「宗教的な生過程」といいかえられているのを見落とすわけにはいかない。一九〇六年の『宗教』でも、

「宗教的な生」が重視されている。だからその時点ですでに、ジンメルは生の哲学への志向性をもっていたのだろう。しかし一九〇七年の『ショーペンハウアーとニーチェ』で、ジンメルは、ニーチェから生が「生過程」であると直観するとともに、この著作を起点として、その思考を生の哲学へと大きく旋回させていく。だからこそ、一九一二年の第二版でこの用語を導入し、はっきりと生の哲学の立場から宗教を論じたわけである。ただし、そこでもやはり、「生過程」にかんする定義はみられない。

前者の引用はほぼ四ページにおよぶ挿入部分からのものだけれども、その個所では、「もっとも内的な生の状態」としての宗教心から「宗教的世界」が成立すると説かれており、明らかに生の哲学が展開されている。したがって、一九一二年の『宗教』は、ジンメルにとって、かれが自己の生の哲学を仕立てあげるための力強いデッサンであったにちがいない。たしかに、生への関心は、一九〇〇年の『貨幣の哲学』、一九一〇年の『哲学の主要問題』（G. Simmel, *Hauptprobleme der Philosophie*, 1910）、一九一三年の『ゲーテ』（G. Simmel, *Goethe*, 1913）、一九一六年の『カントとゲーテ』（G. Simmel, *Kant und Goethe*, 3. Aufl., 1916）および『レンブラント』などにもみられる。それでも、生あるいは「生過程」を明確に表現するためには、一九一八年の畢生の作品『生の直観』をまたざるをえなかった。

（1）Simmel, *Schopenhauer und Nietzsche*, S. 167.

（2） *Ibid.*, S. 4.
（3） *Ibid.*, S. 168.
（4） G. Simmel, *Die Religion*, 2., veränderte und vermehrte Aufl., 1912, S. 15f.
（5） *Ibid.*, S. 97.

四　理念への転回

『生の直観』は第一章「生の超越」（Die Transzendenz des Lebens）、第二章「理念への転回」（Die Wendung zur Idee）、第三章「死と不滅」（Tod und Unsterblichkeit）、第四章「個性的法則」（Das individuelle Gesetz）から成り立っている。このうち、第二章から第四章までは、雑誌『ロゴス』（*Logos*）に発表されている。ここでは、ジンメルの生の哲学の内実をもっともよく示しているとおもわれる第二章をとり上げておく。

それによると、生のさまざまな産出物は、生のほかのすべての現象とおなじように、さしあたり、生の連続的な経過に組み入れられ、しかも奉仕させられている。しかしいまや、「大きな転回」がおこり、「理念の諸王国」（die Reiche der Idee）が生じる。すなわち、生が自己自身のために欲し、自己の固有な力動から引き起こした「諸形式ないし諸機能」は、つぎのような仕方で自立的となり、決定的となる。つまり、逆に生がそれらに奉仕し、生の諸内容がそれらに組み入れられ、しかも、こうした組み入れの成功が究極的な価値と意味とを充足させるものとみなされるといった仕方である。ジンメルは、マルクスを意識しながら、それは「かつてこれらの形式を生の経済にはめ込むこと」がそうみなされたのと同様であるとつけ加えている。

ジンメルは以上の点を、くり返しつぎのように説明している。「偉大な精神的な諸範疇」は、たとえそれらがまだまったく生にとらえられていて、生の平面に横たわっていようと、やはり生の建設に従事している。そのかぎりで、それらの範疇は、生にたいして何か受動的なもの、屈従的なものをもっている。それというのも、それらは、生の全要求にしたがわざるをえず、この要求に応じて、生のために果たすことを修正しなければならないからである。ところが、「例の、生の大きな軸の転回（große Achsendrehung des Lebens）がそれらの範疇をめぐっておこったとき、はじめてそれらは、文字どおり生産的となる」[1]。すなわち、事実上それらの範疇の独自な諸形式がいまや支配的な特徴となり、諸形式が生の素材を自己のうちにうけ入れ、生の素材はそれらに譲歩しなければならなくなってしまう。このようにとらえて、ジンメルは、実際上の目的のために獲得される知識（Wissen）から学問（Wissenschaft）が生じ、ある種の生命的－目的論的な諸要素から芸術、宗教、法などが生じる局面を、つまり「形式がその生命的な妥当からその理念的な妥当へと転化する点」を詳細に描いた。そのいくつかを概括してみよう。

生は、生のほかのあらゆる機能と同様に、認識する機能をも創造する。それでも、生命的に規定された「認識作用」はすべて、まだいかなる学問でもない。実践的な、生に要求されて、生に織り込まれた知識は、学問とは原理的に何の関係もないからである。学問からみれば、そうした知識は学問の「一つの前形式（Vorform）」にすぎない。認識作用は、それが意識的、実践的な生の脈拍ないしは媒介であるかぎり、純粋な、知的な諸形式に特有な創造性にけっして由来しておらず、世界の現実性と織りあわされている生の力動に支えられている。しかし、さまざまな認識像の規定根拠を、諸内容とそれらの生にたいする意義からとり出し、認識諸形式自身へと移転させるような軸の転回によってはじめて、学問とよばれるもの、理論的な「世界」をなすようなものが成立する。これらの認識形式は、いまやまったく真正な想像力で満たされているようにみえるし、固有法則性と充足性をもった一つの世界をみずからつくり出す。認識の世界におけるこうした軸の転回について、ジンメルは、「まず人間は生きるために認識するが、しかしやがて、認識するために生きる人間が存在するようになる」(2)とうまく表現している。実践の内部では、真理は生のために求められるけれども、軸の転回によって生から分離された学問が成立すれば、そこでは、「真理は真理のために」探究されるようになる。

芸術の世界が成立するのも、おなじような軸の転回による。「みること」（Sehen）は意図をもったさまざまな活動のたんなる手段にすぎない。しかし、みる機能が諸内容のために効力を生むのではなく、みる機能のために、しかもその機能をとおして諸内容が創作されるという転回がおこったとき、芸術が芸術としてあらわれる。この点ジンメルは、「一般にわれわれは生きるためにみるが、芸術家はみるために生きる」(3)という。みることは、芸術のばあい、実践的な、視覚的でない諸目的との織りあわせから分離されている。芸術家は第一次的に、しかも本質的に、かれのみることのうちに「より以上の生」をもつ。これを表現するのがさきの転回である。すなわち、実在的な生の内部で、しかも諸目的のために生み出された「形式」は、もはや生命的な秩序に適応せず、むしろ、生が自己を適応しなければならない秩序を、自己自身で規定し、あるいは完成することによって、「一つの理念的な世界」を生み出す。日本の古美術の収集家でもあったジンメルが、ひびや欠け目に繊細な金の象嵌がほどこされた昔の日本の茶碗のうちに、こうした「転回の徹底性」を見出しているのは、きわめて興味深い(4)。

ジンメルは、すぐれた芸術作品についてふれ、そこでは、生は生に固有な実践的諸目標に向かって、それらの形式をとおりぬけて流れるのではなく、それらの形式のなかにせき止められてしまっており、いわばその力をそれらに譲渡してしまっているとみる。それらの形式は、いまやそれらに固有な法則にしたがって活動しているわけである。すぐれた作品は、たんなる芸術的な価値をこえて、いっそうの幅広さと奥深さといった印象をあたえる。こうした印象が示しているのは、「活動している諸要因の二元性」ではなく、「それらの統一的な連続」である。生がその生物学的、宗教的、心的、形而上学的な意義をもって、芸術的な諸形式のかなたから、作品のなかに入り込んで影響をあたえるのではなく、「これらの形式が生の諸形式そのものなのである」。「すべてのすぐれた芸術が示している芸術より以上のもの（das Mehr-als-Kunst）は、いまや純粋に理念的な、生から自由な形象として、その芸術が出てきたのとおなじ源泉から流れ出る。[5]」こうした指摘には、芸術に造詣が深かった生の哲学者ジンメルの面目躍如たるものがある。

ついでジンメルは、おなじ文脈で宗教の世界を論じてから、やや視点をかえて、法、経済、倫理の世界について素描した。つまりかれは、それらの理念ないし形式が学問や芸術とおなじようにしてつくりあげられるとしても、逆にむしろ、「生の素材の形成者」となっている局面に力点をおいて、それらの世界を考察した。ここでは、法と経済の世界について簡単にみておきたい。

全体は生きようとし、こうした意志から、しかもこうした意志の手段として、諸個人の態度を規制する諸形式をつくり出す。「正しい」態度の規範のなかには、のちに道徳的、法的、宗教的、因習的な方式に分化するすべての制裁が、まだ区別されないままに安らいでいる。けれども、そこにはまさに、規範と同様にその遵守が、事実的に経過する「生過程」のなかに、有機的かつ連帯的に、その機能の一つとして格納されている。しかし「法」は、まったく別の平面にその場所をもっている。法が発効するやいなや、その諸内容がどれほど「目的適合的」であろうと、それらの内容を実現する意味は、いまや目的適合的であることではなく、それらの内容こそが法であるということになる。すなわち、軸の転回によって法が成立したとき、すべての目的論はやみ、法が法として自己目的となる。ジンメルは、「世界は滅びるとしても、正義はおこなわれるべきである」（fiat justitia, pereat mundus）ということわざにふれながら、つぎのように述べている。「法の範疇の活動的な事実性は生のなかで、しかも生から発展するが、しかし、その事実性が逆に、自己にしたがって生を規定する瞬間から、その独立性がこの生の否定にまでいたるといった、自己の客観的な存在の価値を実証していることは、精神的な諸世界の、もっとも深い根底に埋め込まれた逆説に属する。」(6) 宗教の世界における殉教とはちがった、生の悲劇がとらえられているといえよう。

経済についてみれば、それが純粋に客観的な、即物的－技術的な諸法則性と諸形式にしたがって進行する過程となり、所有者と経営者が労働者と使い走りの少年と同様に、生産過程の奴隷となるとき、完全な転回がおこり、それによって、経済は現実に一つの世界自体となる。ジンメルは、その諸形式が生の展開自身から生み出されながらも、自分から生を支配する諸世界のなかで、「近代経済」ほど、もっとも直接的な生に根づいていながら、軸の転回のあと、生のほんらいの意味と固有な諸要求にたいし、容赦ない客観性と悪魔的な暴圧でもって対抗する世界はないだろうと指摘する。そしてかれは、生と、生自身によって目的適合的に生産された諸形式が獲得する「生への対向」とのあいだの緊張は「ここでは、最大限に――もちろん一つの悲劇と戯画にすら――なった」とみる。

以上のように、理念への転回の諸局面を明らかにしたあと、ジンメルは第二章の末尾で、つぎのようにまとめた。すなわち、「生はその生理学的な段階ではたえざる産出であり、それゆえ簡潔な表現をもってすれば、生はつねにより以上の生であるように――、それは、精神の段階では生より以上である何かあるもの（etwas, das Mehr-als-Leben ist）を、つまり客観的なもの、形象、それ自体において有意義で妥当するものを産出する」[7]。生が自己をこえるこうした上昇は、生につけ加わるものではなく、生に固有の直接的な本質それ自身である。そしてかれは、生がこうした本質を明らかにするかぎり、それを「精神的な生」(geistiges Leben) とよぶ。

「創造的な生」は、たえずみずから自身をこえていき、みずからその「他者」をおのれのまえにすえる。ところが、この他者は、軸の転回によっておのれ自身から形成されたものにしたがって、おのれを形成するようになる。「精神的な生」は主体をとおりぬけることによって、他者である理念の王国に到達するが、逆に後者は、自立的、主体的となって、それを生み出した主体に「反作用」をおよぼす。相対主義的な過程のなかで、いっそう高次なものが展開され、それがやがて主体的と認められるようになる。こうしてさらに、「文化過程の無限性」のなかに陥っていく。ジンメルはここに、「文化過程の全般的な悲劇、精神一般の悲劇」を読みとるとともに、生に対立するものがもつ、実在的な生には依存しない、それ自体として存在している意義のうちに、「創造的な生の形而上学的な、心理学的ではない性格」を見出した。

(1) G. Simmel, *Lebensanschauung*, 1918, S. 38.

(2) *Ibid.*, S. 57.

(3) *Ibid.*, S. 66.

(4) *Ibid.*, S. 71f. 参照。オットハイン・ラムシュテット教授から送られてきた貴重な資料によれば、ジンメルは日本の酒盃についても具体的な報告をおこない、「日本人のすばらしい様式化能力」をとりわけ高く評価していた。そのことが、ジンメルの報告を聞いたO・ヴルフによって記録されている。*Zeitschrift für Ästhetik und allgemeine Kunstwissenschaft*, Band VI, 1911, S. 464. 参照。

（5）Simmel, *ibid.*, S. 85.

（6）*Ibid.*, S. 90f.

（7）*Ibid.*, S. 97.

五　「形式」と「前形式」

ジンメルに特有な生の哲学の核心は、すでに明らかにしたような理念への転回に求められる。それでも、ジンメルがそれを案出するにあたって、そのきっかけをあたえてくれたのは、やはりニーチェであったようである。かれは、ニーチェの高貴性の理想について論じたさい、「生過程一般という事実、世界諸要素がうけ入れたこの神秘的な形式」がニーチェにたいして、明らかに陶酔的な、圧倒的な作用をおよぼしたと推測する。その上でかれは、ニーチェの「高貴性の理想は、生過程が発展、淘汰、飼育として、その形式のなかでそこまでこぎつけることのできる、きわめて精巧な昇華にすぎない」(1)ととらえていた。すなわち、ジンメルからみるなら、高貴性の理想は、ニーチェという個性的な生が咲かせた「謎のような花」にほかならなかった。そうだとすれば、こうした解釈の延長線上に、「精神的な生」による理念ないし文化の形成という構想が浮かんできたとみてまちがいない。ジンメルにあたえたニーチェの影響は、きわめて大きい。

ショーペンハウアーもさることながら、ジンメルの生の哲学に刺激をあたえた人をもうひとりあげるなら、おそらくヘーゲルであろう。かれは『精神現象学』のなかで、「死を恐れ、荒廃からきれいに身をまもる生ではなく、死に耐え、死のなかでみずからを支える生こそ精神の生(Leben des Geistes)である」(2)と書いている。苛酷ともいえる「精神の生」のあり方が示されている。ジンメルがこれを読んだかどうかは問わないとして、かれは『哲学の主要問題』のなかで、ヘーゲルの哲学を「生成の哲学」と規定し、「理念の自己運動」をかれなりに解釈して、つぎのように述べている。「偉大な一連の諸形象は、主観的、心理的な着想と労働によってつくり出されるが、しかし、これがおこってしまったあとでは、はじめにそれらを生産した、あるいはあとからそれらを再生産する個々の精神をこえて、独自の客観的、精神的な存在を獲得する。」(3)そうした「諸形象」の例としてかれがあげているは、法の諸条項、言語、芸術と学問の所産、宗教などである。したがってこの一文は、まさに理念への転回を先取りしているといえる。ヘーゲルの哲学にたいしては批判的なところもみられるけれども、かれの思想は、ジンメルにとって示唆に富むものであり、有益だったにちがいない。創造的な生はみずからその「他者」をおのれのまえに対置し、みずから自身をこえていくといったジンメルの考え方には、ヘーゲルの弁証法的な思考の影響が強くみられる。阿閉吉男も、「ジンメルが晩年へーゲルを高く評価した」と述べて、両者の共通点を明らかにしている。(4)

ところで、「生過程」との関連でみれば、すでに示唆しておいたように、「前形式」という概念が注目されてよい。この概念は『生の直観』第二章のうち、とくに学問と芸術をとり扱った個所に多くみられる。ジンメルは、両者を考察するにあたって、「時間的、主体的な生のある種の諸経過」は宗教、芸術、学問の「胚子的な段階」のようなもので、宗教、芸術、学問からみるなら、そうした諸経過はそれらの「前形式」のようにおもわれると前置きしている。この前提に立っていたから、実践的な、生に要求されて、生に織り込まれた知識は、学問の「一つの前形式」とみなされるわけである。同様に芸術の領域では、みることとや省くことなどの「生の実在性」が「芸術の前形式」にあたる。「生過程の内容は、それが純粋に自然的－現実的に、しかも世界に織りあわされて登場するかぎり、芸術作品の前形式（Vorform des Kunstwerks）としてあらわになる。(5)」このように述べて、ジンメルは、過去のものが過去のものとしてわれわれに提示される仕方や歴史叙述をも芸術の前形式に数えている。

「形式」と「前形式」は、どのようなものであり、どのような関係にあるのだろうか。さまざまな形成が「生の素材と生の無限な流れの手段」となっているばあいが後者、逆に、さまざまな形成が「自己価値として生の素材を自己のうちに引き入れ、しかもそれによってその素材を決定的な形象で表現する」ばあいが前者である。[6] 生過程の内容は「生命的な前形式」であると同時に、さまざまな理念という形式の前形式でもある。たしかにジンメルは、目立たないさまざまな移行という形で、理念的でない諸形象から理念的な諸形象が生じてくるのを認める。ただし、かれが理念的な形象を「生命的な経過のたんに段階的な上昇」と解してはならないと指摘しているように、前形式がしだいに「生命的 - 目的論的な連関」を失って、理念という形式に発展するわけではない。

諸現象は「原理的な急変点」をまったく知らないようにおもわれるとした上で、ジンメルは、つぎのように強調する。すなわち、「そうした急変点はまさに原理的に存在するのであり、芸術は、一般に理念はまさに、それが生の他者であり、生の実践、生の偶然性、生の時間的な経過、生の目的と手段の無限な連鎖からの解放であることによって、その意味とその権利を引き出す」。[7] ここからわかるように、前形式は「原理的な急変点」、つまり軸の転回を経験してはじめて、理念という形式へいたる。芸術的な像が「完全な軸の転回」によって成立するように。

このようにみてくると、「生過程」にかんするジンメルの構図が鮮明になってこよう。その構図を簡潔に表現すれば、つぎのようになる。生過程の内容は理念の前形式であるとしても、生に奉仕させられている前形式が自立的な理念の形式へと転化するには、軸の転回によるほかない。ここからは、かれが生過程を連続的な流動のうちにとらえるために、前形式という媒介概念を用いていることが察知されるはずである。また、生過程の連続性を重視したからこそ、かれは、ニーチェをこえて、「生理学的な段階」にとどまらず、「精神の段階」における生のあり方をも明らかにできたわけである。しかし、第二章にみられるそうした努力によって、生あるいは「生過程」が十分に解明されたかといえば、けっしてそうではなかった。その理由は、のちに示されるであろう。

（1）Simmel, *Schopenhauer und Nietzsche*, S. 191.
（2）G. W. F. Hegel, *Phänomenologie des Geistes*, 1807, 6. Aufl., 1952, S. 29.
（3）G. Simmel, *Hauptprobleme der Philosophie*, 1910, in: Rüdiger Kramme und Otthein Rammstedt (Hg.), Georg Simmel, *Hauptprobleme der Philosophie. Philosophische Kultur; Georg Simmel・Gesamtausgabe*, hg. von Otthein Rammstedt, Band 14, 1996, S. 67.
（4）阿閉吉男『ジンメル社会学の方法』御茶の水書房、一九七九、二六―二七ページ参照。
（5）Simmel, *Lebensanschauung*, S. 68f.
（6）*Ibid.*, S. 84. 参照。
（7）*Ibid.*, S. 83.

六　形而上学的な生の概念

ジンメルは、一九一〇年の『ロゴス』第一巻に「死と不滅」にあたる章を発表したあと、一九一三年の第四巻に「個性的法則」に該当する章を載せた。この章では、当為（Sollen）が「個人的な人格性の全体的な生の一つの機能」であるとの立場から、当為が「まさにこの個人の客観的な当為、この個人の生のなかから、この個人の生に向けて立てられた要求」[1]であるとされている。その後かれは、一九一六／一七年の第六巻に「理念への転回」に相当するつぎの二つの論稿を分載する。「生の断片性格。形而上学のための予備的研究から」（G. Simmel, Der Fragmentcharakter des Lebens. Aus den Vorstudien zu einer Metaphysik, 1916/17）および「理念のさまざまな前形式。形而上学の研究から」（G. Simmel, Vorformen der Idee. Aus den Studien zu einer Metaphysik, 1916/17）がそれである。そしてかれは、これらの旧稿をまとめる形で、新たに第一章「生の超越」を書き、『生の直観』として完成させた。そうであれば、第一章は、とりわけ重要な意味をもつ。

その第一章において、ジンメルは、生を「世代の系列をつらぬく連続的な流れ」としてとらえる一方、生の担い手を「諸個体」（Individuen）に求める。しかしそうなると、そこには、生は「限界のない連続性」であると同時に、「限界の定められた自我」であるという「生の一つの究極的な形而上学的問題性」が発生してしまう。この問題性を克服するために、かれは「生の本質をなす構造」を、つぎのように考えた。すなわち生は、休止することのない流動であると同時に、自己の担い手と内容とのうちに完結したもの、中心点のまわりに形づくられたもの、個性化されたものであり、したがってほかの方向からみれば、「つねに限界づけられた形成であり、その限界づけられていることをたえずふみこえていくもの」である。かれからすれば、「生には超越が内在している」[2]のであって、生の本質は、「生の超越」（Lebenstranszendenz）のうちにある。

ジンメルは、形式を個性ととらえ、「生と形式との、あるいは別に表現すれば、連続性と個性との和解できない対立」に着目する。かれによれば、われわれは、限界から自由な生と限界を確保された形式とに分けられているのでもなければ、一部が連続性において、一部が個性において生きているのでもない。むしろ「生の根本本質」とは、自己超越というそれ自身において「統一的な機能」なのである。その機能は、連続的な生の流れと個性的にまとまった形式との二元性に分割されるものを、直接「ひとつの生」として現実化する。二元性の一方を生とよび、その他方を個性的な形成、前者とは反対のものとよぼうとするならば、ジンメルはさらに進んで、「生の絶対的な概念」を獲得しなければならないという。絶対的な生は、相対的な意味での生とその対立者を含むようなあるものである。したがって、「生の超越」は、生の障壁、つまり他者を設立し、しかも突破する「統一的な作用」としてあらわれるにちがいない。

ジンメルの目からみれば、生にかんするこうした理念を満たす方向にあるのが、ショーペンハウアーの「生への意志」とニーチェの「力への意志」である。そのばあい、ショーペンハウアーは限界から自由な「連続性」のほうを、ニーチェは形式で限定された「個性」のほうをいっそう決定的なものと感じていた。しかし、「双方の絶対的な統一」こそがまさに決定的なものであり、生の本質をなすものである。この点がかれらに見落とされてしまったのは、かれらが「生の自己超越」(Selbsttranszendenz des Lebens)を一面的に意志的なものとしてとらえてしまったからである。こうした批判をふまえて、ジンメルは、生の自己超越が生の活動のあらゆる次元にあてはまると主張し、生に「二つのたがいに補足しあう定義」をあたえる。すなわち生とは、「より以上の生」(Mehr-Leben)であり、しかも「生より以上」(Mehr-als-Leben)である。

活動としての生は、その絶対量がどれだけであろうとも、ただ「より以上の生」であることによってのみ存在しうる。およそ生が存在するかぎり、生は生きたものを生む。生理学的な自己維持は、すでに不断の新たな産出だからである。逆に、ジンメルの確信するところでは、死がはじめから生に同居しているとするなら、これもまた、生が自己自身をこえて前進することなのである。こうしてかれは、「一つの作用において、自己を維持しながら自己を高めていく生」であると同様に、無に向かって、「一つの作用において、一つの作用として自己を維持しながら低下していく生」でもあるところに、「より以上の生」の「絶対的な概念」を見出す。したがってこの概念には、より以上とより以下とが相対的なものとして含まれている。成長と生殖において、自己自身の上に高まり、老齢と死において、自己自身の下に低下するように、個体的な存続の限定性をそのように止揚していくのが、生それ自身なのである。「おそらく人間の不滅にかんする全理念は、生が自己自身をこのようにこえることにたいして蓄積された、一回的な途方もない象徴の形において高められた感情を意味しているにすぎない。」[3] ジンメルはすでに、死と不滅については考察をすませていたけれども、ここには、その考察をふまえたかれの鋭い洞察が示されているといってよいだろう。かれが「死と不滅」にかんする章で、「われわれは、船の上でその航路とは逆の方向に歩む人たちのようなものである」[4] と述べているのは、まことに印象深い。

「生より以上」についてはどうだろうか。ジンメルが強調するところでは、精神的な生は、「自己を何らかの諸形式のなかに示す」よりほかに、まったく「なしえ」ない。[5] そのばあい諸形式とは、心的なエネルギーがそこに実現されている、さまざまな言葉や行為、さまざまな形象や内容をさす。しかし、生の諸形象であるこれらの形づくられたものは、成立した瞬間に、すでに独自の意義、堅固さおよび内的な論理をもっており、それらを形成した生に、それらによって対立する。なぜなら、生は「休むことのないさきへの流れ」であり、いかなる形式であれ、それが「形式」であるがゆえに、その上にあふれ出るからである。「生は、諸形式のなかにのみ収容されることができても、しかし諸形式のなかに収容されることができない。」[6] 生は、この矛盾にとりつかれているので、生がつくったいかなる形式をも打ち砕く。まさに生はつねに、そのときそのときに生に分けあたえられ、しかも生自身から生じてくる形式のうちに収容されるもの「より以上の生」である。

こうしてジンメルは、生が「より以上の生」であるだけでなく、「生より以上」であるようなばあいへと、つまり生が超越していく次元へと目を向ける。かれによると、自立的な、産みの親からは将来独立する存在者の産出が、生理学的な生に固有であり、生を生として性格づけている。それと同様に、独自の意味をもった内容の産出が、精神の段階における生に固有である。われわれのさまざまな表象、認識、価値、判断などは、それぞれ意義をもち、実際に理解され、歴史的に作用しながら、「創造的な生」の彼岸に立っている。このようにとらえて、かれは、つぎのようにいう。「生が現実に自己を制限している形式を、自己に特有な平面の内部で超越することが、より以上の生であり、しかもこの生が生そのものの直接的かつ不可避的な本質であるのとおなじように、論理上、自律的な、もはや生命的な意味をもたない事物内容の平面へ生が超越することが、まったく生から切り離しえない生より以上であり、精神的な生そのものの本質である。」[7] 生は、たんに生であるのではなく、もっとも広い概念として、いわば「絶対的な生」として、生のいっそう狭義の意味と生から自由な内容とのあいだの「相対的な対立」を包含している。生が独自の意義と独自の法則をもつ何かあるものを産出することが、「精神的な生の定義」の要点にほかならない。

ジンメルは、生が独立形式のなかで自己自身と対立するところに、「生の自己疎外」(Selbst-entfremdung des Lebens) を見出した。しかし、それは矛盾であるわけではない。それが矛盾としてあらわれるのは、生を「一つの連続的な活動」として把握する代わりに、生をそれ自身のなかに二つの中心をもつ実体であるかのようにとらえてしまうからである。一方に「より以上の生」があり、他方に「生より以上」があって、両者が対極的に分断されているのではない。かれによれば、生が「自己を制限している形式を、自己に特有な平面の内部で超越すること」が、「より以上の生」

であり、「生そのものの直接的かつ不可避的な本質」をなしている。ここからわかるように、「より以上の生」の連続線上に「生より以上」がある。いいかえるならば、両者は「一つの連続的な活動」、つまり「過程」をなしているのである。だからこそかれは、論理上の困難を十分承知しながらも、つぎのように表現できた。

「生は、その本質、その過程を、より以上の生および生より以上であるところに見出すのであり、生の原級は、それ自体すでに比較級である。[8]」

これが、ジンメルが最後にたどりついた「形而上学的な生の概念」(metaphysischer Lebensbegriff)である。生あるいは「生過程」がみごとに凝縮されてとらえられている。終始ジンメルを悩ませてきた「生過程」の特質は、生が「より以上の生および生より以上」である点に求められている。すでに示したように、ジンメルは、ニーチェから生が「より以上の生」であると同時に、「発展」であり、「連続的な流動」でもあることを学びとっていた。またかれは、ニーチェをとおして、かれに特有といいてよい「生の形而上学的な概念」をも手に入れていた。ジンメルがニーチェの「人類の理念」に影響されて、生の連続的な流動を「より以上の生」として、たんに「生理学的な段階」で再解釈しようとしていたのであれば、かれは、けっしてニーチェをこえられなかったであろう。連続的な流動である生が、「精神の段階」では「生より以上である何かあるもの」を生み出すと考え、「精神的な生」による理念ないし文化の形成を説いたところに、ジンメルの生の哲学の独創性がある。この点、ドイツの社会学者クラウス・リヒトブラウは、つぎのように的確に述べている。「かれが生のこうした価値高昇過程を、より以上の生をめぐる永遠の闘争と書きかえたかぎり、かれは結局、忠実なまでにニーチェにとどまっていた。かれが新しい精神的な生内容をめぐる闘争を、生より以上をめぐる闘争として理解したかぎり、かれは同時に、ニーチェよりさきのことまで考えることを試みた。」[9] たしかにそのとおりである。ましてジンメルは、かれの生の哲学の拠り所となる「形而上学的な生の概念」を明らかにできたのだから、ニーチェを完全に超越できたといえるのではなかろうか。

（1） Simmel, *Lebensanschauung*, S. 225f.

（2） *Ibid.*, S. 14.

（3） *Ibid.*, S. 21.

（4） *Ibid.*, S. 110.

（5） *Ibid.*, S. 22. 参照。

（6） *Ibid.*, S. 23.

（7） *Ibid.*, S. 24.

（8） *Ibid.*, S. 27.

（9） K. Lichtblau, Das »Pathos der Distanz«. Präliminarien zur Nietzsche-Rezeption bei Georg Simmel, in: Heinz-Jürgen Dahme und Otthein Rammstedt (Hg.), *Georg Simmel und die*

Moderne, 1984, S. 264.

七　結び

ジンメルが肝臓癌のために六〇歳で没したのは、一九一八年九月二六日午前九時。『ゲオルク・ジンメル全集』第一六巻の編者グレーゴル・フィッツィとオットハイン・ラムシュテットによれば、『生の直観』は、ジンメルの死から三カ月たって、正確にいえば、「一九一八年一二月一三日と二四日のあいだに」、ドゥンカー・ウント・フンブロート社から出版された。[1] 未亡人となったゲルトルート・ジンメルは、一二月二八日、夫の愛弟子のひとりマルガレーテ・フォン・ベンデマンにその本について知らせ、夫の「遺言」としてそれを彼女に送った。ジンメルは、ゲルトルート夫人ともうひとりの愛弟子ゲルトルート・カントロヴィチの援助をうけながら、癌の苦しみとの闘いのなかで、一九一八年九月二日には、「まあまあ我慢できる時間」に校正に専念した。九月一三日には、あらゆる苦しみにもかかわらず、かれは「最後のゲラ刷り」を読んだ。[2]

ややながくなってしまうけれども、『生の直観』の章構成について、ジンメル自身が説明している個所を引用してみよう。「第二章から第四章までの旧稿は『ロゴス』に発表された。第二章は本質的に増補しただけで、あまり変更されていない。ほかの二つの章は、堅持されている根本動機からして、新しい仕事とみなしてよい。しかし、決定的な点――これは個々の発表においては明瞭にできなかった――は、いまやこれらすべてが第一章で説明された形而上学的な生の概念によって一つにまとめられており、しかもそれらの究極的な意味がこの概念の可能な展開の諸部分として示されるということである。」[3]かれは癌の痛みをこらえながら、第一章とこの個所をとりわけ入念に校正したにちがいない。「個々の発表においては明瞭にできなかった」とかれ自身が書いているように、「形而上学的な生の概念」を明らかにして、各章を関連づけるには、第一章をまたねばならなかった。そうであれば、「本質的に増補しただけで、あまり変更されていない」第二章は、「形而上学的な生の概念」の可能な展開部分であるとしても、そこにみられる生あるいは「生過程」のとらえ方は、十分ではなかったわけである。

ジンメルの生の哲学の内実は、かれの死の前年まではほぼできあがっていた。しかし、「形而上学的な生の概念」を明確にして、生の哲学の全貌を提示できたのは、まさにかれが自己の死へと向かう極限状況のなかにおいてであった。ましてかれは、死と対峙しながら全身全霊をもって校正した最後の本を手にできなかったのだから、何とも悲劇的としかいいようがない。けれども、そこには逆に、生の哲学者として生きたジンメル自身の「精神的な生」の息吹さえ感じられる。

『生の直観』をジンメル自身の生ないし生き方の個人的な表明とうけとめれば、それは、『人生観』とも訳しうるであろう。しかしすでに示したように、生あるいは「生過程」が「より以上の生および生より以上」であるとする卓見は、かれ自身の生をこえた普遍的な生の本質を洞察しているといわざるをえない。「形而上学的な生の概念」は、生が「生理学的な段階」と「精神の段階」との、いわば機能的な活動、厳密にいえば、「生過程」としての活動、連続性において規定されているところに、その最大の特徴がある。そうであるなら、この概念は、アメリカにおける同時多発テロに象徴されるように、生が軽視されがちな現代においてこそ、今日的な意義をもつものとして再評価されてよい。

法が一つの技術にもとづく理念としての世界であるように、現代社会そのものも純粋な情報技術（Information Technology: IT）にもとづく理念としての世界になりつつある。「精神的な生」による理念ないし文化の形成は、ジンメルの生の哲学の立場からするとらえ方なのだから、一個人に要求されるような課題でもなければ、一個人がその要求にこたえられるようなものでもない。たしかに各人は、たとえいかに稚拙であろうとも、それぞれに独自の「精神的な生」をそれぞれの方法で表明する必要があろう。しかし現代は、技術を最優先する「精神的な生」によって理念や文化が形成され、それらに圧倒されている時代である。ラントマンが指摘しているように、ジンメルが生とよんでいるものの「基礎と内奥」が「魂」であるのなら(4)、魂の根源的なあり方に立ち返って、現代のさまざまな問題点を解明しようとする作業のうちに、ジンメルの生の哲学の現代的な可能性が開かれてくるだろう。

晩年のジンメルは、社会学よりも芸術哲学や生の哲学の完成に力を注いだ。だから生の哲学は、かれの社会学とは関係がないようにおもわれてきた。しかし、一九一七年の『社会学の根本問題』には、生の哲学と社会学を関連づけようとする試みがうかがえる。かれが形式社会学を「純粋社会学」とよび、その例として「社交性」を論じた個所に注目してみよう。(5) そこでは驚くことに、学問、芸術、法が引きあいに出され、「生の質料による生の諸形式の規定性から、最高の諸価値にまで高まった諸形式による生の質料の規定へ」といたる「軸の転回」が、「ゲーム」においてもおこなわれるとされ、軸の転回から社交性が説かれているのである。つぎの一文は、その文脈で書かれている。

「そしていまこそ、芸術本能と名づけてよいものが、あらわれている諸事物の全体から、いわばそれらの形式を引き出し、まさにこうした本能にふさわしい一つの特別な形象にまでつくりあげるのと同様に、『社交性本能』は、その純粋な活動のなかで、社会生活の現実から、一つの価値および一つの運命としてのたんなる社会化過程（Vergesellschaftungsprozeß）をとり出し、それによって、狭義の社交性と名づけられるものをつくりあげる。(6)」

社交性は、『社会学』で論じられた上位と下位、闘争などとならぶ「社会化の諸形式」の一つである。形式社会学は、実際には分離できない「内容と形式」の合一を、「科学的抽象」において切り離し、内容の研究はほかの学問にまかせて、「相互作用ないし社会化の諸形式」だけをとり扱う。したがって、生の内容にあたる芸術本能から「形象」としての芸術をとらえ、おなじく生の内容にあたる社交性本能から「形式」としての社交性をとらえるのは、生の哲学と形式社会学の混同ないし同一視であり、形式社会学の原則からすれば、あってはならないはずである。しかしジンメルは、引用文が証明しているように、あえてその鉄則を犯している。かれは生の哲学と社会学の関係をどのようにみていたのだろうか。

生を基底にすえて考えてみると、生に奉仕しているのが「前形式」であり、認識やみることなどの前形式は同時に、理念の前形式でもある。前形式が自立的な理念としての「形式」になるには、軸の転回がおこらなくてはならない。それがおこりえるのは、生あるいは「生過程」が「より以上の生および生より以上」だからである。しかし、新たな学問や芸術があらわれるには、広い意味での「継起」の相互作用がなくてはならないはずである。生の哲学には「個人間の相互作用」の視点がまったくみられないけれども、ジンメルは、「継起」の相互作用を暗黙のうちに前提していたのではないかとおもわれる。一方、社会学についていえば、相互作用ないし「社会化過程」が生まれてくるには、諸個人のさまざまな生が存在していなくてはならない。ジンメルのいう社会の内容は、生のさまざまな機能に相当する。そうした生の機能を前提とした上で、それにはあえてふれず、むしろ「並存」の相互作用に重点をおいて、「相互作用ないし社会化の諸形式」を明らかにしようとしたのが形式社会学であったと解釈できる。

もちろん、生の哲学と社会学で用いられている「形式」概念は、まったく意味が異なっている。生の哲学では、形式は理念であり、「自己価値として生の素材を自己のうちに引き入れ、しかもそれによってその素材を決定的な形象で表現する」ものである。それにたいし、『社会学』では、「諸形式は社会化を引き起こすというよりも、むしろ社会化なのである」と強調されている。[7] だから、芸術と社交性を同次元でとらえることには無理がある。それというのも、両者はともに生の内容から独立しているとはいえ、前者は「理念の諸王国」の一つであり、後者はいわば純粋な関係の諸王国の一つだからである。しかし、生を根底におきながら、生の哲学における形式を、「継起」の相互作用の成果として、社会学における「社会化の諸形式」を、「並存」の相互作用ないし「社会化過程」の結晶としてとらえるなら、矛盾はなくなる。相互作用は、生および「社会化の諸形式」の前形式とも解しうる。ジンメルは、生の哲学と社会学の共通項を「過程」に見出していたにちがいない。「継起」と「並存」は、歴史の縦断面と社会の横断面が交差した圏において、いずれも「過程」として展開される。そのように想定すれば、生の哲学は「生過程」の哲学となり、形式社会学は、ダーメとラムシュテットの言葉を借りるなら、「社会化の諸形式と社会化の諸過程」の社会学となる。方法的相対主義の立場に立つジンメルは、「生過程」を重視する哲学者であるとともに、「社会化過程」を重視する社会学者でもあったといえる。晩年のジンメルは、生の哲学と社会学を「過程」という分母でくくり、それらを表裏一体の関係として位置づけようとしていたようにおもえてならない。

（1） G. Fitzi und O. Rammstedt, Editorischer Bericht, in: *Georg Simmel · Gesamtausgabe*, hg. von Otthein Rammstedt, Band 16, 1999, S. 438. 参照。

（2）*Ibid.*, S. 441f. 参照。

（3）Simmel, *Lebensanschauung*, S. 28.

（4）M. Landmann, Einleitung, in: Michael Landmann (Hg.), Georg Simmel, *Brücke und Tür*, 1957, S. XVIII. 参照。

（5）社交性については、本書の第二章「ジンメルの社会学体系」参照。

（6）G. Simmel, *Grundfragen der Soziologie*, 1917, 3. Aufl., 1970, S. 52.

（7）G. Simmel, *Soziologie*, 1908, 3. Aufl., 1923, S. 9. 参照。

付論　ウェーバーの宗教観
――「近代の経済エートス」の形成――

本文中のコロン：を含む（　）内のアルファベットと数字は、本文のあとに掲げた引用文献とそのページ数を示す。

一　ベンジャミン・フランクリン

カトリックがローマ法王を頂点とするキリスト教の旧教（徒）をさすのにたいし、プロテスタントとは、カルヴァン派を含む新教（徒）の総称である。カルヴァン派は、イングランドではピューリタン（清教徒）、スコットランドではプレスビテリアン（長老派）、フランスではユグノー（誓約仲間）、ネーデルラント（オランダ）ではヘーゼン（Geuzen：乞食団）などとよばれた。ドイツでは福音ルター派をエヴァンゲーリシュ・ルターリシュ、福音改革（カルヴァン）派をエヴァンゲーリシュ・レフォルミーアットといって区別する。

マックス・ウェーバーによると、カルヴィニズムは、一六世紀にはジュネーブとスコットランドを支配し、一六世紀末から一七世紀にかけてはネーデルラントの大部分を、一七世紀にはニューイングランドと、一時はイギリス本国をも支配した。その担い手は、「経済的に興隆しつつあった『市民』階級」に属する人びとだった。その当時、経済発展が進んでいた地方の宗教改革者たちが熱心に非難したのは、人びとの生活にたいする宗教と教会の支配が「多すぎることではなく、少なすぎること」（B：S.3）であった。そうだとすれば、かれらが耐えがたいと感じられていたピューリタニズムの専制的な支配をうけ入れたのは、いったいどうしてなのだろうか。そうウェーバーは、『社会科学・社会政策雑誌』に掲載された一九〇四－一九〇五年（N：S.97）の論文「プロテスタンティズムの倫理と資本主義の『精神』」の第一章「問題」第一節「信仰と社会階層」の冒頭で問う。

この論文は、おなじ雑誌に載った「儒教」などの宗教社会学的研究とともに手を加えられ、全三巻からなる『宗教社会学論集』（一九二〇 - 一九二一）に収録された。正確にいえば、プロテスタンティズムの倫理にかんする論文は、ウェーバーがハイデルベルク大学からミュンヘン大学へ移った一九一九年の夏以降から一九二〇年の冬のあいだに、「印刷にまわす準備のために」加筆修正され（H：S.675ff., O：p.184）、『宗教社会学論集』の第一巻に巻頭論文として収められた。第一巻は一九二〇年六月七日づけで公刊されている。ウェーバーが肺炎で没したのは、その一週間後の六月一四日だから、この改定作業はかれの死の直前におこなわれたことになる。

よく知られているように、第一節につづく第二節「資本主義の『精神』」で、ウェーバーは、一〇〇ドル紙幣にその肖像が描かれているベンジャミン・フランクリン（一七〇六 - 一七九〇）を登場させている。かれをとり上げたのは、おそらく、つぎの二つの理由によるのだろう。何よりも第一に、フランクリンは「資本主義の精神」を典型的にあらわしていた人物であったし、特徴ある話法で、若い職人たちにそうした精神をもって働き、生きるように助言していたからである。第二に、フランクリンの生地（マサチューセッツ）では、ウェーバーが想定しているような意味での「資本主義の精神」が、とにかく疑いなく、「『資本主義の発展』より以前に（vor）」（E：S.37）存在していたからである。

第一の点についてみると、ウェーバーは、「時間（Zeit）は貨幣（Geld）だということを忘れてはならない」という言葉などを引用しながら、フランクリンのうちに「信用に値する正直な人といった理想、とりわけ自己目的として前提された、自分の資本を増大させることへの関心が各人の義務であるという思考」（E：S.33）を見出す。そこには、「一つのエートス（Ethos）」が表明されていて、このエートスの「質」がウェーバーに関心をよびおこさせる。「できるあいだはもうけようとおもう」と答えたアウクスブルクの大財閥ヤーコプ・フッガー（一四一四－一四六九）の精神とはちがって、かれのばあいには「倫理的に色彩づけられた生活態度（Lebensführung）の格率」がみられる。ウェーバーが「資本主義の精神」という概念を用いるのは、こうした独自の意味においてである。フランクリンにみられる「独特のエートス」（E：S.34）とはどのようなものかについては、すぐにふれることにしよう。

第二の点との関連では、つぎのような事実を見逃すわけにはいかない。すなわち、合衆国南部の植民地が大資本家によって営利を目的としてつくられたのとは異なって、ニューイングランドの植民地は、「牧師および知識人と、小市民、職人および独立自営農民たち（Yeomen）との結合による宗教上の理由から」（E：S.37f.）生まれてきたという歴史的な事実である。つまりニューイングランドは、ジェームズ一世（在位一六〇三－一六二五）によってイギリス国教会の信仰を強制されるなどの弾圧をうけたピューリタンたちが信仰の自由を求めて、一六二〇年にメイフラワー号で渡米して築いた植民地であった。そして、ウェーバーははっきりと指摘していないけれども、フランクリンは、ピルグリム＝ファーザーズの末裔なのである。ろうそく製造職人で、「厳格なカルヴァン派信徒の父」ジョサイア・フランクリンがマサチューセッツ植民地ボストンに向かってイギリスを離れたのは一六八三年であった。その子ベンジャミン・フランクリンが二三歳でペンシルヴェニア・ガゼットを買収し、経営したのは一七二九年。翌年には、友人ヒュー・メレディスとの組合を解散し、単独で印刷業をいとなみはじめた。

「辺境の小市民的な一八世紀のペンシルヴェニアの環境」はといえば、貨幣の不足のために経済が物々交換へ崩壊する恐れがあり、大きな産業経営はほとんど痕跡さえなく、銀行もその萌芽しかみられなかった。そうしたなかで、中世であれば、道徳的にはせいぜい寛容視されたような利潤の追求といったふるまいが、どうしてフランクリンの意味における「職業」になっていったのか。それどころか、「自己目的としての営利に向けられた活動」が「称賛に値するばかりか、命じられた生活態度の内容」と考えられるようになったのは、歴史的にどのように説明しうるのか。

資本主義経済の発展「より以前に」資本主義の精神がみられたのだから、ウェーバーはマルクス(一八一八―一八八三)を意識して、つぎのように強調する。「このばあい、『物質的』関係の『観念的上部構造』への『反映』について語るのは、まったくの無意味だろう。」(E：S.60)ついでながらウェーバーは、さきの「宗教上の理由から」生まれてきたという文章につづけて、「したがってこのようなばあい、因果関係は『唯物論的な』立場から真実だと断言されるのとはともかくも逆になっている」(E：S.38)とさえ書いている。「唯物論的な」立場とは、生産力を支える生産諸関係が下部構造、つまり社会の経済的な土台を形づくり、その上に法律や政治といった上部構造がそびえ立ち、しかも宗教やイデオロギーなどの社会的意識諸形態がその土台に対応する（I：S.8）とみる社会・歴史観である。そうした唯物史観への批判はこの論文の重低音として響いているけれども、フランクリンは、唯物史観を実証的な事実によって反証するのにもっとも好都合な人物だったにちがいない。

フランクリンは政治家、外交官、物理学者として活躍したアメリカの父であり、何よりもアメリカ資本主義の揺籃期におけるリーダーにほかならなかった。ウェーバーが問題にしている資本主義とは、「近代資本主義」であり、「西ヨーロッパ－アメリカの資本主義」である。もちろん、資本主義は中国、インド、バビロンにも、古代および中世にも存在していたとウェーバーはいう。しかしそうした資本主義には、フランクリンにみられるような「独特のエートス」が欠如していた。たしかに、金銭欲は人類の歴史とおなじくらい古い。しかし、貨幣の取得は近代の経済制度のなかでは「職業」（Beruf）における有能さの結果であり、表現であって、「こうした有能さ」が、フランクリンのあらゆる著作にみられるかれの道徳の「アルファかつオメガ」（A und O）となっている。そうだとすれば、フランクリンをとり上げたウェーバーの慧眼には感服せざるをえない。

ここで「資本主義以前」について確認しておけば、ウェーバーは「経済的行為」の観点に立って、合理的な「経営による（betriebsmäßig）資本増殖」と合理的な「資本主義的労働組織（Arbeitsorganisation）」がまだ「経済的行為の方向づけ」にたいして支配的な力にはなっていなかった（E：S.43）という意味だと念をおしている。

二　資本主義の「精神」

では、フランクリンにみられる「独特のエートス」、つまり「資本主義の精神」とはどのようなものなのだろうか。ウェーバーは、資本主義の精神が遭遇しなければならなかったのは「伝統主義」(Traditionalismus) だったとみて、その意味を労働者と企業家の側からそれぞれ明らかにしようとしている。しかしそこでは、資本主義の精神が具体的に語られている。

労働者にかんしてみると、ウェーバーは、技能的な労働や、注意力や創意を必要とするような製品の製造においては、低賃金は資本主義の発展の支柱としては役に立たないという。こうしたばあい、低賃金は利潤をもたらさず、意図したところとは反対の結果を生んでしまう。それというのも、このばあいには成熟した責任感だけではなく、「少なくとも労働のあいだに、いかにしたら最大限の怠慢と最小限の仕事で、しかもいつもの賃金がえられるかというようなたえざる問いを離れて、あたかも労働が絶対的な自己目的――『職業』――であるかのように労働に従事するような信念(Gesinnung)」(E：S.46) が一般に必要となるからである。そうした「信念」は生まれつきあたえられたものではない。この点、かれはヴェストファーレンの工場でみずからおこなった調査をふまえて、宗教教育をうけた少女（敬虔派）には、資本主義が要求するような、労働を「自己目的として、『職業』として」とらえる「考え方」がみられるという。じつは、労働者のこうした「考え方」、労働を自己目的、職業とみなしてそれに従事するような「信念」こそ、資本主義の精神の内実なのである。ほかの言葉で表現するなら、「職業義務」(Berufspflicht) の観念であろう。

企業家についてみれば、経営者層の伝統主義的な「エートス」を析出するにあたって、ウェーバーは、「ベンジャミン・フランクリンの例によって明らかにされたような方法で、正当な利潤を職業（使命）として（berufsmäßig）組織的かつ合理的に追求する信念」(E：S.49) にたいして「(近代) 資本主義の精神」という表現を用いると述べている。それは、このような「信念」が近代の資本主義的な企業のうちにそのもっとも適合的な形態を見出し、他方、資本主義的な企業はこのような「信念」のうちにそのもっとも適合的な「精神的推進力」(geistige Triebkraft) を見出したという歴史的な理由による。ここからわかるように、フランクリンの「独特のエートス」、つまり「資本主義の精神」とは、正当な利潤を「職業（使命）として」組織的かつ合理的に追求する「信念」なのである。ウェーバーによると、フランクリンは、かれの印刷工場が手工業経営と何ら異なるところがなかったころ、すでにこうした「信念」、つまり資本主義の精神に満たされていた。

『宗教社会学論集』第一巻の「緒言」によれば、ウェーバーにとって、純経済的には「文化の普遍史における中心的問題」は、「自由な労働の合理的組織をもつ市民的経営資本主義の成立」(E：S.10) である。つまり、「特殊近代西洋の資本主義」がいかにして成立したのかを「因果的に」解き明かすことが、かれの最大の関心事なのである。その資本主義とは、具体的には、一八世紀の後半にイギリスで産業革命がおこり、それによって生まれた機械制大工場経営を土台とした「近代資本主義」である。

やや先取りしてしまうようになるけれども、この点ウェーバーは、晩年の経済史の講義のなかで、つぎのように結論づけている。「結局、資本主義を生み出したものは合理的持続企業、合理的簿記、合理的技術、合理的法であるが、またそれらのみではない。合理的信念（rationale Gesinnung）、生活態度の合理化、合理的経済エートス（rationales Wirtschaftsethos）が補足しながらつけ加わらなければならなかった。」（G：S.302）たしかに資本主義は、制度的、技術的な条件が整っていなければ生まれなかったであろう。しかし、新しいスタイルの資本主義経済を生み出し、それを担い、動かしていくのは、人間たちにほかならないのである。その人間たちが資本主義に適合するような「合理的信念」、そうした信念につらぬかれた「生活態度」、つまりは「合理的経済エートス」をもっていてはじめて、近代資本主義は順調に生まれることができたというのが、ウェーバーの基本的な立場である。

そのばあい、そうしたエートスの担い手たちは、伝統にとらわれない「改革者」（Neuerer）たちや「向上しようと努力しつつあった産業的中産身分層」（E：S.49ff.）であって、資本家と労働者へと二極分解していく途上にある流動的な人びとであった。フランクリンのような企業家は、正当な利潤を「職業（使命）として」追求する「合理的信念」を抱いていたであろう。また労働者も、「自由な労働の合理的組織」を支えるのに適した、労働を自己目的、職業と自覚してそれにまい進するような「信念」をもっていたであろう。ウェーバーのいう資本主義の精神とは、その内実がやや異なるとはいえ、企業家にも労働者にもみられる職業にかんする「合理的信念」であり、そうした信念につらぬかれた「生活態度」、「合理的経済エートス」であるといってよい。

それにしても、イギリスで産業革命が伝統的な繊維部門や製鉄部門からはじまろうとしていた前夜に、一八歳のフランクリンが一七二四年の一二月からおよそ一年半印刷工としてロンドンで生活していたのは、何とも興味深いかぎりである。かれは、トレヴィシックやスティーヴンソンの蒸気機関車が走る姿をみることができなかったけれども、アークライトなどによる蒸気機関を動力とした紡績機の改良が進み、繊維産業が工場制による大量生産に入ったころに没している。ルター（一四八三－一五四六）と同世代のドイツの神学者、歴史家にして、印刷業者、出版者でもあったセバスティアン・フランク（一四九九－一五四二）は、もっともはやく貨幣の革命的な意義を洞察して、はじめて時間を「貴重な財宝」とよんだ（K：S.707）そうである。それにたいして、時間を率直に「貨幣」だと言明したところに、フランクリンの合理的な思考と生活態度が象徴されているようにおもえる。

ところで、ウェーバーによれば、資本主義の特性に適合した生活態度と職業観が勝利をえることが可能であるためには、さしあたりそれらが明らかに成立していなければならないし、しかも、個々の孤立した諸個人のなかにではなく、「人間の集団によって抱かれたものの見方」（E：S.37）として成立していなければならない。したがって究明すべき課題は、過去および現在において、資本主義文化の特徴的な構成要素のうちの一つとなっている「『職業』－思想」と「職業労働」への献身とを生み出した「『合理的な』思考と生活の具体的な形態」は、いかなる精神の所産だったのか（E：S.62）ということになる。そのさい、かれが興味を向けるのは、「『職業』‐概念」のうちに存在する「非合理的な要素」の由来である。不断の労働を伴う事業のために人間が存在し、その逆ではないといった生活態度は、個人の幸福の立場からすれば、まったく非合理的としかいいようがない。こうしてウェーバーは、ルターの「職業観念」の分析へと向かうことになる。

三　ルターの職業観念

カトリックの頂点に立つ教皇レオ一〇世（在位一五一三‐一五二一）は、即位した年にサン＝ピエトロ大聖堂（バチカン）の改築費用を調達するために贖宥状（免罪符）を売り出した。そのドイツでの販売に抗議して、ルターは一五一七年一〇月、贖宥状と魂の救済は無関係だとし、九五カ条のテーゼを発表した。宗教改革のはじまりである。かれの思想の核心は、人は信仰によってのみ救われるという信仰義認説と聖書第一主義である。かれの大きな業績の一つは、一般の信者には理解できなかったラテン語の聖書をドイツ語に訳したことだろう。

そのルターの「職業観念」を検討するにあたって、ウェーバーは第三節「ルターの職業観念――

研究の課題」のはじめの個所で、つぎのように力説している。「なるほどドイツ語の『ベルーフ』においてと同様に、おそらくなおいっそう明瞭には、英語の『コーリング』(»calling«)においても、ある宗教的な観念――つまり神からあたえられた使命(Aufgabe)という観念――が少なくともともに響いており、しかもわれわれが具体的なばあいにこの言葉に力点をおいて強調すればするほど、いっそう目立ってくるのは明白である。」(E：S.63)つまりBerufやcallingには、日常的な世界における職業という意味のほかに、神の召命・使命などの観念が「ともに」含まれていて、この言葉に力を込めるほど、後者が顕著になってくるといいたいのである。そのさいかれは、カトリックが優勢な諸民族も、古典古代も、労働領域の意味で「職業」とよんでいる言葉と類似した傾向の表現を知らないのに、プロテスタントが優勢なすべての諸民族においては、それが存在していると指摘する。そしてかれは、そうなった原因をルターによる聖書の翻訳に求めた。

ウェーバーによると、ルターはまったく異なった二つの概念を»Beruf«と訳している。第一は、パウロが使っている言葉で、神による永遠の救いへの「召命」(Berufung)という意味である。パウロの使用例では、神のなし給う招きという純粋に宗教的な概念が問題であって、今日の意味での世俗的な「職業」とはまったく関係がない。第二は、「シラ書」の重要な個所を「汝の労働(Arbeit)にとどまれ」とはせずに、「汝の職業に固執せよ」および「汝の職業にとどまれ」と訳している。この個所の翻訳は、ドイツ語の»Beruf«が今日の純粋に世俗的な意味で用いられた「最初のばあい」である(E：S.66)とウェーバーは強調している。要するに、「召命」と「労働」

の双方に共通の訳語としてベルーフがあてられたのであって、ベルーフが二つの意味をもつようになったのは「翻訳者の精神」に由来しているというわけである。ルター以後および現在の「職業」を意味するベルーフという言葉は、それ以前のドイツ語には存在しておらず、ウェーバーが知るかぎり、ルター以前の聖書翻訳者や説教者もそれを用いていない。

ベルーフの語義とおなじく、その思想も新しいもので、宗教改革の産物であった。ウェーバーによると、世俗的な職業の内部における義務の遂行を、道徳的な自己活動がうけうる最高の内容として重視することは、無条件に新しいものだった。これが結果として、世俗の日常労働に宗教的な意義を認める観念を生み、そうした意味での職業概念を最初につくり出した。そして、この「職業」概念のなかにこそ、プロテスタンティズムのあらゆる教派の中心的な教義が表現されているのである。

カトリックの修道士であったルターは、修道士の生活態度を無価値とみなしただけでなく、利己的な、現世の義務を果たさない愛の欠如の産物だと批判した。かれは、世俗の職業労働こそ「隣人愛」の外的な表現だと考えた。しかし、ウェーバーがみるところでは、隣人愛の基礎づけは現実離れしたもので、分業は各人を強制して他人のために労働させることだと指摘されており、アダム・スミス（一七二三－一七九〇）の有名な命題とは異様な対立を示している。世俗の職業生活の道徳的な評価が宗教改革の、したがってとくにルターの業績のうちの一つであることは疑問の余地がない。ただしウェーバーは、ルターがすでにみたような「資本主義の精神」と内面的に類似していたかといえば、そうではないとみて、つぎのように述べている。「しかし、ルター自身はますますいっそう、フランクリンにみられるような信念とのすべての親和性をまったく疑いなく否認するだろう。」(E：S.72) この一文からは、ルターの立場が推測されるであろう。

それにしても、宗教改革そのものの成果は、カトリックの考え方とは対照的に、職業として配列された現世内的な労働にたいする道徳的な強調と宗教的なプレミアムを著しく高めたことだった。この点、イエスとパウロのばあいはどうであろうか。ウェーバーからみると、イエスの個人的な態度は、「わたしたちに今日も、わたしたちの日々のパンをおあたえください」という典型的に古代オリエント的な祈りをもって古典的な純粋さで示されている。そして「過激な現世拒否の傾向」は、近代の職業思想をかれ個人にすべて直接結びつけることを不可能にしている。一方、パウロもまた、初代のキリスト教の世代に満ちていた終末論的な期待の結果として、世俗の職業生活にたいしては無関心か、本質的に伝統主義的である。ルターもほぼ一五一八年と一五三〇年のあいだにおけるかれの展開のなかで、伝統主義にとどまっていただけでなく、ますます伝統主義的になっていった。

ルターについていえば、世俗の争いにまき込まれることが激しくなるとともに、職業労働の意義にたいする評価がますます高くなっていく。しかし、各人の具体的な職業はますます、神の特別な命令なのだから、神があたえた「この具体的な地位」を満たすべきだと考えられるようになる。ルターは、はじめは同情的だった農民戦争（一五二四－一五二五）が農奴制の廃止など領主制を変革するねらいをもっているのを知って、鎮圧側にまわった。それ以後かれは、客観的な歴史的秩序が

「神の意志の直接的なあらわれ」であるとみなすようになり、伝統主義的な色彩をいっそう強めていく。

ルターによると、各人は、神があたえた職業と身分のうちにとどまるべきで、その努力をあたえられた枠内でおこなうべきである。かれの「経済的伝統主義」は、はじめはパウロのような無関心の結果であったのに、のちには、神にたいする無条件的服従とあたえられた境遇への無条件的順応とを同一視する「摂理信仰」(Vorsehungsglaube) のあらわれとなっている。それゆえウェーバーは、「こうしてルターは、根本的に新しい、あるいはとりわけ原理的な基礎の上に、職業労働を宗教的原理と結びつけることにはけっしていたらなかった」(E : S.77) という。ルターのばあい、職業概念は伝統主義に結びついたままであった。職業は人が「甘受し」、「順応する」べきものだとする傾向が、職業労働は「神からあたえられた使命そのもの」だとするもう一つの思想をかき消してしまった。これが、ルターの職業観念にたいするウェーバーの最後通告である。

以上のようにルターの職業観念をとらえたあと、ウェーバーは、古プロテスタンティズムの倫理と資本主義の精神の発展とのあいだの関係について研究を進めていくことになる。そのさい、かれは誤解をさけるために、つぎのように注意をうながしている。つまりわたしが、『ピューリタン』諸宗派(Sekten)」の開祖や代表者たちが「資本主義の精神」の喚起を生涯の仕事の「目標」にしていたと期待しているなどというように理解されてはならない。それというのも、かれらの生涯と活動のかなめは「魂の救済」(Seelenheil) であったし、ただこれのみだったからである。ウェーバーは、宗教改革の文化的影響の多くが改革者たちの仕事の予知できなかった、まさしく「意図されなかった結果」(ungewollte Folgen) であった (E : S.82) とあらかじめ指摘している。そしてかれは、以下の研究はいかなる意味においても、けっして宗教改革の思想的内容を「評価しよう」と試みるものではなく、近代文化の一定の特徴的な内容のうち、どれだけを歴史的な原因として「宗教改革の影響」に「帰属させうる」のかということだけを問題にするのだと強調している。かれによれば、「資本主義の精神」が宗教改革の一定の影響の「結果としてのみ」発生しえたとか、「経済制度としての資本主義は宗教改革の結果である」といったようなばかげた教条的なテーゼをけっして主張してはならない (E : S.83)。ウェーバーがこうしたばかげた見解をとっているかのように誤解された経緯があるだけに、かれのこの指摘には、十分留意しておきたい。

四　現世内的禁欲の宗教的諸基礎

ウェーバーは第二章「禁欲的プロテスタンティズムの職業倫理」第一節「現世内的禁欲の宗教的諸基礎」のはじめの部分で、禁欲的プロテスタンティズムの担い手を四つに分けている。すなわち、一、カルヴィニム、とくに一七世紀に西ヨーロッパの主要な伝播地域でとった姿でのカルヴィニズム、二、敬虔派、三、メソジスト派、四、洗礼派運動（täuferische Bewegung）から生まれた諸宗派である。ウェーバーの説明では、メソジスト派は、一八世紀の半ばにイギリス国教会のなかで生まれ、設立者たちの意図では、教会の内部に禁欲的精神を喚起しようとしたものだったけれども、アメリカへの伝道にさいして国教会から分離した。敬虔派は、カルヴィニズムを地盤としてイギリス、とくにオランダで発生し、一七世紀の末にはルター派に合流してルター派教会内部での運動としてつづけられていた。ただ、フス派とカルヴィニズムの影響のもとにツィンツェンドルフ（一七〇〇－一七六〇）と結びついていったヘルンフート派だけは、独自の仕方で宗派をつくっていった。カルヴァン派と洗礼派（Täufertum：再洗礼派）は、はじめははっきり分かれていたが、一七世紀後半のバプティスト派になると、両者は密接に関連しあっている。

ウェーバーはこのように分類して、宗教的信仰と宗教生活の実践をとおして生み出されたような、生活態度に方向を指示し、そのなかに諸個人をつなぎとめて離さなかった「心理的起動力」（psychologische Antriebe）を探し出そうとする。そのさいかれは、宗教的思想を、歴史的な現実においてはめったに出会うことがないような「理念型的に」構成された首尾一貫性のうちに示す方法を用いると断わっている。理念型については、一九〇四年の論文「社会科学的および社会政策的認識の『客観性』」のなかでくわしく説明されている（A：S.190ff.）。その概要にかんしては、ほかの機会にふれたので（P：pp.5-7）、ここでは省略することにしよう。

一六世紀と一七世紀において、資本主義的にもっとも発展していた文化諸国、すなわちオランダ、イギリス、フランスで、政治的かつ文化的な闘争の争点となっていた信仰は、カルヴィニズムであった。したがってウェーバーは、カルヴィニズムを最重要視して、その特徴的な教義である「恩恵による選びの教説」（Lehre von der Gnadenwahl）、つまり予定説（Prädestinationslehre）とその影響について分析を展開している。ただし、ほかの歴史的経過にたいする影響からみて、「因果的に」意義あるものは何かを問題にする観点に立つと力説している。さらにかれは脚注で、つぎのように強調する。「カルヴァン自身の見解ではなく、カルヴィニズムを考察する」（E：S.89）のであって、当時、この信仰が支配的な影響をおよぼし、資本主義文化の担い手となっていた広い地域でそれがとるにいたっていた「そうした姿」でのカルヴィニズムである。それはいわば、マルクス自身の考えではなく、実際に、階級闘争にたいするプロレタリアートの「行為への実践的起動力」となっていたようなマルキシズムを明らかにしようとするのとおなじである。

カルヴァン（一五〇九－一五六四）の予定説がはじめて十分に展開されたのは、一五四三年に出版されたかれの『キリスト教綱要』第三版においてであった。しかし、それがカルヴィニズムにおいて中心的な位置を占めるようになったのは、かれの没後八〇年がすぎてからであった。そのようにとらえて、ウェーバーは一六四七年の「ウェストミンスター信仰告白」から四つの重要な章を抜粋する。そのうち、第三章「神の永遠のみ心について」の第三項をとり上げてみるならば、「神はその栄光を示現するために、みずからの決定により、ある人びとを……永遠の生命に予定し〔bestimmt (predestinated)〕、ほかの人びとを永遠の死にあらかじめ定めた〔verordnet (foreordained))」(E：S.90）と訳出されている。これこそ、カルヴィニズムにおける予定説の核心部分である。

カルヴァンの考えでは、人間のために神があるのではなく、神のために人間が存在するのであって、あらゆる出来事は神の威厳の自己栄化の手段として意味をもつ。人類の一部が救いに召されており、ほかの大部分は永遠に滅亡せざるをえない。神の決断は絶対不変であるがゆえに、その恩恵は、これを神からうけたものには喪失不可能であるとともに、これを拒否されたものには獲得不可能である。ウェーバーは、こうした恐ろしい予定説が当時の人びとに、「個々人の前代未聞の内面的孤立化の感情」を抱かせずにはおかなかったとみる。ちなみに、この内面的孤立化は、ピューリタンの感覚的文化にたいする嫌悪と個人主義の一つの根拠にもなった。

地上の生活のあらゆる利害関心よりも来世のほうが重要であったような時代においては、神から選ばれているのか、どうしたら選びの確信がえられるのかという疑問がすぐさま生じてきて、いっさいの利害関心を背後におしやったにちがいない。ウェーバーによると、カルヴァンは、自分を神の「武具」(››Rüstzeug‹‹）と感じていたし、自分が救われている状態にあることを確信していたので、かれにとっては、そうした疑問がおこる余地などなかった。何によって自分自身の選びに確信がもてるのかという問いにたいしては、かれは、つぎのように答えるしかなかった。すなわち、われわれは、神が決定するのだという知識と、真の信仰から生じるキリストへのねばり強い信頼をもって満足しなければならない（E：S.103）。ところが、かれの後継者たち、とくに平信徒の広範な階層のばあいには、事態はまったくちがっていた。かれらにとっては、救われている状態にあることを知りうるという意味での「救いの確証」(»certitudo salutis«) が、どうしてもすぐれて重要なことにならざるをえなかった。したがって、予定説が固持されたところではどこでも、「選ばれたもの」(»electi«) に属しているかどうかを知りうる確実な標徴があるかどうかという問題がかならず生じたし、一七世紀のあいだつねに大きな役割を果たした。

平信徒にとっては、カルヴァンのやり方では問題が解決されなかったので、魂への配慮を意味する牧会 (Seelsorge) の実践として、つぎの二つの方法が推奨された。その一つは、「自分が選ばれているとみなして」、すべての疑惑を悪魔の誘惑として拒絶することを無条件の義務とすることである。もう一つは、そうした自己確信を獲得するために、最善の方法として「たえまない職業労働 (Berufsarbeit)」をしっかり教え込むことであった。職業労働が、しかもそれのみが、宗教上の疑惑を追い払い、救われている状態にあることの確信をあたえるというわけである。この点ウェーバーは、「実際には、結局、神はみずから助けるものを助ける」とうまく表現した上で、カルヴァン派信徒は自分の救いを「自分で『つくり出す』」のであって、いかなるときにも選ばれているか、見放されているかという二者択一のまえに立つ「組織的な自己統制」によってつくり出す (E：S.111) と述べている。

「隣人愛」についてみれば、カルヴァン派のばあい、ルターの解釈とは異なったものとならざるをえなかった。現世におけるカルヴァン派信徒の社会的な労働は、ひたすら「神の栄光を高めるため」の労働である。したがって、現世の全員の生活に役立とうとする「職業労働」もまた、そうした性格をもつことになる。

すでにふれたように、ルターは「隣人愛」から分業にもとづく職業労働を導き出した。しかし、かれのばあい不確定で、純粋に構成的‐思想的な萌芽にとどまっていたものが、カルヴァン派においては、いまや、その倫理体系の特徴的な部分となった。「隣人愛」は、被造物ではなく「神の栄光への奉仕」でなければならない。だからそれは、自然法によってあたえられた「職業の任務」を遂行することのうちにあらわれる。しかも、そのさい隣人愛は、「即物的‐非人格的な性格」を、つまりわれわれをとり囲む社会的世界の合理的構成に奉仕すべきものという性格をうけとる。その結果、非人格的、社会的な利益に役立つ労働こそが神の栄光を強め、神のみ心にかなったものだと考えられるようになった。それゆえウェーバーは、「ピューリタンにとっては、――まったくほかの理由から――ユダヤ人のばあいと同様に、神義論の問題と、ほかの宗教が身をすり減らしたような、現世と人生の『意味』にかんする例のあらゆる疑問との完全な排除は、まったく自明のことであった」（E：S.101）という。「世界の『呪術からの解放』」（››Entzauberung‹‹ der Welt）、すなわち「救済手段としての呪術の排除」は、古代ユダヤの預言とともにはじまり、ピューリタニズムにおいて完結した（E：S.94f.）。それとならんで、神義論の問題や現世と人生の「意味」の探究も、ピューリタニズムにおいては完全に排除されてしまったわけである。カトリシズムやアジアの諸宗教との決定的な違いがこれらの点にあることはいうまでもない。

ウェーバーはある脚注のなかで、「現世外的な修道士の禁欲と現世内的な職業の禁欲とのあいだの内面的な連続性」がかれの全体的な立論構成の一つの根本的な前提であると説明している。その上でかれは、「宗教改革は合理的なキリスト教的禁欲と生活方法論を、修道院から世俗の職業生活のなかにもち込んだ」（E：S.117）と主張している。

ところが、カルヴィニズムはその発展の過程である積極的なものを、つまり「現世の職業生活において信仰を証明すること」が必要であるという思想をつけ加えたのである。「それによってカルヴィニズムは、宗教的に志向していた人びとのいっそう広範な階層に禁欲への積極的な起動力をあたえ、その倫理が予定説に固定されるとともに、現世の外側での、しかも現世をこえた修道士たちの精神的貴族主義に代わって、現世の内部での、神によって永遠の昔から予定された聖徒たちの精神的貴族主義が生まれた。」（E：S.120）そうなったのも、ルター派の信仰とはちがって、カルヴィニズムの予定説は、ほかに比類のないほど首尾一貫していたばかりでなく、生活の方法的合理化を必至とするような組織化への、きわめて卓越した心理的推進力をもっていたからである。カルヴィニズム以外の禁欲的運動は、たしかにカルヴィニズムの内的な首尾一貫性の緩和されたものとしてあらわれた。それにもかかわらず、どの教派においても、宗教的な「恩寵の地位」が被造物の堕落した状態、つまり「現世」から信徒たちを分離する一つの「身分」〔Stand（status）〕としてとらえられ、そうした身分の保持は、「自然な」人間の生活様式とは明白に異なった特殊な性質の「生き方」（Wandel）による「証明」によってのみ保証されうる（E：S.162f.）とされた。

カルヴィニズム以外でウェーバーがとくに注目しているのは、洗礼派と、その運動から一六および一七世紀のあいだに成立した諸宗派、すなわちバプティスト派、メノナイト派、とりわけクエーカー派である。なぜなら、洗礼派系の諸教派は、厳格なカルヴァン派とならんで、すべての聖礼典を無価値とみなして、宗教上の「世界の『呪術からの解放』」を徹底的におこなった（E：S.155f.）からである。洗礼派、とくにクエーカー派が重視されているのは、すでに一七世紀の人びとの目からみても、かれらの現世内的禁欲の特殊な形式が、やがて経済的取引の世界で「正直は最善の策」と定式化されるようになる、例の重要な資本主義的「倫理」の実践的な証明のうちにあらわれていたからである。これにたいして、カルヴァン派の影響は、ウェーバーの推察では、「私経済的な営利のエネルギーの解放」（E：S.160）という方向にあった。

「来世を考慮した現世の内部での生活態度の合理化」、これこそが、禁欲的プロテスタンティズムの「職業観念」が生み出した結果であった。いまやキリスト教の禁欲は、生活の広場にあらわれ、修道院の扉をうしろ手に閉めて、「現世の日常生活」にその方法を浸透させ、それを「現世の内部における合理的な生活」に改造しようと企てた。その結果はどうなったのだろうか。

五　一七世紀の職業倫理

『経済と社会』（一九二一－一九二二）のなかの「宗教社会学（宗教的ゲマインシャフト関係の諸類型）」によると、預言者の門人や帰依者が、「俗人教団」の秘儀伝授者や教師や祭司や牧会者（Seelsorger）となる。ここで改めて、そうした牧会者がおこなう「牧会、つまり諸個人の宗教上の世話」についてふれておけば、牧会は、その合理的、体系的な形態においては「預言者的、啓示的な宗教の産物」である。そのようにとらえて、ウェーバーは「説教」（Predigt）と比較しながら、「牧会は、あらゆる形態において、まさに日常生活にたいする牧師たち（Priester）の固有な権力手段であり、宗教が倫理的な性格をもてばもつほど、ますます強く生活態度に影響をおよぼす」（F：S.265）とみている。プロテスタンティズムの倫理にかんする論文の第二章第二節「禁欲と資本主義の精神」のはじめの個所で、ウェーバーが牧会の実践のなかに働いていた「宗教的な諸力」に着目したのも、そうした認識からであろう。

結論部分にあたるこの最終節で、ウェーバーが明らかにしようとしたのは、かれ自身のわかりやすい表現を用いるなら、神学的な倫理学説がどのように展開したのかではなく、「信徒たちの実際の生活のなかで通用していた道徳はどのようなものだったのか、したがって職業倫理の宗教的な方向づけが実際にどのように影響をおよぼしたのか」（E：S.176f.）ということである。そこでかれは、「職業理念」のもっとも首尾一貫した基礎づけを示していたのはカルヴァン派から発生したイギリスのピューリタニズムだったので、その代表的な信徒のひとりであるリチャード・バクスター（一六一五－一六九一）を考察の中心におく。

バクスターはプレスビテリアンであり、ウェストミンスター宗教会議の弁護者であるとともに、「成果のもっとも豊かな牧会者のひとり」であった。ウェーバーは、かれの『聖徒たちの永遠の憩い』（*The Saints' Everlasting Rest*, 1650）や『キリスト教徒の指針』（*Christian Directory*, 1673）などに依拠して、「信徒たちの実際の生活のなかで通用していた道徳」の諸原則、いいかえれば、一七世紀におけるピューリタンたちの「経済的な日常生活の諸格率」をとり出している。シュペーナー（一六三五－一七〇五）やバークリー（一六四八－一六九〇）の著作も参照されているとはいえ、バクスターの後者の著作が重視されているのは、それがピューリタニズムの道徳神学のもっとも包括的な概要であり、「自分自身の牧会の実践的な経験」をふまえて書かれたものだからである。

かりに、一七世紀のプロテスタンティズムの一般的な信徒たちによって書かれた手記などが数多く入手できたとすれば、ウェーバーは、それらを利用して信徒たちの実際の信仰生活を記述していたかもしれない。その点、かれは一九〇四－一九〇五年の論文で、禁欲的プロテスタンティズムの生活様式を「伝記的な文献にもとづいて具体的に示す」という「魅力的な仕事」を、「この素描の枠内では、残念ながらとりあえず（vorläufig）放棄せざるをえなかった」（C：S.75）と告白している。ささいなことだけれども、『宗教社会学論集』に収められているプロテスタンティズムの倫理にかんする論文では、「とりあえず」という言葉が削除されている（E：S.165）。ウェーバーは一九〇五年以降、「魅力的な仕事」を遂行するつもりだったのか、それとも使用するに値するほどの文献が手に入らなかったのであきらめたのか。あるいはバクスターたちの著作で十分だと判断したのか。そうした点は、よくわからない。それでも、「魅力的な仕事」が実現されていたとするなら、信徒たちの実際の生活様式が「具体的に」描き出されることによって、論文自体がいっそう説得力に富むものになっていたにちがいないので、きわめて興味深くおもわれる。

それはともかくとして、バクスターやそのほかの人びとの著作をとおして、はじめにウェーバーが注視したのは、富（Reichtum）および時間の浪費にかんする戒めである。道徳的に真に排斥すべきなのは、「所有の上に休息すること」であり、「神聖な」生活に向けた努力からそらすような結果をもたらす「富の享楽」である。明白に啓示された神の意志によれば、怠惰と享楽ではなく、「行為だけ」が神の栄光を増大させるのに役立つ。「したがって時間の浪費（Zeitvergeudung）が、すべての罪のなかで第一の、しかも原理的にもっとも重い罪である。」（E：S.167）時間の損失は、道徳的に絶対排斥しなくてはならないのである。まだ、フランクリンのばあいのように「時間は貨幣だ」とは考えられていないが、時間は貨幣だという命題は、精神的な意味である程度まで妥当する。なぜなら、時間がかぎりなく貴重なのは、失われた時間ごとに、神の栄光に役立つ労働が奪いとられてしまうからである。

ついでウェーバーは、バクスターの著作に目を向け、そこにつらぬかれている「厳しい、たえまない、肉体的ないし精神的な労働への訓戒」には、「二つの主題」が協働しているとみる。何よりもまず、労働は実証ずみの「禁欲の手段」(asketisches Mittel)(E:S.169)である。東洋だけでなく、全世界のほとんどすべての修道僧規則とは異なって、西洋の教会では、労働はそうした手段として昔から高く評価されてきた。それは、ピューリタニズムが「不浄な生活」(unclean life)としてまとめたすべての誘惑にたいする独自の予防手段である。宗教上の疑念や性的な誘惑にまけないためにも、「あなたの職業において一生懸命に働け」というわけである。しかしさらに、労働はそれ以上のものであり、とりわけ、そもそも「神によって定められた生活の自己目的(Selbstzweck)」(E:S.171)なのである。「働かざるもの食うべからず」というパウロの命題は、無条件に、かつだれにでもあてはまる。労働をいやがることは、救われている状態にあることを失っている徴候である。

バクスターの考えによれば、「不精」と「怠惰」は、きわめて重い罪であり、「救われている状態にあることを破壊するもの」である。財産のあるものも労働せずに食べてはならない。神の摂理によってだれにも無差別に「一つの職業〔Beruf(calling)〕」が準備されていて、各人は、それをみつけて、そのなかで働かなくてはならない。この職業は、ルター派とはちがって、人が順応し、満足しなければならない神意ではなく、神の栄光のために働けという個々人にたいする「神の命令」以外の何ものでもない。

クエーカー派の倫理にしたがっても、人間の職業生活は首尾一貫した禁欲的な美徳の訓練でなければならず、職業にいそしむさいの配慮と方法のなかにあらわれてくる「良心的な態度」によって、自分が救われている状態にあることを証明することでなければならない。労働そのものではなく、「合理的な職業労働」こそ、まさに神によって求められているものなのである。ピューリタニズムの職業理念においては、強調点はつねに、「職業における禁欲のこうした方法的な性格」（E：S.174）におかれている。ピューリタンは生活のすべての出来事のなかに神の働きを見出すのであって、その神が信徒のひとりに利得の機会を示したとすれば、神がみずから意図したにちがいない。それゆえ、敬虔なキリスト教徒はその機会を利用することによって、神のこうした「招き」（Ruf）に応じなくてはならないわけである。

以上のようにとらえて、ウェーバーはバクスターの著作から重要な個所を引用し、つぎのように訳出している。もしも、神があなた方に、あなた方の魂もほかの人の魂も傷つけることなく、律法にかなったやり方で、ほかの方法によるよりも「いっそう多くもうけることができる」ような方法を示したばあい、それをはねつけて、もうけの少ない方法をとるとすれば、あなた方は、「あなた方の召命〔Berufung（calling）〕の目的の一つ」にそむいて、「神の管理人〔Verwalter（steward）〕」（N：S.386）になり、そして神が求めたときに、神のためにそれを役立てる神の賜物をうけとるのを拒否することになる。「神のためにあなた方が労働し、富裕になること」は、「まったく（wohl）さしつかえない」。バクスターのこのような助言をふまえて、ウェーバーは、「しかし、富の追求は職業義務の遂行として、道徳的に許されているだけでなく、まさに命じられているのである」と述べ、その脚注で、「これが決定的なことだ」（E：S.176）と強調している。「マタイによる福音書」の第二五章第一四節から第三〇節にあるように、主人から委託された一タラントで大きな利益をえる努力をしなかった理由で退けられた「しもべ」のたとえ話しは、このことをまさしくいいあらわしているとおもわれた。

一七世紀におけるプロテスタンティズムの「信徒たちの実際の生活のなかで通用していた道徳」は、富の享楽を排斥し、時間を浪費することなく、神の栄光をこの世にあらわすために、しかも自己の救いを証明するために、「神によって定められた生活の自己目的」としての労働にまい進する、そうした純粋に宗教的に動機づけられた禁欲的な「職業倫理」だった。しかしその核心は、富の追求を職業義務として、許されているだけでなく、「まさに命じられている」と考えたことにあった。「宗教社会学（宗教的ゲマインシャフト関係の諸類型）」でいわれているように、「全世界において禁欲的プロテスタンティズムの職業倫理だけが、現世内的な職業倫理と宗教的な救いのたしかさとの、原理的かつ体系的な不屈の統一をもたらした」（F：S.319）。この点にこそ、プロテスタンティズムの最大の特徴がある。

ところで、ウェーバーによると、ピューリタンたちに強い影響をあたえたのは、例の「シラ書」ではなく、旧約聖書のなかの「ヨブ記」であった。その理由は、「ヨブ記」においては、つぎの二つが結びついているからである。その一つは、カルヴィニズムの考え方と同質の、人間の基準をこえた神の絶対に卓越した尊厳への雄大な讃美である。もう一つは、カルヴァンには副次的だが、ピューリタニズムにとっては重要な、結局は、神がその民を「まさにこの世の生活――『ヨブ記』ではこれのみ！――においても、しかも物質的な点においても」つねに祝福するという、くり返し突如としてあらわれてくる確信である。「――『ヨブ記』ではこれのみ！――」（E：S.180）という補足は、旧論文にはみられず、『宗教社会学論集』に収められたときに書き込まれたものである。注目すべきは、この補足から一ページほどあとである。ウェーバーは、「資本主義的エートス（kapitalistisches Ethos）の発展」という言葉を用いて、それとのかかわりでユダヤ教とピューリタニズムの経済倫理を比較し、つぎのような加筆をおこなっている。「ユダヤ教は政治あるいは投機に志向した『冒険者』資本主義の側に立っていた。つまりそのエートスは、一言でいえば、パーリア資本主義（Paria-Kapitalismus）のそれであった。これにたいして、ピューリタニズムは合理的・市民的経営と労働の合理的組織のエートスを支えた。」（E：S.181）この引用文を含む一一行ほどの挿入個所は、きわめて重要だといわざるをえない。

ほかの機会に明らかにしたけれども（P：p.40）、一九〇四－一九〇五年の論文では、エートスという言葉はまったく使われていなかった。そうであれば、すでに指摘したように、資本主義の精神が経営者と労働者の双方によって担われていたと考えられていたのだから、晩年のウェーバーは、それを一歩進めて、ピューリタニズムが「合理的・市民的経営と労働の合理的組織のエートス」を支えたと強調することによって、プロテスタンティズムの倫理にかんする論文をエートス論として補整しようとしたのではないのか。こうした点については、のちに改めてふれたいとおもう。

六　禁欲と資本主義の精神

どうして、ピューリタンの職業観と禁欲的な生活態度の要求は、「資本主義的な生活様式の発展」にたいして「直接的に」影響をおよぼさざるをえなかったのだろうか。

ウェーバーは、ピューリタニズムの影響のうち、美的な享楽やスポーツの享楽に役立つ文化財を楽しむのに「いかなる費用もかけてはならない」という点を重視する。ピューリタニズムにおいては、人間は神の恩寵によってあたえられた財貨の「管理人」にすぎないのであり、聖書にある「しもべ」のように、神によって委託された財貨の一ペニヒまで報告しなければならず、その一部を、神の栄光のためではなく、自分の享楽のために支出するのは、少なくとも危険なことなのである。委託された財産にたいする人間の「義務」という思想、その財産に人間が奉仕する「管理人」として、むしろまさに「営利機械」(»Erwerbsmaschine«)として従属するという思想は、冷めた重圧をもって生活にのしかかる。財産が大きくなればなるほど、それを神の栄光のために減らさずに維持し、不断の労働によって増加させなくてはならないという責任感も——もしも禁欲的な生活情調がこの試練に耐えられるならば——、ますます重くなる。こうした「生活様式」は、その起源を近代資本主義の精神の多くの構成要素と同様に、個々の根においては、中世に求めることができるが、しかし「禁欲的プロテスタンティズムの倫理」においてはじめて、自己の首尾一貫した倫理的基礎を見出した。だからウェーバーは、「資本主義の発展にたいするその意義は明らかである」

（E：S.190）と断言する。

こうしてウェーバーは、つぎのように総括する。プロテスタンティズムの現世内的禁欲は、所有物の無邪気な「享楽」にすさまじい勢いで反対し、「消費」、とくに奢侈的消費を締めつけた。それと引きかえに、禁欲は、心理的効果の点では、「財の取得」を伝統主義的な倫理の障害から「解放した」。禁欲は、利潤追求を合法化しただけでなく、まさに神の意志にそうものとみなすことによって、利潤追求の束縛を打破してしまった。

私経済的な富の生産の面では、禁欲は「『つねに善を欲し、しかもつねに悪を』――禁欲の意味での悪、つまり所有とその誘惑を――『つくり出す』力」であった。なぜなら禁欲は、「目的としての富の追求」は拒否しながらも、「職業労働の成果としての富の獲得」は「神の祝福」とみなしていたからである。ウェーバーによると、たゆみない、不断の、組織的な「世俗の職業労働」を、最高の「禁欲の手段」として、しかも同時に、再生者とかれの信仰の真正さの「もっとも確実でもっとも明白な証明」として宗教的に評価することは、資本主義の「精神」とよんだ、例の人生観の拡大にたいする最強の推進力（Hebel）とならざるをえなかった。消費の締めつけと営利の追求の外面的な結果は、「禁欲的節約強制による資本形成」（E：S.192）であった。

しかし、プロテスタンティズムの現世内的禁欲は、すでに指摘しておいたように、資本主義の「精神」や「資本主義的な生活様式」を「意図されなかった結果」として産み落としたのである。いいかえれば、プロテスタンティズムの「禁欲的エートス」（asketisches Ethos）は、苦渋に満ちた葛藤をへて、まったく予期せずに「合理的経済エートス」を分娩させてしまったのだった。この点は、ウェーバーの主張を理解する上できわめて重要なので、ややくわしくみておくことにしよう。

たしかに、ピューリタニズムの人生観は近代の「経済人」のゆりかごをまもった。しかしウェーバーによると、確実なのは、ピューリタニズムの生活理想がピューリタン自身によく知られていた富の「誘惑」のきわめて強い試練には無力だったことである。クエーカー教徒のばあいでさえ、古い理想の否定を引き起こすことが少なくなかった。「これはまさに、現世内的禁欲の先駆者、つまり中世の修道院の禁欲がくり返し屈服したのとおなじ運命であった。」(E：S.195f.) 修道会の規則の全歴史は、ある意味で、「所有の世俗化的作用という問題」(Problem der säkularisierenden Wirkung des Besitzes) とのつねにたえまない闘争なのである。ウェーバーは、「これとおなじことがピューリタニズムの現世内的禁欲のばあいにも壮大な規模でおこった」(E：S.196) という。一八世紀末におけるイギリス産業の繁栄に先立ってみられたメソジスト派の強力な「信仰復興」は、まさにそうした修道院改革と対比できるかもしれない。こうしてウェーバーは、禁欲的傾向の指導者自身が禁欲のもつ一見「パラドクシカルな関連」を知っていたことを示す証拠として、ジョン・ウェスレー（一七〇三－一七九一）の文章を引用する。ちなみに、かれはイギリスの神学者で、メソジスト派の創設者であり、フランクリンと同世代の人物である。

ウェーバーが引用しているウェスレーの文章を抄訳すれば、つぎのとおりである。富が増加したところでは、それに比例して宗教の実質が減少してしまったのを危惧している。宗教は必然的に勤勉〔Arbeitsamkeit（industry）〕と節約〔Sparsamkeit（frugality）〕を生み出さざるをえないし、これらは富をもたらす。メソジスト派の信徒はどこでも勤勉になり、質素になる。その結果、かれらの財産所有はふえる。そうすると、それに応じて高慢、熱狂、世俗的な欲望、生活のおごりも増大する。「こうして、なるほど宗教の形式は残るが、その精神は、しだいに消えていく。純粋な宗教のこのようなたえまない退廃を防ぐ方法はないのだろうか。われわれは、人びとが勤勉で、質素であるのを妨げてはならない。われわれはすべてのキリスト教徒に、できるだけもうけるように、しかもできるだけ節約するようにとさとさなくてはならない。それは、結局のところ、富裕になることを意味する。」（E：S.197）ウェーバーはウェスレーのこの文章を、ウェーバー自身が「これまで述べてきたすべてにかんする標語」とするのに十分ふさわしいと称賛している。つまりウェスレーの苦悶は、ウェーバーが解明した禁欲のパラドックスをみごとに表現しているといいたいのだろう。

では、ピューリタニズムの強力な宗教運動が、その完全な「経済的影響」を発揮するようになったのはいつなのだろうか。ウェーバーがみるところでは、それは、純粋に宗教的な熱狂がその頂上を乗りこえて、神の国の探求という緊張状態がしだいに冷静な職業道徳へと解体しはじめ、宗教的な根源がゆっくりと消滅していって、功利的な現世肯定主義にとって代わられるようになったときであった。ウェーバーは、アイルランドの批評家・詩人ダウデン（一八四三－一九一三）の言葉を使って、民衆の空想のなかで、天国に向かって急ぐバニヤンの「巡礼者」の内面的に孤独な努力に代わって、イギリスの小説家デフォー（一六六〇―一七三一）が描く「ロビンソン・クルーソー」、つまり同時に伝道の仕事もおこなう「孤立した経済人」が登場したときであったという。宗教的に生き生きしていた一七世紀の時代がその功利的な相続人に遺産としてあたえたものは、もし合法的な形式においてのみおこなわれるならば、金もうけにかんする、とてつもなくやましいところのない――パリサイ的にやましいところのない――良心であった。「神によろこばれるのはむずかしい」ということの、すべての名残りは消え失せた。「特殊市民的な職業のエートス（ein spezifisch bürgerliches Berufsethos）が生まれた」（E：S.198）とウェーバーは強調する。

企業家の立場からみれば、市民的な企業家は、形式的な正しさの節度をまもり、道徳的な生き方に非の打ちどころがなく、財産の使用が他人の感情を害さないのであれば、神の恩寵と祝福をあたえられているという意識をもって、自分の営利に従事することができたし、そうすべきであった。これに加えて、宗教的な禁欲の力は、冷静で誠実な、すぐれた労働能力をもった、しかも神にのぞまれた生活目的としての労働にいそしむ労働者をかれに用立てた。さらに禁欲の力は、現世における財の不平等な配分が神の摂理の働きであり、神はこの差別と特殊な恩寵のみによって、その秘められた、われわれには知りえない目的を遂行するのだという安心すべき保証をかれにあたえた。

一方、労働者の側面からみると、プロテスタンティズムの禁欲は、労働を「職業」とみなし、救われている状態にあることを確実にするもっとも卓越した「唯一の手段」とみなす考え方にもとづく「心理的起動力」を創造した。「そして他面において、プロテスタンティズムの禁欲は、企業家の金もうけを『職業』と解釈することによって、こうした特殊な労働意欲の搾取を合法化した。」（E：S.200）だからウェーバーの視点からするなら、営利を「職業」とみなす考え方が近代の企業家の特徴になったのと同様に、労働を「職業」と考えることが近代の労働者の特徴になったというわけである。それにつづけてウェーバーは、イギリス国教会派の経済学者サー・ウィリアム・ペティ（一六二三―一六八七）が一七世紀におけるオランダの経済力の原因を、この国に多い国教会反対派、つまりカルヴァン派とバプティスト派の信徒たちが「労働と生業にいそしむことを神にたいするかれらの義務」だとおもっている点にあるとしているのは当時の新しい事実を描写したものだったと評価している。

「近代資本主義の精神の、しかもこれのみでなく、近代文化の本質的構成要素のうちの一つ、つまり職業観念の基礎に立つ合理的生活態度は、――この論文はこのことを証明しようとしたのだが――キリスト教的禁欲の精神から生まれた。」（E：S.202）これが、ウェーバーの結論である。フランクリンをとり上げたさい、「資本主義の精神」とよんだ「信念」の本質的要素は、さきにピューリタニズムの職業的禁欲の内容として探り出したものとおなじであり、まさにフランクリンのばあいには、すでに「宗教的基礎づけ」が消滅して欠けているにすぎないだけである。この点こそ、ウェーバーがもっとも強調したかったことだった。

七　「近代の経済エートス」の形成と理解社会学

『宗教社会学論集』第一巻に収められているプロテスタンティズムの倫理にかんする論文には、タイトル自体にややながい脚注がつけられている。ウェーバーはその脚注で、発表当時の論文について、かれの反批判のなかから「（きわめてわずかの）補足的な引用」を追加して誤解を防ごうとしたと説明している。他方かれは、「実質的に重要な主張」を含んでいる文章を削除したり、意味を改めたり、弱めたり、あるいは「実質的に異なる主張」をつけ加えたりしたような個所は一つもない（E：S.17f.）と明言している。たしかに、そのとおりであろう。

反批判のなかからではないにしても、「（きわめてわずかの）補足的な引用」についていえば、もっとも重要な引用が追加されている。それは、さきにみたウェスレーの文章である。これは一九〇四－一九〇五年の論文にはなかった（C：S.104）。ウェスレーのおなじ文章がほかの著者の本のなかに載っていたけれども、ウェーバーはそのことを知らず、「アシュリー教授からの手紙（一九一三）」でご教示をいただいた（E：S.196）と誠実に注記している。「禁欲的エートス」は、なぜ資本主義の「精神」を生み出してしまったのか。その秘密は、現世内的禁欲に内在する「パラドクシカルな関連」のうちにあった。それを解くことがウェーバーの最大の課題だった。かれによると、「一七世紀においては、およそだれもこの関連を疑わなかった」（*Loc. cit.*）。しかしウェスレーの文章は、一八世紀における「信仰復興」運動の指導者たちと同時代の人びとが何をしているのか、どのような危険にさらされているのかをよく知っていたのを如実に示している。それだけではない。かれの文章は、ウェーバーが解明した「禁欲的エートス」の逆説を立証するものである。だからかれの文章は、この論文のクライマックスともいえる場面で、ウェーバー自身の分析の正しさを補強するために新たに引用されて追加されたわけである。

すでに指摘したように、研究計画にかかわるともいえる「とりあえず」という言葉が削除されたりしている。それでも、「実質的に重要な主張」を含んでいる文章などは削除されていない。また「実質的に異なる主張」がつけ加えられていないのも、当然だといえよう。ところが意外にも、ウェーバーの主張を補足ないし補整する言葉や、そうした言葉を含む文章がかなり挿入されているのである。その顕著な要語がエートスにほかならず、それを含む文章であることは、これまでに概観してきたところから察知されよう。

宗教社会学的研究のなかで、ウェーバーがはじめてエートスという言葉を使ったのは、一九一八年から一九一九年の『社会科学・社会政策雑誌』第四六巻第二号と第三号に分載された「古代ユダヤ教」においてであった。この点については、ほかの機会に詳述した（P：pp.106–107, p.162）。プロテスタンティズムの倫理にかんする論文において、ユダヤ教あるいはユダヤ人との関連でエートスという言葉を用いた文章がみられるのは、そうした経緯があったからである。

ウェーバーは「特殊市民的な職業のエートス」の誕生についてふれたあと、ペティについて言及した。そしてかれは、ほぼ一ページにおよぶその節の末尾で、ピューリタンの経済エートスとユダヤ人の経済エートスの対立に着目し、「後者ではなく、前者が市民的な経済エートス（bürgerliches Wirtschaftsethos）であった」（E：S.202）と力説している。「一つのエートス」という言葉が最初に導入されたのはフランクリンとのかかわりであり、エートスという言葉を含んだ文章が最後に挿入されたのは、この文脈においてである。もちろん、ペティからはじまる一節は、改定作業のときに加筆されたもの。

重要なのは、「市民的な経済エートス」という言葉を用いた文章があと四ページほどで終わる結論部のすぐまえに書き込まれている事実である。この事実は、ウェーバーが一九〇四－一九〇五年に発表したプロテスタンティズムの倫理にかんする旧論文をエートスの観点から補整し、補強したことを意味しているとしか考えられない。おなじことは、プロテスタンティズムの諸宗派にかんする論文（E：S.207ff.）についてもあてはまる。『宗教社会学論集』の「緒言」にみられるウェーバー自身の説明によれば、これら二つの論文は、「ある『経済信念』（»Wirtschaftsgesinnung«）の、つまり『エートス』の成立や、ある経済形態の成立が特定の宗教的信仰内容によって制約されていることを、しかも近代の経済エートス（modernes Wirtschaftsethos）と禁欲的プロテスタンティズムの合理的倫理との関連という例について」（E：S.12）究明しようと試みたものである。「緒言」は、かれが没する前年の、おそらく初秋以降に書かれたとおもわれる。そうだとすれば、晩年のウェーバーは「近代の経済エートス」の生成過程という視座から旧論文をエートス論として補整し、再構築したとみてまちがいない。

プロテスタンティズムの倫理にかんする論文にみられる言葉を使って、ウェーバーの立論構成をエートス論の観点から再現すれば、つぎのようになろう。

結果の極には、①「資本主義的エートス」（E：S.181）ないし②「特殊市民的な職業のエートス」（E：S.198）がおかれている。他方、原因の極には、③「禁欲的エートス」（E：S.194）ないし④「市民的な経済エートス」（E：S.202）がある。これらのうち、①と④は、すでに明らかなように、ユダヤ教あるいはユダヤ人の経済エートスと比較した文脈で挿入されている。②は旧論文では、「特殊市民的な職業の倫理（Berufsethik）」（C：S.104f.）となっていた。「倫理」が「エートス」と書きかえられただけである。こうした単純な書きかえは、第一章第二節「資本主義の『精神』」のなかに多くみられる。③は、本文に新たに追加された言葉である。ウェーバーは改定作業によって、③ないし④が「所有の世俗化的作用」をへて、「意図されなかった結果」として①ないし②を生み落としてしまった因果関係をエートスの形成過程という視点から強調したかったわけである。エートスの担い手についていえば、①ないし②の担い手は、フランクリンのような経営者層や、当時の職人など熟練工の階層であったし、③ないし④のそれは、一七世紀のプロテスタントたち、とりわけ「ようやく興隆に向かおうとする小市民と農民の階層」（E：S.195）であった。①から④までの言葉を含んだ文章の加筆がこの論文の最終節「禁欲と資本主義の精神」に集中していることは、何を物語っているのだろうか。

マリアンネ・ウェーバーによると、一九二〇年の冬、ウェーバーは宗教社会学論集の第一巻を校正していたし、「とりわけ『経済と社会』のなかのかれの社会学的カテゴリー論」にとりかかっていた。そしてカテゴリー論は、「かれの死の数カ月まえに」決定稿となった（H：S.687f.）。ウェーバーは一九一三年の『ロゴス』第四巻に論文「理解社会学の若干のカテゴリーについて」（A：S.427ff.）を発表していたけれども、それを十分に練り上げて、「もっとも簡潔な表現」にしたのが『経済と社会』第一部第一章の「社会学の基礎概念」である。ウェーバーがプロテスタンティズムの倫理にかんする論文を発表したのは、一〇年以上もまえのことである。かれはまさに死の直前に、校正中のその論文を思考の中心にすえながら自己の「理解社会学」（„verstehende Soziologie“）を完成させたにちがいない。それならば、理解社会学の視座からみて、現世内的禁欲はどのように整合的にとらえられるのだろうか。

「社会学の基礎概念」によると、社会学とは、「社会的行為を解明しつつ理解し、これによってその経過とその結果とを因果的に説明しようとする一つの科学」（F：S.1）であると定義されている。そのさい、「社会的行為」とは、行為者または諸行為者によって「思念された意味」にしたがって「他者の行動」に関係させられ、かつその経過においてこれに方向づけられている行為をさしている。たとえば、二人の自転車乗りが衝突したのは、一つの出来事にすぎない。しかし、どちらか一方が、あるいはおたがいが「あぶない」とおもって、相手をさけるような行為は、社会的行為にあたる。

ピューリタニズムの「職業理念」の核心ともいえる現世内的禁欲のばあいはどうであろうか。プロテスタントたちの「合理的な職業労働」は、自己自身のための労働は別として、現実の社会では「有意味的に」他者の行動に関係させられ、方向づけられていたはずだから、いかなる労働であろうとも、社会的行為にあたるとみてよい。そのさい、プロテスタントたちが合理的な職業労働を「隣人愛」の遂行と考え、自己の労働やその産物がほかの人びとにうけ入れられるだろうという「期待」を、合理的に、「結果として求められ」うるとみて、「自己の目的のための『条件』または『手段』」として利用していたのであれば、かれらの労働は、「目的合理的」(zweckrational) 行為の性格をもっていたであろう。しかし他方で、かれらが神の栄光と自己の救済の証明のために、「禁欲の手段」としての、しかも「自己目的」としての労働そのものの、「絶対的に固有の価値」を、「まったく純粋に、結果とは無関係に」、意識的に信じていたかぎりでは、かれらの労働は、「価値合理的」(wertrational) 行為 (F : S.12) の特徴を強く示していたであろう。»Beruf« の二つの意味からすれば、「職業」は前者に、「召命」は後者にそれぞれ照応しているとみれないこともない。

ただし、こうした分類は、社会的行為の「純粋型」(理念型) にもとづくもので、あくまでも現実の行為の一定の側面を鋭く認識するための指標にすぎない。プロテスタントたちの現実の行為は、純粋型では単純にとらえきれないほど複雑な様相をなしていて、二つの行為がさまざまな割合で混交していたり、あるときは目的合理的行為のほうが、ほかのばあいには価値合理的行為のほうがいっそう先鋭化していたりしたかもしれない。またそれに対応して、「職業」と「召命」の意味も微妙な比率で交錯しあっていたであろう。二つの行為と ››Beruf‹‹ の二つの意味がそれぞれ明確に識別されることなく、相互に融合しあい、「合理的な職業労働」として実践されていたところに、プロテスタンティズムの現世内的禁欲の特質があった。社会的行為を重視する理解社会学からすれば、そのように解することができるはずである。

はじめにふれた「資本主義以前」を「経済的行為」の観点から定義した部分は改定時に補完されたものだけれども、はっきりと、理解社会学の視野から旧論文に手を入れたとおもわれる個所がある。ウェーバーは、新たに「『目的合理的』ないし『価値合理的』動機」という術語を導入して、カルヴァン派信徒の社会組織の基礎となっている動機について補筆しているのである。しかし、それ以上に見逃してはならないのは、その個所でかれが、旧論文にもみられるのだが、つぎのように述べている点である。「『神の栄光』と自己の救い（››Gottes Ruhm‹‹ und das eigene Heil）は、『意識の閾』（››Bewußtseinsschwelle‹‹）の上方につねにとどまっている。」（E：S.97）このことは、社会組織についてだけでなく、職業生活にもそのまま妥当したであろう。目的合理的行為の色彩が強い「合理的な職業労働」には、「目的としての富の追求」は拒否しながらも、「職業労働の成果としての富の獲得」は「神の祝福」、つまり自己が救われている証拠であるとみなす価値合理的行為への志向性が自覚的に並存していたか、あるいはまさに無意識の「上方につねに」漂っていた。それだからこそ、ピューリタニズムの現世内的禁欲は、「所有の世俗化的作用」を引き起こさざるをえなかったし、「意図されなかった結果」として「近代の経済エートス」を誕生させてしまったのである。それというのも、「社会学の基礎概念」でいわれているように、「価値合理性にあっては、行為の固有の価値（純粋な信念、美、絶対善、絶対的義務）だけがそれ自体のために無条件に考慮されればされるほど、行為の結果（Folgen des Handelns）についてはますます反省されなくなる」（F：S.13）からである。

このようにとらえるなら、プロテスタンティズムの倫理にかんする論文は、理解社会学を歴史分析に適用した研究であったとみることができよう。理解社会学の確立が死に向かう直前だったのでやむをえないとしても、ウェーバーは、現世内的禁欲のパラドックスを強調するあまり、社会的行為の視点から旧論文を補整するのにやや片手落ちになってしまったといわざるをえない。»Beruf«の観念を「心理的起動力」とする価値合理的行為を想定してはじめて、プロテスタンティズムの倫理にかんする論文は、『理念』というものが一般に歴史のなかでどのように効力をあらわすのか」を例証するのにも役立つだろう（E：S.82）というウェーバーの説明が納得できるようになる。

ところで、ウェーバーはイギリス人の「国民性」の二つの性格類型を指摘したあと、プランテーションをつくって荘園領主的に生活しようとした「冒険者たち」（»adventurers«）と、それにたいするピューリタンの「特殊市民的な信念」とのあいだの対立が北アメリカにおける植民のもっとも古い歴史をおなじようにつらぬいている（E：S.194f.）と加筆している。この個所に限らず、「冒険者」ないし「冒険者たち」という言葉が書き入れられているのには、それなりのいきさつがあった。それというのも、ウェーバーはラッハファールにたいする一九一〇年の反批判論文で、資本主義の発展の「冒険者たち」(»Abenteurer«)に言及したとき、ここでの「冒険」の概念は「G・ジンメルがつい最近、あるすばらしい小さなエッセイのなかでそれを明確にした」ようなのと「おなじ意味で」使われている(D:S.596)と述べているからである。ちなみに、「あるすばらしい小さなエッセイ」とは、一九一〇年六月七日と八日に*Der Tag. Moderne illustrierte Zeitung*の朝刊に連載されたジンメルの「冒険の哲学」(Philosophie des Abenteuers)のことである(M:S.540)。

「冒険者」という言葉が旧論文にはなかったことを考えれば、ジンメルがウェーバーにあたえた影響の大きさは、一目瞭然であろう。ジンメルにたいする高い評価がみられる反面、手厳しい批判がおこなわれているのも事実である。それにもかかわらず、ウェーバーはジンメルから多方面にわたって刺激をうけ、豊かで貴重な養分を吸収しているのである。

ウェーバーは、宗教の世界における合理化を象徴する表現として、「世界の『呪術からの解放』」という用語を使った。それについては、すでに示したとおりである。しかし、このあまりにも有名な言葉もエートスと同様に、一九〇四-一九〇五年の論文にはみられず、「古代ユダヤ教」が書き上げられてから挿入されたのである。この点、ジンメルが一九〇六年の『宗教』において、「価値あるものの救出、いわば呪術からの解放(Entzauberung)としての魂の救済」の解釈について論じていた(L:S.63f.)ことは、何とも興味深いかぎりである。もちろん、ジンメルの宗教にかんする研究とウェーバーの宗教社会学的研究は、研究対象や方法の点できわめて異なっている。そうだとしても、ウェーバーは、すでにプロテスタンティズムの倫理にかんする論文を発表していたのだから、おそらくEntzauberungという高尚ないいまわしには引きつけられていたにちがいない。ウェーバーがジンメル自身から献呈された『宗教』に書き込みを入れていることが、二〇一一年に明らかにされた（Q：p.57）。

病気回復後のウェーバーが、一九〇〇年に公刊されたジンメルの『貨幣の哲学』を読み、その最後の章を高く評価していたことはよく知られている。ジンメルはその本のなかで、「史的唯物論でさえ、一つの心理学的な仮説にほかならない」（K：S.641）と書いてはばからなかった。それに先立つ一八九〇年の処女作＝デビュー作『社会的分化論』では、社会の発展法則を信じる素朴な「発展史的世界観」が鋭く批判されている。それによると、「あらゆる社会的な経過や状態」は、いっそう深い根底をもった無限に多くの部分過程の現象ないし作用にほかならない。加えて、ある力の直接的な作用と全体の最後の全状況とのあいだには「時間的かつ事実的中間項」（zeitliche und sachliche Zwischenglieder）が介在しているが、その中間項が見落とされてしまう。このようにみて、ジンメルは「社会的形態における経過の最終的な結果という点でのあいまいさ」と、「その複雑性によってあらゆる正確な予測に逆らう、社会的な素材の固有な性格」をあげ、つぎのように述べた。「それゆえわれわれは、社会的な発展の諸法則については語ることができない。」（J：S.125）社会のすべての要素は疑いなく自然法則にしたがって運動する。しかし、「全体にたいしてはいかなる法則も存在しない」というのがジンメルの基本的な立場である。

「唯物論的な」立場にたいしてウェーバーがかなり批判的であった点については、はじめにみたとおりである。かれはすでに「客観性」にかんする論文で、「『世界観』としての、あるいは歴史的現実の因果的な説明の公分母としての、いわゆる『唯物史観』は、断固として拒否すべきである」(A：S.166f.)と強調している。精密な自然科学にとっては、「諸法則」は「普遍妥当的」であればあるほど、いっそう重要であり、いっそう価値に富む。しかし具体的な歴史的現象の認識にとっては、「もっとも普遍的な諸法則は、内容がもっとも空虚なので、通例またもっとも役に立たない」(A：S.179f.)。こうしたウェーバーのとらえ方は、「社会的な発展の諸法則」にかんするジンメルの立場から影響をうけて、それを敷衍したものだと推断してもよいだろう。「所有の世俗化的作用」がジンメルのいう「時間的かつ事実的中間項」にあたるとすれば、プロテスタンティズムの倫理にかんする論文は、ジンメルが「社会的な発展の諸法則については語ることができない」といったのをあたかも傍証しているかのようにおもえてならない。

ウェーバーにとっては、ある現象の「個性」が問題なのである。そのばあい、因果問題とは「諸法則の問題」ではなく、「具体的な因果連関の問題」である。その現象がいかなる公式に実例として従属させられるべきかという問題ではなく、その現象がいかなる個性的な状態に結果として帰属させられるべきかという問題である。だからウェーバーは、「それは帰属問題である」(A：S.178)という。

プロテスタンティズムの倫理にかんする論文の末尾で、ウェーバーは、つぎのように書いて筆をおいた。「一面的に『唯物論的な』文化および歴史の解釈にかえて、おなじく一面的に唯心論的、因果的な文化および歴史の解釈をすえる」つもりはない。「両者はひとしく可能であるが、もしそれらが研究の準備作業（Vorarbeit）ではなく、結論であると主張されるならば、両者はほとんど、歴史の真理にはひとしく役に立たない。」（E：S.205f.）かれは一九〇四年の「客観性」にかんする論文では、歴史的現実の因果的な説明の「公分母」としての唯物史観は「断固として拒否すべき」だと述べた。それにもかかわらず、プロテスタンティズムの倫理にかんする論文で、唯物論的な文化および歴史の解釈が研究の「準備作業」として主張されるのであれば、「歴史の真理」を解明するのに役立つだろうとみているところに、ウェーバーの柔軟な学問上の姿勢が読みとれるにちがいない。しかし、東欧およびソ連の社会主義が崩壊した歴史をふまえるなら、もはや、唯物論的な解釈が共産主義のための実践的な処方箋を無反省のままに提供するようなことは、断じて許されないであろう。それというのも、その解釈にもとづく硬直化した、宗教のようなマルキシズムによって、多くの尊い命が東西対立の冷戦時代に奪われたからである。

ウェーバーが用いるエートスという言葉には、「経済信念」のほかに、「生活態度」、「倫理的態度」などの意味がある。そうだとすれば、「唯心論的」な文化および歴史の解釈という表現が適切かどうかについては疑問が残る。いずれにしても、プロテスタンティズムの倫理にかんする論文は、「近代の経済エートス」の生成過程という角度から「資本主義的エートス」と「禁欲的エートス」

とのあいだの「具体的な因果連関」を究明した「準備作業」としての研究にほかならなかった。「世界諸宗教の経済倫理」にかんする研究は、この論文で示したテーゼを検証するための壮大な試みであった。

引用文献

A：M.Weber, Die »Objektivität« sozialwissenschaftlicher und sozialpolitischer Erkenntnis, 1904, in: *Gesammelte Aufsätze zur Wissenschaftslehre*, 1922, 3. Aufl., hg. von Johannes Winckelmann, 1968.

B：M.Weber, Die protestantische Ethik und der „Geist" des Kapitalismus, in: *Archiv für Sozialwissenschaft und Sozialpolitik*, 20. Band, 1905.

C：*Ibid.*, 21. Band, 1905.

D：M.Weber, Antikritisches Schlußwort zum „Geist des Kapitalismus", in: *Archiv für Sozialwissenschaft und Sozialpolitik*, 31. Band, 1910.

E：M.Weber, Die protestantische Ethik und der Geist des Kapitalismus, in: *Gesammelte Aufsätze zur Religionssoziologie*, Band I, 1920, 5. Aufl., 1963.

F：M.Weber, *Wirtschaft und Gesellschaft*, 1921–1922.

G：M.Weber, *Wirtschaftsgeschichte*, 1923, 2., unveränderte Auflage, hg. von S. Hellmann und M. Palyi, 1924.

H：Marianne Weber, *Max Weber. Ein Lebensbild*, 1926.

I：K.Marx, Zur Kritik der Politischen Ökonomie, 1859, in: *Karl Marx · Friedrich Engels Werke*, 13. Band, 1969.

J：G.Simmel, *Über sociale Differenzierung*, 1890, in: Heinz-Jürgen Dahme (Hg.), Georg Simmel, *Aufsätze 1887 bis 1890. Über sociale Differenzierung. Die Probleme der Geschichtsphilosophie (1892); Georg Simmel · Gesamtausgabe*, hg. von Otthein Rammstedt, Band 2, 1989.

K：G.Simmel, *Philosophie des Geldes*, 1900, in: David P.Frisby und Klaus Christian Köhnke (Hg.), Georg Simmel, *Philosophie des Geldes; Georg Simmel · Gesamtausgabe*, hg. von Otthein Rammstedt, Band 6, 1989.

L：G.Simmel, *Die Religion*, 1906.

M：G.Simmel, Philosophie des Abenteuers, 1910, in: Rüdiger Kramme und Angela Rammstedt (Hg.), Georg Simmel, *Aufsätze und Abhandlungen 1909–1918*, Band I; *Georg Simmel · Gesamtausgabe*, hg. von Otthein Rammstedt, Band 12, 2001.

N：W.Schluchter, Editorischer Bericht, in: Wolfgang Schluchter (Hg.), Max Weber, *Asketischer Protestantismus und Kapitalismus.Schriften und Reden 1904–1911; Max*

Weber Gesamtausgabe, I/9, 2014.
O：阿閉吉男『ウェーバー社会学の視圏』勁草書房、一九七六。
P：岡澤憲一郎『マックス・ウェーバーとエートス』文化書房博文社、一九九〇。
Q：横田理博『ウェーバーの倫理思想――比較宗教社会学に込められた倫理観』未來社、二〇一一。

初出一覧

本書に収められている六論文と付論は、一九七九年から折にふれて発表してきたものである。それらの初出のさいの表題、場所、発表年月を示せば、つぎのとおりである。

第一章　「社会科学としての社会学――ゲオルク・ジンメルのばあい――」、『名古屋学院大学論集（社会科学篇）』第一九巻第三号、一九九三年一月。

第二章　「後期ジンメルの社会学」、阿閉吉男編『ジンメル社会学入門』有斐閣、一九七九年三月。

第三章　「社交的相互作用と現代の社交性」、前納弘武編『現代社会の社会学』中央大学出版部、一九八九年四月。

第四章　「貨幣の経済社会学――ゲオルク・ジンメルのばあい（上）、（下）――」、『名古屋学院大学論集（社会科学篇）』第三三巻第一号、一九九六年七月、第三四巻第三号、一九九八年一月。

第五章　「ジンメルの宗教観――二一世紀における魂の救済――」、居安正、副田義也、岩崎信彦編『21世紀への橋と扉――展開するジンメル社会学――』世界思想社、二〇〇一年六月。

第六章　「ジンメルの生の哲学――その生成と現代的な可能性――」、拙著『ゲオルク・ジンメル

の思索――社会学と哲学――』文化書房博文社、二〇〇四年九月。

「ウェーバーの宗教観――『近代の経済エートス』の形成――」、『名古屋学院大学論集（社会科学篇）』第五一巻第三号、二〇一五年一月。

人名索引

ア行

カ行

サ行

タ行

von 272
ディドロ Diderot, D. 91
デフォー Defoe, D. 290
デュルケム Durkheim, É. i, 4–5, 37, 52
テュルゴ Turgot, A. R. J. 91
テンニエス Tönnies, F. 4–5, 52, 193
トレヴィシック Trevithick, R. 265

ナ行

中根千枝 111, 114–115, 117
ニーチェ Nietzsche, F. W. 162, 215, 217–227, 235–236, 238–239, 241–242, 245–246
ネーデルマン Nedelmann, B. 170, 173
ネッケル Necker, J. 91

ハ行

バークリー Barclay, R. 280
パーソンズ Parsons, T. 37, 41
バーンズ Barnes, H. E. 83
パウロ Paulus 210, 267, 269, 282
バクスター Baxter, R. 280–283
バックハウス Backhaus, J. G. 123
ハバーマス Habermas, J. 81, 84, 87–92
浜日出夫 194
早川洋行 8
パリー Palyi, M. 305
ヒューズ Hughes, E. C. 78
ファウスト Faust 148–149
フィッツィ Fitzi, G. 247, 252
フィリップ（オルレアン公） Philippe, Ducd'Orléans 88
フィリップス Phillips, B. S. 5, 41
ブーバー Buber, M. 193
フス Hus, J. 272
フッガー Fugger, J. 259
フライヤー Freyer, H. 34, 40
ブラウ Blau, P. M. 140
フランク Franck, S. 167, 179, 265
フランクリン（ジョサイア） Franklin, Josiah 260
フランクリン（ベンジャミン） Franklin, Benjamin 176, 179, 257–265, 269, 281, 288, 291, 295
フリスビー Frisby, D. P. 4–5, 37, 41, 83, 124, 140, 173, 193, 305
プルードン Proudhon, P.-J. 142
ヘーゲル Hegel, G. W. F. 162, 209–210, 226, 236–237
ベートーヴェン Beethoven, L. van 222
ベックリーン Böcklin, A. 162
ベッヒャー Becher, H. J. 41, 79, 84
ペティ Petty, Sir William 291, 294
ヘバーレ Heberle, R. 78, 83
ベルクソン Bergson, H. 215

ヘルマン　Hellmann, S.　304
ベンデマン　Bendemann, M. von　247
ホーマンズ　Homans, G. C.　140
ポター　Potter, R. J.　78, 83, 116
ポパー　Popper, K. R.　84

マ行

前納弘武　307
マタイ　Matthew　284
マホメット　Mohammed　198
マリノフスキー　Malinowski, B.　140
マルクス　Marx, K.　iv, 49, 122, 126, 128, 142, 145–146, 148–151, 175, 189, 191, 193, 203, 229, 260, 273, 305
マルゼルブ　Malesherbes, Chrétien　91
ミード　Mead, G. H.　37
ミケランジェロ　Michelangelo　222
ミュラー　Müller, H.　209, 212
ミルズ　Mills, Th. M.　78, 83
メイル　Meir　208
メレディス　Meredith, H.　260
モア　More, T.　87
モス　Mauss, M.　140
モンテーニュ　Montaigne, M. de　87

ヤ行

山﨑譽雄　vi
山本淑雄　vi
横井修一　101
横田理博　306
ヨブ　Job　284–285

ラ行

ラッハファール　Rachfahl, F.　300
ラムシュテット（アンゲラ）　Rammstedt, Angela　194, 305
ラムシュテット（オットハイン）　Rammstedt, Otthein　3–4, 6, 15–16, 35, 40, 83, 123–124, 159, 173, 183–184, 186, 193–194, 211, 234, 239, 246–247, 252, 305
ラントマン　Landmann, M.　4, 29, 32, 69, 75, 151, 173, 209–210, 212, 249, 253
リースマン　Riesman, D.　78, 83, 108–109, 116
リヒトブラウ　Lichtblau, K.　41, 245–246
ルイ一三世　Louis XIII.　87
ルイ一四世　Louis XIV.　87
ルーマン　Luhmann, N.　80, 84
ルソー　Rousseau, J.-J.　18
ルター　Luther, M.　178, 189, 265–270, 275–276
レイ　Ray, L.　5
レオ一〇世　Leo X.　266
レジェ　Léger, F.　4
レンブラント　Rembrandt　183,

ワ行

事項索引

ア行

カ行

サ行

タ行

ナ行

ハ行

マ行

ヤ行

ラ行

ワ行

＜著者紹介＞

岡澤 憲一郎（おかざわ けんいちろう）

1945年 神奈川県に生まれる
1970年 中央大学法学部法律学科卒業
1978年 中央大学大学院文学研究科博士課程社会学専攻退学
現 在 名古屋学院大学教授
専 攻 理論社会学 社会学史

著 書 『マックス・ウェーバーとエートス』文化書房博文社，1990
訳 書 アルノルト・ツィンゲルレ『マックス・ウェーバー —影響と受容—』
恒星社厚生閣，1985，共訳

新版 ゲオルク・ジンメルの思索 —社会学と哲学—

2004年9月10日 初版発行
2012年4月20日 第3刷発行
2015年2月25日 新版発行

著 者 岡澤憲一郎
発行者 鈴木 康一

発行所 株式会社 文化書房博文社
〒112-0015 東京都文京区目白台1-9-9
電話 03-3947-2034 振替 00180-9-86955
http://user.net-web.ne.jp/bunka/

印刷・製本 株式会社 シナノ

乱丁・落丁本はお取り替えいたします。
ISBN 978-4-8301-1263-8 C 3036

出版案内

岡澤憲一郎著
マックス・ウェーバーとエートス　四六判・275頁・2,300円（税別）

B.S. ターナー他著／小口信吉・井上博二・泉田渡訳
マックス・ウェーバー　――自由主義とモダニズム――
A５判・280頁・3,000円（税別）

R. スヴェードボリ著／泉田渡・柳沢幸治訳
マックス・ウェーバー　――経済と社会――
A５判・320頁・3,200円（税別）

マリアンネ・ウェーバー編／阿閉吉男・佐藤自郎訳
M. ウェーバー青年時代の手紙　上・下
四六判・上巻264頁／下巻252頁・各巻2,000円（税別）

G.L. ケリング他著／小宮信夫監訳
割れ窓理論による犯罪防止――コミュニティの安全をどう確保するか――
A５判・336頁・2,300円（税別）

T. ハーシ著／森田洋司・清水新二監訳
非行の原因　――家庭・学校・社会へのつながりを求めて――
A５判・416頁・2,800円（税別）

野村一夫著
社会学感覚【増補版】　四六判・690頁・3,400円（税別）

野村一夫著
社会学の作法・初級編【改訂版】　四六判・226頁・1,600円（税別）

野村一夫著
リフレクション【新訂版】――社会学的な感受性へ――
四六判・308頁・2,200円（税別）

野村一夫著
ゼミ入門　――大学生の知的生活第一歩――
A５判・164頁・1,400円（税別）